POR MONTES Y VALLES

VALLES

HISTORIA DE LA GUERRA DE MONTAÑA

GALLAND BOOKS editorial

Dedicatoria:

A mi padre y a todos los que dieron tanto por España,especialmente a los cazadores de montaña en el 250 cumpleaños del penta laureado Regimiento América,«El Benemérito de la Patria». A mi madre por su labor difusora de la cultura.

Imágenes de portada:

Central: óleo de Augusto Ferrer Dalmau, tropas de montaña nacionales Guerra 36/39.

Izquierda: Gebirgsjäger I Guerra Mundial

Arriba, izquierda: escudo del RCZM América

Arriba, derecha: soldado Regimiento América, siglo XVIII

Abajo izquierda: desfile RCZM «América», cuartel de Aizoain 2013 y escudo División de Montaña Navarra 62.

Derecha: Teniente Luis Palacios, Compañía de Esquiadores-escaladores, División de Montaña «Navarra». Cuartel de Estella, 1968.

© *Jesús Javier Corpas Mauleón*
© *Galland Books S.L.N.E.*

Título original: Por montes y valles. Historia de la guerra de montaña
Primera edición: noviembre 2014
ISBN: 978-84-16200-09-2
Depósito legal: VA-843/ 2014
Diseño y maquetación: Ione Muñoz
Tratamiento de imágenes: Ione Muñoz
Imprime: Angelma S.A.
Impreso en España.

Por montes y valles

Historia de la guerra de montaña

Jesús Javier Corpas Mauleón

INDICE

PRÓLOGO

*Juan Ramón Corpas Mauleón, ex conse-
jero de Cultura y Turismo del Gobierno de
navarra, médico y escritor, con el Premio
Nobel de Literatura Mario Vargas Llosa.*

Las páginas de este libro se abren con las
Guerras Cántabras. El intento romano de dominar la península ibérica y la resistencia de las
tribus de Hispania a que su territorio fuera conquistado. Una confrontación que se extiende a lo
largo de doscientos años. Y por las breñas de las
montañas cántabras y astures, y por el fragor de
las batallas aurorales de los reinos cristianos de
la España altomedieval, va desvelando el autor su
intención, anunciada en la entradilla del capítulo
primero: acercarse a los avatares de la guerra en
la montaña.

Guerras y batallas en lo alto. Y fuerzas militares diseñadas para tal fin. Historia, pasado y
presente. Formas de entender las unidades de
especialistas que se conforman para enfrentarse
a las duras condiciones de las cumbres y las gar-
gantas; acontecimientos y hechos bélicos, pero también equipos y pertrechos,
uniformes, aperos, armamento, insignias, emblemas, dotaciones, acuartelamien-
tos… Y por supuesto, protagonistas. Protagonistas de primera línea, extraídos de
las páginas de la historia, y episodios llevados a cabo por héroes anónimos. In-
térpretes colectivos y testimonios subjetivos que traen la vibración vivencial de
quien ha participado en los hechos y los narra con el calor o el temblor personal
de quien nos regala una confidencia, de quien nos revela un secreto. Algo que nos
obliga a una manera de escuchar y de entender más próxima, más humana, mejor.

No podía ese segundo capítulo cerrarse de manera más atinada que ascendiendo al dorso sagrado de la cordillera pirenaica. A Roncesvalles. En donde la
historia y la leyenda, la literatura y el mito, se congregan y se amalgaman hasta
confundirse. Más que un lugar. Más que un suceso. Un nombre cuyas resonancias
están profundamente inscritas en el inconsciente colectivo de los europeos. Una
escaramuza, un golpe de mano o una gran batalla que da pie a la primera de las
canciones de gesta; la venerable Chançon de Roland. Y que, nacidos de ella, en-
gendra infinidad de hijos en el romancero español y en las sagas germánicas, en
los escritos centroeuropeos o en los itálicos versos de Ariosto, en las canciones
de los Países Bajos o en los deliciosos textos iluminados del Liber Sancti Jacobi,
o en tantas y tantas composiciones, aproximaciones o reinterpretaciones como
nos aportan las letras francesas. Un corpus que ha convertido a Roncesvalles, a
decir de ciertos estudiosos, en el lugar más citado en la historia de la literatura
universal después de Troya.

Y es que Troya, Homero y la Ilíada encienden el aliento de la épica y, a la vez,
inauguran la presencia de la Literatura y estrenan la historia de la Guerra. No

nos extrañe por tanto encontrar dispersos aquí y allá en este «Por montes y valles» que nos ofrece Javier Corpas repetidos acentos homéricos.

Corpas acomete con estas consistentes páginas su segundo asalto a la crónica de las artes militares. Tras colaboraciones varias en revistas y publicaciones especializadas, y tras la edición de su primer libro, «Mil años de historias de guerreros», que obtuvo una buena acogida de crítica y de público y que mereció la atención de los medios de comunicación, en el pasado 2012. En éste encontramos un más considerable esfuerzo documental y una mayor concentración temática, aunque, como el autor nos advierte en el cómo y el porqué, se tome ocasionalmente la libertad de aportar informaciones que no pertenecen estrictamente a la materia que se trata, pero que están en relación con ella o bien complementan o enriquecen la línea principal.

A lo largo de este extenso e intenso trabajo, vamos a encontrar el reflejo de contiendas y de semblanzas, de estrategias, hostilidades y conquistas, de expediciones y batidas, de sucesos heroicos que adquieren en ocasiones un eco de epopeya mítica y de algún otro que se inclina al juego irónico de la caricatura, apoyado todo ello en un notable esfuerzo de sustento documental, para narrarnos la difícil tarea de unos hombres dedicados a guerrear en las cimas, con todas las dificultades añadidas por la fragosidad del terreno, las condiciones de aislamiento e incomunicación, y las penalidades adicionales provocadas por una climatología adversa y muchas veces fatal.

Así pues, el lector que se dispone a abordar la lectura de esta obra ha de saber que va a recorrer una parte de la historia de Europa, más específicamente de la Europa Occidental, con un especial peso de la presencia de España y –como ya viene siendo habitual en los trabajos de Jesús Javier Corpas, a quien gusta partir de lo local para llegar a lo universal– una destacada incidencia de su tierra, Navarra, su ciudad natal, Estella, y de su padre, Ramón Corpas de Vicente, quien protagoniza alguna de las acciones reseñadas como jefe que fue de una señalada unidad de montaña.

Desde el origen de los primeros núcleos de estas unidades de montaña, el autor nos lleva de la mano a través de la Guerra de Independencia española y sus legendarias acciones de guerrillas; nos pasea por los enfrentamientos de las Guerras Carlistas y la sorprendente movilidad de unas tropas que compensan su indigencia de armas y de equipamiento con la agilidad de sus desplazamientos, sin más cargas e impedimenta –a decir de José María Pemán– que «la boina de lana fina/ que pesa sobre la frente/ lo que el beso de una niña»; nos hace viajar a los parajes exóticos de los conflictos coloniales; y nos enfrenta a los sucesos revolucionarios del 1934 español. Para acercarnos luego, con mayor detenimiento, a la Guerra Civil de 1936 y sus secuelas, como la participación en la campaña de Rusia de la División Azul, durante la Segunda Guerra Mundial, o las acciones contra el maquis en la frontera franco española, en los años de la postguerra. Todo ello sin abandonar una posición comprometida en la que Corpas no renuncia en ningún momento a exponer su opinión ni a tomar partido a través de comentarios breves, glosas intercaladas o sucintas apostillas.

Un libro como éste, claro, aporta mucho más. Desde información de la llamada Guerra de Invierno, en los glaciales paisajes escandinavos, al relato de hechos sorprendentes, como la odisea de los soldados españoles en Vietnam. Y se extiende en sentidos homenajes a ciertas figuras militares de singular relevancia que, en el caso del general Atarés se acrecienta por el dolor de acercarse a una de las numerosas víctimas de los asesinos de ETA entre las fuerzas armadas españolas.

En el contexto de estos homenajes, se encuadran las últimas páginas de este apasionante trabajo que, tras recorrer la historia de las tropas de montaña afincados en Estella, se cierra dedicando sus palabras finales al Regimiento de Cazadores de Montaña América 66 que cuando esta publicación aparezca en los escaparates de las librerías estará a punto de cumplir la nada despreciable edad de doscientos cincuenta años. Que sea enhorabuena.

Son muchos los datos, reseñas e indicaciones que este libro nos detalla –en ocasiones, de una exhaustividad que aturde– y abundante y diversa la cantidad de material gráfico que ofrece para ilustrar la densidad de información que pone en nuestras manos. De la trabazón de cada una de las partes que como teselas complementarias lo componen, surge una visión de conjunto que esclarece la función de estas unidades tan poco estudiadas y, por ende, tan mal conocidas. Visión que no es posible resumir en una breve aproximación introductoria por más interés que se ponga en tan delicada labor.

Valga pues, a modo de breve sinopsis o apresurada coda final, decir que Jesús Javier Corpas, manifiesta –junto al ya citado esfuerzo histórico y documental– una incondicional profesión de respeto y de afecto al Ejército Español que domina el discurso de esta obra por encima de ninguna otra consideración, impregnándola toda. Desde la primera línea hasta la última. Desde los romanos hasta hoy.

Juan Ramón Corpas Maulón

J.R.Corpas Mauleón, escritor y médico. Ex consejero de Cultura y Turismo del gobierno de Navarra

General de división Luis Palacios Zuasti.

INTRODUCCIÓN

El libro que el lector tiene en sus manos es fruto de la investigación realizada por Jesús Javier Corpas Mauleón, el cual, con gran dedicación, ha profundizado en la trayectoria de las tropas de montaña, para difundirla a través de esta cuidada edición, la que creo va a encontrar muchos e interesados lectores.

El origen familiar del autor, su empeño en esta labor, el amor a estas unidades y la circunstancia de cumplirse, en 2014, el CCL aniversario de la creación del Regimiento de Cazadores de Montaña «América» nº 66, tan especialmente ligado a Navarra y una de las unidades más laureadas de nuestro Ejército de Tierra, avalan y justifican este interesante trabajo, que le honra especialmente.

La historia de las tropas de montaña es casi tan larga y azarosa como la de la Infantería española, de la cual éstas han constituido una parte muy principal y, me atrevería a decir que, muy selecta.

La realidad de la montaña como escenario de la guerra es tan antigua como el hombre. Las zonas abruptas y accidentadas son espacios fuertes para defenderse, ya que constituyen un obstáculo importante y, a veces, determinante para el atacante. En ella el movimiento es difícil, los itinerarios son obligados sin remedio y el dominio de la altura y de los pasos resulta determinante para lograr el éxito.

Asimismo la marcada compartimentación del terreno dificulta el empleo del fuego, haciendo difícil el apoyo mutuo entre las unidades empeñadas en combate, lo que lleva, en ocasiones, a su aislamiento, al tiempo que dificulta la acción logística, que alimenta y sostiene la maniobra táctica. A ello se une el factor climático que, en este medio, puede alcanzar una dureza extraordinaria. El frio intenso, la lluvia, la niebla, que afecta al movimiento y a la orientación, la nieve, las avalanchas, la ventisca y el hielo, hacen de la montaña un espacio difícil, duro y arriesgado en sí mismo.

Por todo ello, los hombres y las mujeres que integran estas tropas deben poseer, junto a una notable fortaleza física, una completa preparación militar y montañera, al mismo tiempo que es necesario que estén adornados por un conjunto de virtudes y cualidades, como la austeridad, la capacidad de sufrimiento, la abnegación, el compañerismo y el sentido de equipo, que conformarán su espíritu y su moral y les harán eficientes en su puesto y eficaces en la consecución del éxito.

A los mandos de estas unidades, siempre ejemplares en su gesto y en su acción, les es imprescindible, junto al dominio de la técnica, poseer iniciativa y experiencia en este ambiente tantas veces hostil, así como una gran capacidad de decisión, que les permitirá resolver, con oportunidad, situaciones complicadas, peligrosas y difíciles, que surgirán con frecuencia durante el desempeño de su cometido, aún en paz.

Nuestros soldados montañeros actuales tienen a gala conservar y acrecentar, dentro de la modernidad y de las particularidades del combate actual, esas viejas virtudes que hicieron grande a la Infantería de España y que ellos han heredado a partir del siglo XVIII, momento en el que estas tropas inician su andadura, con la creación en 1735 del Regimiento de Voluntarios de Aragón y Cataluña, al que se atribuyó la misión de vigilar la frontera pirenaica. En la fundación de esta unidad orientada a la montaña se declaraba con qué intención nacía la misma: «...*debe hacerse en las zonas donde el terreno es más montañoso, de manera que estas tropas no sólo deben de estar habituadas a esta clase de terreno sino que, a través de la práctica, deben maniobrar en él y conocerlo perfectamente, siendo un elemento de gran fuerza y un poderoso auxilio de otras unidades*».

Estas unidades, organizadas en varios países, recibieron en Europa el nombre de cazadores ya que, al crearlas en Prusia en 1740, Federico II reclutó a sus soldados entre sus monteros y guardas forestales, excelentes tiradores y expertos en vivir en la montaña. Les dio como emblema la trompa de cazador, símbolo de la acción y del movimiento en la cacería, cuyo uso se extendió en otros países, entre ellos el nuestro.

En España los batallones de cazadores, sin serlo aún específicamente de montaña, constituyeron el núcleo más importante de la infantería ligera durante el siglo XIX y, por ello, fueron testigos y actores privilegiados de la azarosa historia de ese período. Combatieron, con derroche de valor, en la campaña de Marruecos de 1860 y en las guerras que llevaron a la independencia a Cuba y a Filipinas.

Durante el gobierno del conservador Silvela, siendo Ministro de la Guerra D. Camilo García de Polavieja, y como parte de la reorganización militar consecuente al 98, se crean las tropas de montaña. En el RD de 31 de mayo de 1899 se señalaba: «*Además de estas tropas con que hoy contamos, cree el Ministro que suscribe, debe someterse a la consideración de SM la creación de otras especiales de montaña, que tan buenos resultados dan en Francia e Italia, y para las que hay en España localidades muy a propósito; tropas que no sólo han de estar habituadas a esta clase de terreno, sino que, practicando marchas y maniobras en él, lo conozcan perfectamente, siendo de este modo, un elemento de gran fuerza en su territorio*».

A lo largo del siglo XX las unidades de montaña intervinieron en los acontecimientos militares que jalonaron nuestra historia. Fueron sus escenarios, entre otros, Marruecos hasta su pacificación en 1927, octubre de 1934 en Asturias y Guipúzcoa, diciembre de 1930 en Jaca, la guerra civil 1936-39, la lucha contra el maquis y, más recientemente, la cobertura de la frontera contra la banda armada ETA 1981-82, demostrando, invariablemente, valor sin límites, entrega y eficacia.

La década de los 40 trajo para las tropas de montaña su máximo desarrollo, a partir de la creación de varias Divisiones de Montaña, con la finalidad de cubrir la cobertura del Pirineo y llevar a cabo, en su caso, la defensa de la frontera con Francia. Estas nuevas Grandes Unidades fueron equipadas para su acción peculiar y, asimismo, vieron surgir en su orgánica las unidades de especialistas de esquiadores-escaladores, máximo exponente de la capacidad del dominio del medio y del conocimiento de la técnica para vivir, moverse y combatir en alta montaña.

Surgió en estos años la Escuela Militar de Montaña, después, también, de Operaciones Especiales. Fue éste desde sus inicios un centro de enorme prestigio nacional e internacional, donde se formaron, y lo siguen haciendo, los cuadros de mando de estas unidades

Los años noventa de este pasado siglo trajeron para el Ejército y para nuestras tropas su proyección hacia el exterior. Bosnia i Herzegovina, Kosovo, Albania y Afganistán han sido los escenarios donde las unidades de la Brigada de Montaña «Aragón» I y, posteriormente de la Jefatura de Tropas de Montaña, han mantenido, a lo largo de casi veinte años, una dura y destacada presencia, llevando a cabo misiones de ayuda humanitaria y, posteriormente, de imposición y mantenimiento de la paz. Nuestras unidades, encuadrando a más de cinco mil mujeres y hombres en sus filas e integradas en fuerzas de la ONU, de la OTAN, de ISAF y de otras organizaciones militares aliadas, han llevado a cabo esas misiones con eficacia y extraordinaria profesionalidad.

Ello les ha proporcionado el agradecimiento de las poblaciones civiles apoyadas, que sabían y apreciaban bien el modo peculiar de actuar de nuestros soldados. Asimismo han recibido el reconocimiento reiterado de los mandos militares y políticos de estas organizaciones internacionales. Por otra parte, en el cumplimiento de sus difíciles y arriesgados cometidos no han faltado las bajas, asumidas siempre con serenidad y gran dolor, como testimonio último de entrega, abnegación y espíritu de sacrificio.

Todas los conceptos, ideas y referencias históricas que he querido exponer a través de esta Introducción, están indudablemente contenidas en el trabajo de Corpas. El único valor que puede encontrar el lector con mi aportación, que el autor me pidió en su día y gustosamente atiendo, creo que debe residir en mi experiencia profesional, larga e intensa, en las unidades de montaña, a las que he dedicado, con ilusión y afán de servicio, gran parte de mi vida, en destinos de EM y, sobre todo, de mando.

Estas queridas unidades me han proporcionado grandes y constantes satisfacciones, junto a momentos duros y difíciles y, sobre todo, me han dado la oportunidad de mandar y conocer muy bien a unos soldados serios, austeros y humildes en su gesto, forma y manifestaciones externas, pero tremendamente eficaces y leales, aún en los momentos de mayor zozobra y peligro.

Jesús Javier Corpas, como digo más arriba, tiene el mérito de reflejar y difundir con su obra ese largo recorrido de servicio y entrega de las tropas de montaña. Recorrido éste, quizá por desgracia, no demasiado conocido, como consecuencia de esa humildad innata de los soldados montañeros y, también, todo hay que decirlo, por esa repetida actitud de parte de la sociedad española, de muchos medios de comunicación y de bastantes de los políticos de turno, de ignorar y esconder, sistemáticamente, lo mucho y bueno que han hecho y hacen sus soldado por todos los ciudadanos y por la defensa y el prestigio de España.

Luis Palacios Zuasti. General de División

Ex General Jefe, Brigada de Cazadores de Montaña Aragón y ex jefe de la 1ª Brigada española en IFOR-OTAN en Bosnia i Herzegovina

CAPÍTULO 1

EL COMO Y EL PORQUÉ

Queridos lectores:

Este libro pretende ser una visión de lo que ha sido y es la guerra en las montañas y, sobre todo, de las tropas que la protagonizan. Se centra fundamentalmente en España y sus territorios de ultramar, aunque también cuenta una historia comparada de lo que ocurrió en las naciones de su entorno. Añado que no es una relación de historiales, ni nada por el estilo, sino un caleidoscopio de historias significativas, haciendo hincapié en los aspectos menos conocidos o más sorprendentes. Y además me tomo la libertad de incluir información relativa a unidades u hechos que no son puramente de montaña, cuando lo considero de interés.

Básicamente voy a repasar las principales batallas dadas en las alturas, la historia de todas las unidades de montaña españolas existentes en la actualidad, varias de las extintas-las de más duración en esta especialidad o las que considero más significativas en mi criterio, aunque habrá otras opiniones-, las más importantes entre las extranjeras, y unos testimonios de protagonistas de hechos relacionados con todas ellas que me parecen muy interesantes. El orden de los capítulos es solo aproximadamente cronológico dado que en muchos casos se solapan las fechas de unos y otros sucesos. Igualmente es interesante reseñar que, diversos episodios de la historia de una unidad pueden aparecer repartidos por diversos capítulos, al corresponde estos a campañas y épocas en que haya participado.

Elijo, para este mi tercer libro, la guerra en montaña por varias razones:

Primero, porque parte importante de las tropas de montaña, y gran mando de esquiadores escaladores, fue mi padre, una persona extraordinaria y un gran militar.

Segundo, porque son las que forman y han formado la guarnición de mi Estella, de cuyas instalaciones militares tantos y tan buenos recuerdos guardo.

Y tercero porque en este 2014 se cumple el 250 aniversario del pentalaureado Regimiento de Cazadores de Montaña «América» 66, de guarnición, y tan querido, en Navarra. Sirva esta obra de felicitación para este joven maduro «Benemérito de la Patria».

El libro cuenta con mucha investigación pero, sobre todo, con testimonios inéditos de testigos de los hechos. Me parece que ello da frescura al texto y una visión más completa y contemporánea a los acontecimientos, de lo que realmente pensaban y sentían sus protagonistas.

Porqué, al igual que en mi anterior libro, «Guerreros, historias de mil años», creo que lo que importa es cómo fue la historia vista con los parámetros de su época, y no hacer una relectura que intente cambiar o acomodar el pasado. Fue así y así se cuenta, igual que así lo escribieron y así se pone en estas páginas; tal y como está escrito en la documentación original, ya se trate de diarios, partes de operaciones, o testimonios. No he querido cambiar ni suavizar nada, así que –no maten al mensajero–, que sigue siendo fiel al «*Vita instar veritas*» dominico.

El título «Por Montes y Valles» lo he escogido por dos razones: porque me parece muy definitorio de las tropas de montaña, y porqué así dice la primera estrofa del cántico[1] de los Lasquenetes del emperador Carlos I de España, en un tiempo, el de los Austrias, en que los ejércitos españoles vencían por todo el mundo.

Quiero despedirme deseando que la obra os aporte al menos lo mismo que a mí su escritura y además, como deseo con todos mis textos, sirva de divulgación y homenaje a quienes dieron tanto por su Patria, es decir, por sus conciudadanos.

Su guardia en las cumbres ha sido, es y espero siga siendo, garantía de tranquilidad y paz para los españoles.

Y, sin más, vayamos al principio, cuando los caligos romanos sonaban al marchar por los caminos de Hispania, hace algo más de dos mil años…

1.- «Vamos marchando por montes y valles,
puedes querernos u odiarnos,
pero el diablo ríe con nosotros ¡Ha,ha,ha!»

CAPÍTULO 2

EDADES ANTIGUA Y MEDIA

Durante muchos siglos las batallas se disputaron habitualmente en terrenos llanos y, normalmente, con buen tiempo. En la Edad Antigua y Media las campañas se iniciaban en primavera y terminaban en otoño, paralizándose las operaciones con las lluvias y el frío. Llegada la Edad Moderna se dan batallas durante todo el año, pero siguen siendo escasos lo combates en montaña hasta la Edad Contemporánea. No obstante existen algunas excepciones en todas estas épocas, por lo que narramos en este capítulo cuatro campañas que fueron importantísimas en la historia: La primera hace atravesar a grandes ejércitos los Pirineos y los Alpes. La segunda se desarrolla en la Cordillera Cantábrica, donde son detenidos los ejércitos más poderosos del mundo durante décadas; la tercera, en los Picos de Europa, supone una inflexión en la invasión de España por los musulmanes, que desde esa fecha comienzan a retroceder; en la cuarta, en el Pirineo navarro, la derrota de la retaguardia de otro poderoso ejército, el de Carlomagno, hizo entrar en la leyenda a los muertos en la batalla, como Roldán y los pares de Francia.

2-2 Ejércitos en los Pirineos, los Alpes y los Apeninos

Las primeras grandes hazañas montañeras de la Edad Antigua las protagonizan los cartagineses. En el año 218 a.C. Roma declara a Cartago la segunda Guerra Púnica. La excusa fue la toma de su aliada Sagunto, a la que la Urbe no había enviado un solo soldado a defenderla. El general Aníbal Barca parte entonces de Hispania con un ejército de sesenta mil hombres y treinta elefantes, y cruzando los Pirineos y después los Alpes –parece que por el Gran San Bernardo– se planta en la llanura del Po.

Aunque pierde por deserciones, despeñamientos, ataques de los galos, o congelaciones, más de la mitad de su fuerza, sorprende a Roma al plantarse en su península. Allí logrará varias importantes victorias como Tesino, Trebia, Trasimeno y, tras cursar los Apeninos –le había cogido el gusto al paso de cordilleras–, sobre todo, Cannas. Ésta fue la más grande batalla de la antigüedad, y el mayor desastre bélico de la historia de Roma, que perdió en ella setenta mil hombres (cincuenta mil muertos y veinte mil prisioneros), entre ellos ochenta senadores, pasando a mejor vida cinco mil guerreros, la mayoría galos.

Aníbal y su ejército, formado desde el principio de la campaña con un ochenta por ciento de hispanos, descansaron después en la ciudad aliada de Capua, mientras pedían refuerzos a Cartago. Éstos le serían denegados por la asamblea de comerciantes, ignorantes de que su espíritu mezquino les causaría la perdición. Mientras tanto los ejércitos romanos atacaban las posesiones púnicas o a sus aliados (Capua sería arrasada y sus habitantes asesinados o esclavizados; un legionario mataría a Arquímedes al tomar Siracusa). Entonces Asdrúbal Barca, que estaba siendo derrotado en España por Escipión (luego conocido por «El Africano», reagrupó sus tropas, mayoritariamente hispanas, y, repitiendo la hazaña de su hermano, atravesó los Pirineos y los Alpes llegando a Italia. Para su desgracia, allí le esperaba el cónsul Claudio Nerón, cuyos hombres habían interceptado un correo. A orillas del rio Metauro lo derrotó, le hizo cortar la cabeza, y se la envío a Aníbal. Éste abandonó la península italiana tras once años de victorias, al ser llamado para defender Cartago, pues habían desembarcado las legiones romanas que acabarían arrasándola. Nuevamente se demostró la mezquindad de las grandes familias de comerciantes cartagineses, de origen fenicio, que llevó a la destrucción la ciudad y a Aníbal, quizá el mejor estratega de la Edad Antigua. Pero esa ya es otra historia.

3-2 GUERRA EN LA CORDILLERA CANTÁBRICA

Las Guerras Cántabras (documentadas por la Historia de Roma, de Dión Casio, pero también por otros autores como Orosio, Floro y Livio) se desarrollaron en la Cordillera Cantábrica.

La resistencia a la ocupación romana de Hispania vino dada por las tribus celtíberas, íberas y cántabro-astures, siendo los vascones y, sobre todo, los várdulos, caristios y austrigones pobladores de las actuales vascongadas, leales colaboradores del Imperio Romano, en cuyo ejército participaron con entusiasmo.

El emperador Augusto había recibido informes de viajeros que hablaban de la existencia, en la cornisa cantábrica, de minas de hierro así como de oro. El César también había sido informado de la dureza del terreno y sus habitantes, por lo que preparó un impresionante ejército.

Más de treinta y cinco mil legionarios (Legiones I, II, IV, VI, IX y X) y otros tantos soldados de unidades auxiliares, avanzaron contra Galicia, Asturias y Cantabria. Sin embargo, la tenaz resistencia de las tribus hispanas y su aprovechamiento del terreno hizo que no fueran derrotadas.

Durante las décadas siguientes al año 29 a.C. se sucedieron varios generales al frente de campañas fracasadas, llegando a tomar el mando el propio Emperador. Éste, tras unos años de soportar la guerra de guerrillas, regresó a Roma sin lograr vencer a los indómitos cántabros.

Del valor del jefe de estos, Corocotta, se dice que, habiendo ofrecido Augusto doscientos cincuenta mil denarios de recompensa por su captura, personalmente se presentó ante él, exigiendo su recompensa. Aquel, maravillado por su valor, le pagó y lo dejó libre. Derrotado Corocotta tras un largo asedio a su castro de Arcillum (situado a unos mil metros de altura), en honor a esa victoria el César ordenó construir Emérita Augusta. Su teatro fue diseñado por el cónsul Marco Vespasiano Agripa, quién ya lo había hecho con el Mausoleo de Roma.

Los miembros de la tribu de Corocotta fueron vendidos como esclavos en la Galia pero, una vez allí, mataron a sus amos y se reunieron nuevamente en lo alto de las montañas cántabras, desde donde continuaron hostigando a los romanos. Llegaron a derrotar, capturando sus enseñas, a la Legión I Augusta, que por orden del emperador fue diezmada, ejecutado uno de cada diez soldados, y desposeída de sus honores como castigo. Agripa, que era un gran militar y arquitecto, pero bastante bruto, practicando una guerra de extermino, consiguió vencer definitivamente a los cántabros el 19 a.C.

Como dato muy significativo, los romanos tardaron más de doscientos años en vencer la resistencia de Hispania frente a los ocho años que les costó la de la Galia.

4-2 VICTORIA EN LAS MONTAÑAS DE ASTURIAS

Un combate de gran trascendencia para la Historia se dio en el año 718 o el 722, según fuentes, en Asturias; el 28 de mayo incluso, precisan algunas de ellas.

Don Pelayo, primo del rey de España Don Rodrigo y espatario jefe de su guardia, intentó con el ejército de éste detener la invasión musulmana. Tras la derrota de Guadalete y otras posteriores, huyó primero a la capital de la Hispania Gothorum, Toledo; y tras la llegada de los islámicos, junto con el obispo Urbano y llevando varias reliquias, se refugió en el monte Auseva, cerca de Cangas de Onís.

Una vez allí recriminó a diversos nobles su sumisión al jefe moro de Gijón, Munuza, a quien pagaban impuestos. Como miembro de la realeza visigoda que era, le hicieron caso y encabezó la insurrección de aquellos guerreros. Munuza, cuando vio que no podía reducirlos con sus medios, pidió refuerzos a Córdoba, capital de los invasores. De allí llegó hasta Covadonga el jefe militar Al Quama, al mando de una nutrida hueste.

Al Quama envió primero al traidor visigodo Don Oppas, para ofrecer a Pelayo que se uniera a los islámicos («caldeos» les llaman en los textos que hablan de estos sucesos), con lo que recibiría muchos bienes. Tras contestarle Pelayo que él no se vendía, pues combatía por la fe, Al Quama, buscándolo, se internó por los desfiladeros hasta la «Cova Dominica», hoy Covadonga.

Cuando se hallaba el ejército de Al Quama en lo más profundo de aquellas quebradas, se vio atacado desde las alturas, tanto por sus flancos como al frente. El tiro de sus hombres no alcanzaba hasta los riscos, desde los que les llovían venablos, flechas y piedras lanzadas por sus enemigos. Los cristianos provocaron, además, un desprendimiento de tierras que separó la retaguardia de la vanguardia musulmana. Una vez hecho esto, Pelayo y sus hombres lanzaron una vigorosa carga sobre la cabeza de la tropa enemiga, donde estaba el propio Al Quama, quien resultó muerto. Ante la pérdida de su jefe, la tropa sarracena entró en pánico, lo que los convirtió en presa fácil para una carnicería como las que se solían producir en aquella época cuando él enemigo huía. Don Oppas fue apresado, y Pelayo, poco después, alzado como caudillo, arengando a los demás así:

«En Cristo esperamos que por este cerro que aquí veis vuelva la salvación de España y la restitución del ejército del pueblo godo. Esperemos que su misericordia venga a recuperar la Iglesia, el pueblo y el reino».

Aunque las dos fuentes existentes tienen divergencias, está claro que los hechos fueron como se han narrado. La versión musulmana «Al-Maqqari» coincide con la cristiana «Crónica de Albelda» en muchas cosas, como el origen de Pelayo y su llegada a Cangas de Onis, así como la del ejército califal; pero sostiene que los moros se fueron en parte aburridos y en parte por falta de alimentos, dejando solo veinte hombres y diez mujeres con vida del bando de Pelayo. A este le llaman «Belay», así como «asnos salvajes» a sus tropas.

La citada Crónica de Albelda, escrita en el 881, aunque exagera las cifras del ejército enemigo (hecho por otra parte, propio de toda la Edad Antigua y Media), narra los sucesos con mucha lógica. Y es apoyada por hechos históricos como son que los musulmanes van perdiendo esos años el dominio del norte de España, creándose los reinos más antiguos de España, el de Asturias (luego será de León), y el de Pamplona (luego de Navarra, que durará hasta 1842 nada menos); o que existen datos de un desvío de fuerzas musulmanas del sur de Francia hacia Asturias, lo que no hubiera ocurrido de ser cierta la versión de Al-Maqqari.

La impresión actual es que, si bien la fuerza goda se ajusta a las crónicas, unos trescientos guerreros, el ejército musulmán no debía llegar a los tres mil hombres (mucho más en consonancia con la realidad de la época que la cifra que da la «Crónica de Albelda»), de los que perecerían varios centenares. En cualquier caso era la primera vez que se derrotaba a los, hasta entonces, invictos musulmanes, y en aquellas montañas asturianas empezaba la Reconquista de España.

5-2 La montaña que entró en la leyenda

Varias narraciones nos cuentan la batalla de Roncesvalles, librada en la Alta Edad Media. En ellas se narra la derrota de la retaguardia del ejército de Carlomagno, con la muerte de su paladín Roldán y los principales caballeros de Francia, los doce Pares, en el Pirineo navarro.

En lo que no se ponen de acuerdo las diversas fuentes es en quienes fueron sus vencedores. El romancero cita al caballero leonés Bernardo el de Carpio como capitán, mientras la Chansón de Roland habla de los musulmanes. Pero la historia más verosímil es la que narramos a continuación:

Carlomagno, que regresaba de un frustrado ataque contra la ciudad de Zaragoza, en mano de los moros, arrasó las murallas de Pamplona. Los navarros se vengaron sorprendiendo a los francos en los abruptos pasos entre Ibañeta y Altobiscar, siendo Valcarlos la localidad donde se hallaba el emperador cuando se enteró de que su retaguardia era atacada;el cantar de gesta francés sitúa los hechos el 15 de agosto del año 778. Posteriormente navarros y leoneses combatieron muchas veces juntos contra los moros, lo que pudo dar lugar al romance de Bernardo el de Carpio, mucho más tardío.

Los Benu Casi (hijos de Casio) familia hispano romana islamizada que dominaba la zona de Tudela, eran parientes de los primeros reyes de Pamplona, por lo que, y más regresando Carlomagno de atacar Zaragoza, tampoco es descartable que se sumaran al ataque de los navarros.

Fueran quienes fueran los atacantes, aquella derrota que le costó la vida, dio más fama a Roldan y su espada Durandarte que sus todas sus victorias anteriores, como la del capitel del románico Palacio Real de Estella.

CAPITULO 3

LA EDAD MODERNA

1-3 Conquistadores de montañas de fuego

Una singular hazaña montañera militar tiene lugar durante la exploración de América. Cuando Hernán Cortes, y sus hombres avanzan, junto con numerosas fuerzas indias amigas, hacia la capital del imperio Azteca, encuentran en su camino el volcán Popocátepel, activo y de cinco mil cuatrocientos cincuenta metros de altura. Bernál Díaz del Castillo nos lo cuenta así en su Historia verdadera de la conquista de la Nueva España:

«El volcán que está cabe Guaxocingo echaba a la sazón mucho fuego, más que otras veces solía echar. Y un capitán de los nuestros, que se decía Diego de Ordás, tomo codicia de ir a ver qué cosa era, y demandó licencia a nuestro general para subir. Y llevó consigo dos de nuestros soldados y ciertos indios principales de Guaxocingo, y los indios poníanle temor con que cuando estuviese a medio camino de Popocatepequel, que así se llama aquel volcán, no podría sufrir el temblor de tierra ni llamas y piedra y ceniza que de él sale, y que ellos no se atreverían a subir más. Y todavía Diego de Ordás, con sus dos compañeros, fue su camino hasta llegar arriba. Vieron al subir que comenzó el volcán a echar grandes llamaradas de fuego, y piedras medio quemadas y livianas, y mucha ceniza, y que temblaba toda aquella sierra donde está el volcán. Estuvieron quedos sin dar un paso más de allí a una hora, que sintieron que había pasado aquella llamarada. Y subieron hasta la boca, que era muy redonda y ancha, y que desde allí se veía la gran ciudad de México y toda la laguna y todos los pueblos que están en ella».

Por su hazaña, este capitán que ya había sido distinguido anteriormente por la toma de Cestla en Tabasco, fue premiado por el emperador, el 22 de octubre de 1525, con el derecho a llevar en sus armas una representación de un volcán; después resultaría herido en la Noche Triste. Tras encabezar varias exploraciones, Ordás falleció en un viaje de regreso a España.

En 1826 se publicó una novela sobre él, Jicotencal, atribuida a varios autores hispano-americanos; y en 1952 Venezuela le reconoció dando su nombre a una de las más importantes ciudades del país y puerto clave del rio Orinoco.

2-3 Una batalla a dos mil setecientos metros de altura

El imperio del Inca, (incas se llamaba solo a los reyes de Tahuatinsuyo, no a sus súbditos), regía sobre lo que ahora es el Perú, Ecuador, Bolivia y el norte de Chile y Argentina. Sometiendo a diversas tribus, como los collas o la Confederación de Estados Chancas, se había extendido hasta los nueve millones de kilómetros cuadrados.

Este imperio, cuando llegaron hasta él los españoles, sufría una cruenta guerra civil, ya que Atahualpa quería usurpar el trono a su hermano Huascar. La lucha, muy sangrienta, arrasaría ciudades enteras como Tumbez o Quito. Vencieron los generales de Atahualpa y capturaron a Huascar, en la batalla de Cochabamba, asesinándolo por orden de su hermano.

Pizarro, atraído por las historias que de aquel imperio le contaban, con solo doscientos hombres, había ascendido hasta las cumbres andinas que formaban el corazón del imperio del Inca. Aquella pequeña fuerza española, que incluía cincuenta caballos y algunos arcabuces, subió, con gran sacrificio, hasta los dos mil setecientos metros de altura para someter a un ejército doscientas veces más numeroso.

El 15 de noviembre de 1532, el contingente español llegaba a la ciudad de Cajamarca, en la Sierra Norte, encontrándola desierta. No obstante, al anochecer, recibieron emisarios del Gran Inca que les invitaba a entrevistarse con él el día siguiente. Como todo indicaba la posibilidad de una celada, Pizarro ordenó acudir a la misma con la máxima alerta y preparados para repeler una posible agresión.

Efectivamente los españoles descubrieron un gran ejército de cuarenta mil hombres preparado para aplastarlos. Durante la entrevista y, en el preciso instante que el Inca, lanzaba airadamente una biblia al suelo e iba a ordenar el ataque, los españoles se adelantaron. Mientras hacían una descarga de arcabuces, los cincuenta jinetes galoparon hacia la masa india, y Pizarro con veinte hombres se lanzó contra la guardia personal de Atahualpa; en pocos minutos éste había sido capturado, mientras sus tropas entraban en pánico y se desbandaban. El conjunto del fuego de los mosquetes y la acometida española, junto con su jefe preso, aterrorizó a aquel ejército. Los indios tuvieron cerca de tres mil muertos, la mayoría aplastados por la masa de sus compañeros en estampida. La audacia de Francisco Pizarro había añadido a España un gran imperio. El 6 de diciembre de 1534 los españoles iniciaban la reconstrucción de Quito, que había sido arrasado por los generales incaicos.

3-3 GUERRA EN SIERRA NEVADA

En 1568 se produjo la sublevación de los moriscos. Estos musulmanes habitaban en la comarca de Las Alpujarras Granadinas, parte de Sierra Nevada. Esta abrupta zona tiene las dos cumbres más altas de España, el pico Veleta, de tres mil trescientos novena y dos metros, y el Mulhacén, de tres mil cuatrocientos setenta y nueve.

En aquella elevada zona, con apoyo económico y militar de turcos y bereberes, se rebelaron los musulmanes que habían quedado en España, después de terminada la Reconquista, en 1492; setenta y seis años más tarde, ante un decreto que les obligaba a vestir a la usanza de aquí y adaptarse a la costumbres españolas, los moriscos se alzaron proclamando su rey a Ben Omeya, quien se decía descendiente de los califas de Córdoba.

Inmediatamente comenzaron a cometer todo tipo de crímenes y saqueos contra los cristianos, llegando a tomar algunas poblaciones e intentándolo con Granada. En medio de una dura campaña dirigida por Juan de Austria y, tras el asesinato de Omeya, fue proclamado rey Abén Aboo apoyado por los turcos:

«Lo vistieron de colorado, le pusieron en la mano izquierda un estandarte y una espada en la diestra y le levantaron en alto para mostrarle al pueblo a la vez que gritaban: Alá ensalce al rey de Andalucía y Granada, Abb Allah Aben Aboo».

Éste, con un ejército de diez mil moriscos y seiscientos turcos y berberiscos, fracasó en los intentos de tomar Orjiva, Almuñécar y Salobreña. Otra fuerza musulmana al mando de Habaquí emboscó y derrotó a una fuerza española en Serón, matando al general don Luis Quijada, e hiriendo a Lope de Figueroa. Pero don Juan de Austria se repuso, recibió refuerzos, y derrotó a Habaquí que huyó entre las breñas tras perder su caballo. Tras el asesinato de Abén Aboo por sus colaboradores Abu Amer y El Xeniz, a finales de 1570 se fueron tomando los últimos reductos serranos de los rebeldes.

A comienzos del siglo XVII, entre 1609 y 1616, y por esta contumaz rebeldía, la mayoría de los moriscos (doscientos setenta y cinco mil de unos trescientos mil) fueron expulsados de España por el rey Felipe III.

4-3 ESCALANDO EL PEÑÓN DE GIBRALTAR

El peñón de Gibraltar es una gran roca de cuatrocientos veinticinco metros de altura cuyos acantilados dan al mar por el sur. Por su cara norte desciende algo menos abruptamente hacia la península que lo une a tierra. Este trozo de España, invadido por Inglaterra, forma parte del Sistema Bético.

El 4 de agosto de 1704, los habitantes de Gibraltar, españoles expulsados por la invasión de la gran armada anglo-holandesa de Rooke aprovechando la guerra por el trono de España entre los Borbones franceses y los Austrias, fundan otra población muy cerca de allí. La llaman «La muy noble y muy leal ciudad de San Roque donde reside la de Gibraltar». Hasta ella trasladan la Cédula Real, donde el rey Fernando el Católico les confirmaba escudo y privilegios; también el «Pendón de Gibraltar», bordado por su hija Juana, y bandera de San Roque hasta la actualidad.

El 8 de octubre de ese año, uno de aquellos verdaderos gibraltareños de San Roque (en el territorio invadido, los ingleses establecieron colonos), Simón Susarte, se presentó en el campamento del ejército que asediaba el peñón. Allí habló con el mando de las fuerzas borbónicas, marqués de Villadarias a quién manifestó:

«Ser natural de la plaza, en cuyo monte se había criado desde pequeño con su padre guardando un hato de cabras. Sabía, pues, todas las sendas i subidas de aquella escabrosa sierra».

Después acordó con el marqués guiar una fuerza española. Ésta, de quinientos soldados al mando del coronel Figueroa, se escondería en el monte para, a una señal desde el campamento español, tomar las defensas enemigas en coordinación con un ataque de Villadarias.

En la madrugada del día 9, la fuerza es guiada por Susarte a través de la «Vereda del Algarrobo» hasta a la cumbre de la roca, matando a los defensores y tomando las posiciones inglesas de «Torre de Hacho» y «la Silleta». Se ocultan después en la cueva de San Miguel, situada en la parte más alta, a la espera de la señal del campamento español para lanzar un ataque simultáneo con el del Villadarias; pero ésta no llegaría nunca; el marqués probablemente había recibido órdenes reales contrarias, y abandonó a los hombres del peñón a su suerte.[1]

Mientras tanto los ingleses, que han descubierto sus muertos, lanzan un contraataque con un regimiento al mando del coronel Whotham. Los españoles se defienden con fiereza, pero la inferioridad numérica y el hecho de solo disponer de tres cartuchos por hombre (recordemos que, además de llevar poco peso por lo abrupto de la subida, se les había prometido un ataque simultáneo), hace que, tras duros combates cuerpo a cuerpo, todos mueran en combate o despeñados, o sean pasados a cuchillo tras su captura. Ignacio López de Ayala narra, en aquel siglo XVIII, el ataque del regimiento inglés:

«Has luego que los españoles gastaron sus municiones i calaron bayoneta, cargó sobre ellos, tomó las alturas i paso a cuchillo a los que no se despeñaron intentando retirarse».

Dice una piadosa leyenda que Susarte se salvó huyendo por una senda que dominaba, pero los testigos de aquellos sucesos y conocedores de Simón (Belando, marqués de San Felipe, Bruzen de la Martinerie, Romero, cura de Gibraltar párroco de San Roque, y otro señor anciano) nunca más volvieron a saber del cabrero, lo que parece indicar su muerte en aquella carnicería. Y, a pesar de las décadas de sitios llevadas a cabo por España, nunca más se llegaría a pisar la cima del Peñón.

En 1974 se encargó al escultor Ortega Bru una estatua que, inaugurada en 1975, honra a este valiente pastor en un parque que lleva su nombre, Simón Susarte, allí en San Roque, donde residen los verdaderos gibraltareños.

1.- Felipe V era francés, y en el Tratado de Utrech, regaló Gibraltar y otros territorios españoles a los ingleses a cambio de la corona de España.

CAPÍTULO 4

LOS ESPARTANOS AUSTRALES

1.4 LOS ARAUCANOS

Los indios araucanos fueron los más duros contrincantes de las tropas españolas en Hispanoamérica. Eran unos formidables guerreros, que tuvieron aspectos parecidos a los espartanos de Lacedemonia, y otros próximos al código Bushido de los samuráis japoneses.

Con el nombre de araucanos se llamó, hasta entrado el siglo XIX, a una rama de los indios mapuches, habitantes en medio de los grados 36 y 40 minutos; y 39 y 50 minutos, entre el mar y los Andes. Es una zona considerablemente mayor a su originario Arauco, al que incluía, situada en el sur de Chile. El nombre puede que venga de la palabra quechua «*auca*», que quiere decir rebelde; y podría haberles sido aplicado por los incas, quienes habían sometido a todos los mapuches, menos a los araucanos, a quienes nunca lograron vencer.

Eran descritos como nerviosos, robustos, bien proporcionados, con aspecto marcial, y más claros de piel que otros indios americanos. De rostro redondo con nariz achatada y ojos pequeños, eran barbilampiños, pero llevaban largo el pelo de la cabeza que solían anudar en una trenza, dicen las descripciones del siglo XVII. Se los definía también como intrépidos, animosos y constantes en la guerra, pero perezosos y dados a la embriaguez en la paz. Siempre orgullosos y altaneros, consideraban inferiores a todas las demás tribus y naciones.

Su vestimenta consistía en camisa, jubón, poncho; y un tocado consistente en una faja de lana bordada. Los ricos iban calzados con botas de lana o chinelas de cuero, denominadas «*chelle*», y los demás, descalzos.

Las mujeres llevaban túnica, faja, mantilla corta, llamada «*ichella*», que ataban por delante con hebilla de plata. Portaban, además, numerosa bisutería como collares y diademas, además de anillos de plata en las manos. El pelo lo llevaban peinado en trenzas. Los ropajes de mujeres y hombre comunes eran siempre turquesas, usando lo ricos además el blanco y el rojo.

Los araucanos se regían por un régimen aristocrático en el cual existían cuatro *toquis* (jefe y juzgador) independientes pero aliados, que reinaban en cuatro territorios. Bajo ellos se encontraban los *apo-ulmenes*, o gobernadores de las provincias y bajo estos los *ulmenes*, que serían los diferentes caciques. Sus símbolos de mando eran, respectivamente, un hacha de pórfido y un bastón de empuñadura de plata con anillo del mismo material; y los mismos, pero sin anillo en el báculo. Los cargos eran hereditarios. También se reunía a veces el «*Butacoyang*» o «Gran Consejo», donde los caciques, en una pradera y en medio de una gran fiesta, debatían sobre los grandes temas, como la guerra o la sucesión. Tenían la particularidad de que, a los tres días de aprobar cualquier medida, esta era vuelta a votar, y solo si gana de nuevo, era definitivamente aceptada. La sucesión era por vía de varón pero, si no lo hubiera, el siguiente Toqui era elegido, pero con la condición de nunca acumular dos territorios.

Entre sus costumbres estaba la de condenar a muerte el adulterio, el robo, la hechicería y el asesinato, aunque en este último caso el reo se podía librar por acuerdo con los familiares de la víctima. Para todo lo demás se aplicaba la ley de Talión tumultuariamente, siendo habitual que se tomasen la justicia por su mano. Eran polígamos, aficionados a la bebida, frugales en la comida y muy celosos del perfecto uso de su lengua.

Creían en *Pillan*, creador del mundo, *Pillan, Epunamun, dios de la guerra y* otro benéfico, *Meulen*, a los que invocaban. El malvado *Guecubo* es al que atribuían las desgracias. Conservaban la tradición de un gran diluvio universal. Pensaban que las violentas tormentas de la zona, eran batallas entre almas de araucanos y españoles, a tal punto que las jaleaban: Si las nubes avanzaban hacia territorio español creían que estaban venciendo los suyos, y les gritaban *¡Perseguidlos!* Si lo hacían hacia zona araucana, les gritaban preocupados *¡Deteneos! ¡Esforzaos!*

2-4 Organización Militar

Cuando el Gran Consejo decidía hacer la guerra, se elegía generalísimo al más cualificado, fuera toqui, ulmen u oficial, sirviendo solo el cargo para caso de empate. En el momento de la elección quedaban cesados los demás toquis, recibiendo el hacha de pórfido y siendo investido con todos los poderes. El toqui nombraba sus oficiales y decretaba cuántos soldados debían enviarle, como mínimo, cada ulmen. Pero por la cultura araucana, todo el mundo se presentaba voluntario, por lo que rápidamente movilizaban varios millares de hombres. Nombraba también un vice-toqui, siempre elegido entre la tribu montañesa de los puelches. Los araucanos nacidos débiles no eran sacrificados, como en Esparta, pero tampoco atendidos especialmente, por lo que la selección natural hacía que sobrevivieran los más robustos. Los guerreros araucanos elegían, desde niños, el arma que usarán durante toda su vida; y eran adiestrados en su manejo, y luego en el cómbate de las unidades especializadas en ella. También se les sometía a un duro entrenamiento físico, con insistencia en las carreras cuesta arriba. Sus instructores, durante esta larga formación, los observaban detenidamente para ver quien tenía cualidades de mando, siendo eso, y no su origen, lo que determinaba los futuros oficiales.

Los juegos de los jóvenes araucanos también estaban todos encaminados a la preparación militar. Practicaban con asiduidad el *comicam*, un juego de estrategia parecido al ajedrez. Ejercitaban mucho la lucha y la carrera, además de un juego de pelota, que llamaban *pilma*, que se realizaba con una esfera hecha con juncos. El *pacco* era un juego consistente en asaltar una fortaleza formada por jóvenes con las manos enlazadas, y en cuyo centro estaba otro niño. El juego terminaba si conseguían apoderase de él los asaltantes o bien si, desfallecidas las fuerzas, debían abandonar la tarea.

El *palicam* era un juego que se practicaba con una bola de madera, en una llanura de media milla señalada por ramas de árboles. Los contendientes podían ser equipos de la misma aldea o retos entre dos poblados o provincias, acudiendo en este último caso multitud de espectadores. Los treinta participantes, divididos en dos equipos, se colocaban cada uno en frente de un contrario, armados de palos con el extremo curvado. Cuando, a una señal del árbitro, los jugadores colocados en el octavo puesto sacaban el balón de un hoyo, todos pugnaban por llevarlo hacia la línea de fondo de los contrarios. El juego podía durar hasta medio día y en el surgían numerosas peleas y lesiones, a veces graves. Los diestros en este juego alcanzaban gran fama y eran invitados a jugar por todo el país.

El ejército se dividía en infantería y caballería. Los araucanos, solo diecisiete años más tarde de descubrir los caballos, en el primer choque contra los españoles en 1558, ya fueron capaces de alistar varios escuadrones. En 1585 el toqui Cadegual dicto unas normas que regulaban su caballería. La infantería, llamada *namatuilinco*, estaba organizada en regimientos de mil hombres divididos en diez compañías.

Como armamento la infantería portaba picas, mazas con puntas, lazos, arcos y flechas, además de alabardas y cualquier otra captura, habiendo abandonado las hondas tras los primeros choques con los españoles. La caballería usaba lanzas y espadas. Todos, como armamento defensivo portaban corazas, yelmos y escudos de cuero endurecido. En ocasiones hicieron uso de mosquetes capturados, pero el desconocimiento de la fabricación de la pólvora hizo que en el XVI y XVII; una vez gastada ésta, no pudieran seguir empleándolos.

Antes de una campaña las unidades araucanas desfilaban con todo su armamento delante del Toqui. Los batallones portaban estandartes, con una estrella como emblema, y los guerreros portaban plumas en las bandas de sus frentes.

 Tras una reunión del Toqui con su plana mayor, el ejército, precedido de exploradores, avanzaba al sonido de tambores. Cada soldado aportaba sus armas y su comida. Ésta solía limitarse a una bolsa con harina tostada, que tomaban disuelta en agua, hasta que podían hacerse con provisiones del enemigo. Disponían sus campamentos en zonas bien guarecidas y con abundantes centinelas, debiendo cada hombre encender un fuego, para dar impresión de ser un gran ejército.

Tenían los araucanos costumbre de construir grandes fosos llenos de espinos, para detener la caballería enemiga. También levantaban fuertes, de troncos con troneras, y realizaban trampas que ocultaban profundos hoyos con afiladas estacas. Sabían aprovechar el terreno y procuraban llevar a la caballería enemiga hacia zonas pantanosas donde perdiera eficacia.

En orden de batalla, la caballería desplegaba en las dos alas quedando la infantería en el centro. En ésta siempre se intercalaban maceros y piqueros, yendo detrás de cada línea así constituida, otra de flecheros. El lado derecho lo mandaba el Vice Toqui, el izquierdo un oficial distinguido, ambos a las ordenes del Toqui quien, desde el centro, acudía a donde hacía falta.

El Toqui arengaba a sus guerreros, que a duras penas podían ser contenidos por sus oficiales, hasta la orden de avance. Era habitual que algunos de ellos se adelantasen a insultar y retar a sus adversarios, y aun que algunos se lanzasen a kamikazes ataques en solitario contra el ejército enemigo. El ataque lo realizaban entre gran griterío y disputándose los primeros puestos, aunque sabían que sus primera filas caían sacrificadas a la artillería y los mosquetes, a fin de que las últimas llegasen al cuerpo a cuerpo.

Si obtenían la victoria se repartían a partes iguales botín y prisioneros, independientemente del rango. Los enemigos serían convertidos en esclavos o canjeados por un rescate, menos alguno de vez en cuando que era sacrificado de manera ritual. Éste era conducido en un caballo sin orejas ni cola, para humillarlo, hasta un punto donde quedaba en el centro de cuatro puñales, que significaban los cuatro distritos araucanos, y cerca del hacha del Toqui. Allí se le obligaba a cavar un agujero con un tronco donde debía enterrar cuatro palillos diciendo el nombre de cuatro guerreros de su nación. Mientras lo hacía éstos eran insultados por los enardecidos araucanos que, acto seguido, descargaban un mazazo descalabrando al preso. Luego le arrancaban el corazón, que era chupado por el Toqui y sus oficiales, cortando después y paseando en una pica la cabeza de la víctima. Ésta era sustituida en el cuerpo del muerto por otra de carnero. Después todos se emborrachaban y se repartían los huesos para hacerse flautas. Las mujeres enemigas eran violadas y esclavizadas, siendo en algún caso tomadas como esposas.

Cuando los araucanos veían que iban a ser vencidos, muchas veces se lanzaban en medio del enemigo para buscar la muerte. Si eran apresados insultaban a su captores y los intentan agredir, aún atados, para procurar conseguir la muerte, pues no soportaban la indignidad de la derrota ni el cautiverio. Narra Alonso de Ercilla el caso de un indio que, con las manos amputadas en la batalla y amarrado, se abalanzaba tirando mordiscos hacia un esclavo negro a fin de que, para salvarlo, sus guardianes lo matasen. También cuenta como muchos, en vez de retirarse ante la derrota, se lanzaban en solitario hacia el fuego enemigo, buscando el fin.

3-4 Campañas

Bajo las órdenes del toqui Aillavilu, cuatro mil araucanos presentaron batalla a los españoles cerca de Penco. Estos indios solo no se descompusieron frente a las descargas de mosquetería y los caballos sino que llegaron a matar la propia montura de Valdivia quien, veterano de muchas batallas, señaló no haberse visto en tanto peligro como en aquella ocasión. Tras horas de reñido combate, muerto Aillavilu y casi todos los oficiales araucanos, estos se retiraron en orden, desistiendo los españoles de perseguirlos por tener también muchas bajas. Temiendo un nuevo ataque Valdivia ordenó de inmediato construir una fortaleza que, como preveía, fue pronto atacada, sin éxito, por un ejército al mando del cacique Lincoyán. Después de esto Valdivia fue construyendo ciudades y fuertes por toda la región.

Mientras, los araucanos habían elegido en su asamblea a un nuevo toqui para la guerra, Caupolicán. Siguiendo sus órdenes, varios indios entraron en la fortaleza haciéndose pasar por forrajeros para, ya dentro, atacar a los centinelas españoles y abrir las puertas a los suyos. Pero fueron vencidos por los defensores y el Toqui desistió del ataque, decidiendo poner sitio a la plaza. Tras varios días con salidas contra los indios, una noche los españoles pudieron romper el cerco y abandonar el fuerte, que fue arrasado por Caupolicán. Este sitió inmediatamente Tucapel, ciudad que tras brava defensa también tuvo que ser abandonada.

Valdivia, enterado de estos hechos e puso en marcha hacia allí con los soldados que pudo reunir. Envió por delante a Diego de Oro al frente de diez hombres en misión de reconocimiento, pero fueron sorprendidos, descuartizados, y sus restos clavados en los árboles. Valdivia, tras pasar delante de los despojos, se presentó encorajinado frente al enemigo. Tras un rato de lanzar insultos a los españoles, el ala derecha araucana, al mando del vice toqui Mariantu, atacó a la izquierda española y la derrotó. Valdivia envió allí reservas, que fueron también vencidas. Tecuapel encabezó entonces el ataque del ala izquierda, generalizándose el combate. Por tres veces los españoles destrozaron filas enteras de araucanos, quienes se retiraban y volvían al ataque. Cuando estos comenzaban ya a retirarse, un joven indio (que había sido paje de Valdivia), Lautaro, llamó cobardes a los de su raza cargando hacia sus enemigos. Los demás araucanos avergonzados le siguieron y destrozaron a los ya cansados españoles, dando muerte a todos menos a su jefe. Valdivia fue llevado ante Caupolicán y matado de un mazazo en la cabeza. Desde entonces Caupolicán, quien como todos los araucanos admiraba a los grandes guerreros enemigos, se vistió con las ropas, peto y casco de Valdivia.

Después de esta derrota los españoles abandonaron Puren, Angol y Villarica. Caupolicán sitió La Imperial y Ciudad Valdivia, mientras Lautaro vencía en Mariguamu y destruía Concepción. Francisco de Villagrán obliga Caupolicán a levantar los sitios de La Imperial y Valdivia y ataca por sorpresa el campamento de Lautaro, cerca de Santiago, muriendo ese toqui. García Hurtado de Mendoza también venció a los indios, tras una sangrienta batalla, ahorcando después a doce ulmenes, en contra del parecer de sus oficiales. Poco después un joven indio indicó a Caupolicán como podía sorprender a los españoles de la recién fundada ciudad de Cañete. Ese le avisó de que a aquella hora de la siesta estaban todos dormidos o borrachos y le abrió las puertas. Una vez dentro las tropas araucanas, se desencadenó sobre ellos una tormenta de fuego seguida del ataque cuerpo a cuerpo de los perfectamente prevenidos y alerta, soldados de España. Caupolicán sufrió una tremenda derrota, huyendo a los montes con diez guerreros leales. Semanas más tarde sería capturado por una fuerza al mando de Alonso de Reynoso, tras una pelea, durante la cual su mujer gritaba al toqui que debía morir antes que dejarse apresar. Como fuera arrestado vivo, ella le arrojó el hijo común a la cara, diciéndole que no quería nada de un cobarde. Trasladado a Cañete, fue condenado por Reynoso a morir empalado y asaeteado. Llevado a la plaza, cuando vio el tronco puntiagudo y entendió el suplicio, pidió que lo matasen a espada conforme a su rango. Pero, con las manos atadas a la espalda, desnudo y forcejando, fue sentado por varios negros en la punta de la estaca que poco a poco le fue penetrando por su peso. Fue después disparado con flechas, para terminar con su horrible sufrimiento.

El nuevo toqui, Tucapel, derrotó a Reynoso y sus quinientos hombres en Talguano, cuando se dirigía a socorrer Concepción. El jefe español logró huir herido con unos pocos hombres. Siguieron reñidas batallas con suerte diversa, con victoria final de Hurtado de Mendoza, y la muerte en combate o suicidio de los grandes caciques araucanos. Sucedió a Mendoza en el mando el veterano Villagrán, sufriendo varias derrotas, la más grave en Millapoa, tras la cual los indios arrasaron Cañete. Después sitiaron Concepción y Arauco, pudiendo tomar la segunda por falta de víveres de los cercados, pero teniendo que retirarse de la primera tras tres meses de asedio. Finalmente en Angol logró España una gran victoria, muriendo el Toqui y casi todos sus caciques.

En 1641 el Marqués de Baydes hizo un tratado de paz con los araucanos, con un artículo que les obligaba a que ninguna nación extranjera pudiese desembarcar en esas costas, que fue cumplido puntualmente obligando los indios a los holandeses, en 1643 a abandonar el país. Aun hubo otra guerra entre 1655 y 1665 y otra en 1723, de corta duración pero en la que los araucanos tomaron Tucapel, Arauco y Puren. Cuando se firmó ese año la paz entre españoles y araucanos, concurrieron en una llanura ciento veinte ulmenes encabezando a más de dos mil guerreros. Anudados los bastones de los ulmenes con el del representante español, como símbolo de unión, un araucano glosó en su lengua las desgracias de la guerra y ensalzó la paz, haciendo lo propio un orador español. Desde entonces cada vez que cambiaba el Virrey de Perú, se realizaba de nuevo este acto, en el que los indómitos araucanos aceptaban la autoridad de España, mientras mantenían sus jefes naturales y costumbres.

Aun en 1766 hubo una nueva revuelta al intentar el gobernador, Antonio Guill Gonzaga, que los araucanos construyeran ciudades. Tras una guerra de casi un año, y al pasarse los indios Pehuenches, aliados de España, al bando contrario, se firmó la paz en Santiago. El plenipotenciario araucano pidió que ellos tuvieran un ministro permanente ante el gobernador, en la ciudad de Santiago, lo que les fue concedido.

El mando militar español en aquellos años lo ostentaba el Virrey del Perú, quien en calidad de Capitán General, tenía por debajo al Maestre Campo, al Sargento Mayor y al Comisario. Disponía en la ciudad más próxima a la frontera araucana, Concepción, de ocho compañías de caballería, dieciséis de infantería, y una de artillería. Además toda la población civil estaba alistada en regimientos, a los que debía acudir en caso de guerra.

Cuando a principios del siglo XIX comiencen las insurrecciones de algunos criollos, y algunos traidores a su patria como Javier Mina, estos grandes guerreros araucanos, que tenían admiración por la valentía del soldado español, lucharan a favor de España. También en esos combates mostrarán ser los mejores combatientes de entre todos los indígenas.

Quizás por ello los dirigentes de las naciones que surgieron aprovechando la invasión napoleónica, han intentado borrar su nombre de la historia, llamándoles «mapuches de sur». Sin embargo, aquellos guerreros nos han dejado para el idioma español palabras del araucano como Chile, poncho o gaucho (de guacho, que significa sin padre). Nadie nativo de continente americano dominó los combates en terrenos escabrosos ni fue tan bravo como aquellos «espartanos australes».

CAPÍTULO 5

NACIMIENTO DE LAS UNIDADES DE CAZADORES

1-5 PRIMERAS UNIDADES

En 1645 Felipe IV ordena crear en tercio de Voluntarios de Valencia *«formado por gente robusta y ligera para maniobrar en terrenos difíciles»*, por lo que se recluta entre los habitantes del Maestrazgo.

En 1683, durante la Guerra de Cataluña, que enfrentó a la España del rey Carlos II de Austria con la Francia de Luis XIV de Borbón, se crearon los Migueletes del Prat, llamados Fusileros de Montaña. La unidad estaba formada por voluntarios de la Cerdaña para combatir en esa zona y en El Rosellón, comarcas entonces españolas. El marqués de Mina habla de una unidad de cañones de montaña en Sicilia, en 1718, y en la batalla de Francavilla, al año siguiente, cita la presencia de dos cañones de montaña.

En 1735 se crea el Regimiento de Voluntarios de Aragón y Cataluña, unidad de montaña conocida como «Los Pardos» con misión de guarnecer los Pirineos. Con parecidas características, en 1762, Carlos III crea tres regimientos de voluntarios, dos de Cataluña y uno de Aragón; y poco más tarde se creaban dos compañías más de Fusileros de Montaña, una en Méjico y otra en la Habana. Setenta y ocho de estos fusileros de montaña participaron en las fuerzas que, bajo el mando del general Bernardo de Gálvez, tomaron Pensacola a los ingleses del John Campbell, el 10 de mayo de 1781.

España, poseedora de Luisiana, decidió apoyar a los rebeldes norteamericanos contra Inglaterra. El rey no hizo caso al Conde de Aranda, que avisaba que eso incitaría más adelante a rebeliones en la América Hispana que serían apoyadas por Gran Bretaña; y también que los norteamericanos, no solo serían desagradecidos, sino que querrían crecer a costa de los territorios españoles. Pero nuestro monarca obedecía, por los Pactos de Familia, a los intereses de Francia. Desgraciadamente, Carlos IV de Borbón, regalaría más adelante, en 1802, por el Tratado de San Ildefonso, toda Luisiana a Francia.

En 1784 nace en el Ejército Español la Compañía de Artillería de Montaña, dotada con cañones de 4 pulgadas.

2-5 LAS CAZADORES Y LA INFANTERÍA LIGERA.

Las unidades de cazadores nacen en Prusia en el año 1740, ya que se vio la conveniencia de que, por delante o por los flancos de las rígidas formaciones de Infantería de Línea, actuasen unas tropas más ágiles. Éstas debían estar formadas por combatientes hábiles para moverse por diferentes terrenos y con buena puntería, dado que no iban a disparar en descargas cerradas como las unidades tradicionales; estaban creando el «orden abierto». También debía ser tropas con iniciativa, pues en muchos casos combatirían alejados del mando. Por ello el rey Federico II recluta esa fuerza entre sus monteros, dándoles como emblema la trompa de caza. Así nacieron los *Jagër* (cazadores en alemán). Pronto se vio la conveniencia de que vistieran ropas menos visibles en el campo de batalla que los coloristas uniformes de las unidades de línea. En suma, estaba viendo la luz la infantería moderna.

Mientras tanto, los doce Batallones de Voluntarios que había en España en 1808 pasan a llamarse de Infantería Ligera, con la misma filosofía que los *Jagër*. De estas unidades surgirán más adelante tanto las tropas de montaña como las paracaidistas, ambas denominadas Cazadores.

En el ejército francés a este tipo de tropas se les denominó *Chasseurs*, traduciendo el nombre austriaco; en Italia su nombre fue *Bersaglieri*, que se traduce literalmente «tiradores certeros»; en Inglaterra *Rifles*, y en Portugal *Caçadores*.

Ese mismo año de 1808 se dan dos combates en pasos de montaña en la Guerra de Independencia española.

3-5 BATALLA EN EL PASO DE EL BRUCH

Tras muchas décadas en que los Pactos de Familia habían arruinado el Imperio Español al someter los Borbones de aquí su política a los intereses de la rama principal reinante en Francia, éstos son derrocados. Nuevamente para apoyar a la monarquía francesa, la española ataca a la Francia en la Guerra de la Convención, saldándose con un nuevo fracaso. Poco después Carlos IV Borbón se alía con Napoleón y pone el ejército de España a las órdenes de Francia sufriendo el desastre de Trafalgar, donde pierde lo mejor de su flota de guerra, y grandes marinos como los vascongados Churruca y Gravina. La vergüenza final se produce poco después, cuando en una esperpéntica escena en Bayona Carlos IV y el futuro Fernando VII de Borbón abdican del trono español en Napoleón, quién coronará rey de España a José I Bonaparte. La mayoría del pueblo no ve esto bien y se subleva, teniendo en contra al propio gobierno borbónico y a buena parte de la nobleza. Así comenzó, aquel dos de mayo, la guerra de los españoles contra los invasores franceses. Con los capitanes de artillería Daoiz –de raigambre navarra– y Velarde, y el teniente de infantería Ruíz, heroicos defensores del parque artillero de Monteleón, considerados rebeldes por el capitán general de Madrid y el rey, por negarse a entregar las piezas a los imperiales y defender ese cuartel español.

El 6 de junio un correo avisa a los patriotas de Manresa de la salida de Barcelona del general Schwartz, quien al frente de tres mil ochocientos veteranos va contra ellos.

Ante esa noticia deciden detenerlo en el desfiladero del Bruch. Allí se apostan los somatenes de Manresa, Igualada y otras localidades, junto con soldados que han llegado desde diversas guarniciones, especialmente de Barcelona. Suman dos mil hombres al mando de Antonio Franch.

Cuando los galos intentan atravesar el desfiladero se desencadena una tormenta de fuego español que los hace huir, dejando abandonados más de trescientos muertos y un cañón.

El día 14, mientras los españoles se refuerzan en sus posiciones, un nuevo ejército vuelve a atacar el escarpado paso. Cuando, tras unas horas de duro combate, parece que los franceses van a imponer su superioridad en número de tropas y artillería, resuenan en el desfiladero unos redobles. Temiendo ser copados por aquellos refuerzos, los invasores huyen, sin saber que es solo un valiente de 15 años, Isidret Lluça Cánovas, de San Pedro de Oro, el sonido de cuyo tambor es multiplicado por el eco de las peñas de El Bruch. Hoy el nombre de esa batalla lo lleva el acuartelamiento del Batallón de Cazadores de Montaña Badajoz IV/62, en Barcelona.

Concluiré diciendo que uno de aquellos defensores del aquel paso fue el marido de Agustina de Aragón y Domenech, también catalana y famosa heroína de la defensa de España.

4-5 Batalla de Somosierra

El 30 de noviembre se da la batalla de Somosierra.

En este puerto se apostan nueve mil españoles, en gran número civiles, al mando del valeroso mariscal Benito San Juan; disponen de cuatro baterías, de cuatro cañones de doce libras cada una, escalonadas en el terreno, aunque desprotegidas. Su misión es cortar el paso hacia Madrid de los cuarenta y cinco mil soldados ejército imperial que manda Napoleón en persona. Éste tendría que ascender, durante cinco kilómetros de camino, hasta los mil quinientos metros de altitud y tomar la cima, si quería seguir su avance hacia la capital de España.

Al amanecer, y entre una intensa niebla, iniciaron el ataque varios regimientos de infantería de línea gala, que avanzaban con lentitud batidos por el fuego español. Cuando, hacia las once de la mañana, ya despejado el día, el coronel Piré dijo al emperador que era imposible cumplir la misión, este le gritó: «*¡Yo no conozco esa palabra!*».

El Emperador ordenó de inmediato el avance a un regimiento de Dragones, que fue destrozado por los españoles; de sus ochenta y ocho hombres, cuarenta y cuatro resultaron muertos y dieciséis heridos. Tras ese fracaso la infantería francesa tuvo un nutrido intercambio de disparos con los defensores del puerto. Entonces Napoleón mandó atacar a su escuadrón de escolta, los *Chasseurs à Cheval*, y también los de jinetes *Chevaus Lègers Polonais de la Gárde*, reclutados entre la nobleza de Varsovia. Éstos, encabezado por su coronel Kozietuski, se lanzaron al ataque, cubriendo en siete minutos los dos mil quinientos metros que le separaban del objetivo, e irrumpiendo entre los artilleros e infantes españoles. Los voluntarios de Madrid, creyéndose envueltos, huyeron y, aunque de los jinetes ciento cincuenta polacos ochenta y tres resultaron muertos o heridos, tras ellos llegó el resto del ejército traspirenaico.

El general San Juan se batió valientemente al frente de su estado mayor, mientras el mismo mariscal napoleónico, Bessieres, fue gravemente herido, pero la batalla estaba perdida. Los franceses tomaron el puerto teniendo mil bajas, entre muertos y heridos, por tres mil españolas, más otros tantos prisioneros. Napoleón impuso al jefe polaco, sobre el mismo campo de batalla, la Encomienda de la Legión de Honor.

El lamentable final fue que, cuando el general San Juan era retirado herido hacia Segovia, se encontró con la turba fugitiva quienes, acaso creyéndose traicionados, se volvieron contra su jefe y, tras atarlo a un árbol, lo asesinaron.

5-5 GUERRA EN LAS MONTAÑAS DEL NORTE

De toda España, y aun de Europa, es en el reino de Navarra donde más acciones de montaña se dan durante las Guerras Napoleónicas. También, por sus características similares a las tropas de cazadores, hay que destacar en este libro a la División Navarra, de Espoz y Mina.

En 1809, el seminarista Javier Mina Larrea (Otano 1-7-1789), de veinte años, al frente de doce hombres, ataca en El Carrascal un convoy francés, haciendo presos a diez artilleros. Esta partida, apoyada económicamente por el prior de Ujué, con un gran conocimiento del terreno, y con un jefe eficaz, se convierte en el terror del ejército enemigo, quien llegará a destinar veinticinco mil soldados a combatirle. El Corso Terrestre de Navarra, que así se llama esta prestigiosa guerrilla, recibe numerosos voluntarios a los que se añadirán otras partidas veteranas, como los roncaleses de Gregorio Cruchaga, o los aragoneses de Miguel Sarasa.

El 22 de mayo de 1809 El general D´Agoult envía dos columnas francesas para intentar acabar con las guerrillas que el brigadier Renovales dirige en los valles de Roncal y Ansó, este último ya en el Pirineo aragonés.

La primera de ellas, dirigida por el capitán Barbier, es destrozada por los ansotanos el 20 de mayo. La columna más poderosa, mandada, por el comandante Puizalís, es atacada por los roncaleses en la sierra de Santa Bárbara. Herido el jefe francés y con muchos muertos en sus filas, se rinde a Gregorio Cruchaga, quien apresa cinco oficiales y setenta y tres soldados imperiales. Estos son confiados al guerrillero Buruchi para su traslado y encierro en Lérida, pero éste por el camino los fusila.

El 16 de junio, vuelve el general D´Angoult a enviar otra columna contra Roncal. Renovales, al frente de cuatrocientos naturales de esos valles, derrota a esas tropas en el alto de Iso. Harto, el mariscal Souchet, envía hacia allí, en agosto, dos nuevas columnas. Una, con cuatro mil hombres, entre ellos numerosos granaderos, parte de Zaragoza mandada por el general Plicque; la otra, también poderosa, acude desde Pamplona al mando de D´Angoult. Los guerrilleros atacan a ese ejército sucesivamente en San Juan de la Peña, Ansó, Foz de Salvatierra de Esca, montes de Burgui, y Foz de Labochuela.

Otras dos columnas son enviadas desde Olorón Sant Marie y Pamplona, por lo que los roncales tienen que llegar a un acuerdo con los generales napoleónicos. Logran de éstos el compromiso de respetar vidas y haciendas del valle, a cambio de que las partidas guerrilleras se marchen a otra zona. Sin duda una gran victoria defensiva de aquellos centenares de valientes ante tamaño ejército enemigo.

6-5 La División Navarra

Las tropas de Renovales, tras abandonar Roncal, se unen a las de Javier Mina «el mozo» quién, con su ayuda, rechaza a los franceses en Tiermas, el 2 de noviembre. Después los persigue hasta Rocaforte y allí, al día siguiente, les hace muchas bajas y treinta prisioneros.

El 20 de ese mes esta fuerza, junto con la partida de los riojanos Cuevilla e Ignacio Alonso, causan un gran descalabro a las tropas del coronel francés Belloc en las alturas de Sansol. Más tarde también se unen al Corso Terrestre de Navarra los roncaleses de Gregorio Cruchaga, y los aragoneses de Miguel Sarasa, junto con desertores del ejército napoleónico alemanes, italianos y polacos. Con ellos Javier Mina sorprendió a los galos de la guarnición de Tudela, ocupando la localidad, pero dedicándose de inmediato a un lamentable y salvaje pillaje. Después el Corso ataca Tafalla.

Napoleón, en enero de 1810, envía veinticinco mil soldados más a Navarra, mandados por el general Requier; y en marzo añade la Gendarmería Imperial, al mando del general Dufour, pero Mina continúa dando golpes, como en Uterga y Caparroso. En abril de ese mismo año, apresado por los franceses Javier Mina, su tío, Francisco Javier Espoz, labrador de Idocin, toma el mando de las partidas, organizando la División de Voluntarios de Navarra.

Parte de ésta, al mando de Lucas Górriz, sufrió su mayor derrota en Belorado. Allá perecieron muchos hombres en la acción, y otros tantos fueron degollados tras ser hechos prisioneros. Pero Hennigngstein decía «*los navarros son como los gusanos; Los cortas por medio y surgen dos navarros contra usted*», por lo que a pesar de la catástrofe numerosos voluntarios acudían a alistarse en la «División».

En julio, tras ser capturado y fusilado el «Carnicero de Corella», su partida se incorpora a la fuerza de Espoz, quien crea dos cuerpos, a las órdenes de Cruchaga y de él mismo.

Después de la victoria de Idocin sobre una columna de dos mil imperiales, encabezados por el general Dufour, Napoleón mandará contra la División Navarra a su edecán, conde de Reille, en julio de 1810.

Con siete generales y veinte mil hombres, Reille lanza una serie de operaciones acompañadas de una brutal represión, dirigida por el comisario de policía vasco-francés Mendiry. Este último no solo fusila voluntarios, sino también a sus padres, hermanos e hijos. Hay que decir que, aunque muchos de estos navarros fueron ejecutados en los fosos de la Ciudadela de Pamplona, se les excluyó de la placa colocada allí, que específica que recuerda solo algunas de las víctimas y de una de las guerras civiles españolas; mientras tanto, los nombres de miles de navarros muertos del otro bando de esa guerra han sido tapados. Igual de vergonzosa fue la retirada por el ayuntamiento de Olite de la lápida que recordaba a los hombres de la División Navarra y sus familiares asesinados por los napoleónicos en esa localidad.

El conocimiento de la geografía y los mejores parajes para tender emboscadas; de los montes más intrincados para refugiarse; de las sendas, atajos y vados; así como su movilidad, frente a la pesada impedimenta de los franceses, hace de la División Navarra, con siete mil combatientes en 1811, una auténtica unidad de Infantería Ligera o de Cazadores.

Espoz llegó a crear un campo de entrenamiento en Lumbier donde se enseñaba desde a reconocer las divisas de los mandos enemigos hasta saber la importancia de una fuerza escuchando sus pisadas en el suelo, además de diversas técnicas de combate.

7-5 LA TRIUNFAL GUERRA DE ESPOZ

Sigilosa y rápidamente tres mil hombres de la División Navarra se desplazan ochenta y cuatro kilómetros sin ser detectados, para establecerse el 25 de mayo de 1811 en el alto de Arlabán. Su escasa impedimenta (frente a los treinta kilos que porta el soldado francés) y su conocimiento del terreno, les permite esta hazaña. Son cuatro batallones navarros y uno alavés que, durante cuatro largas horas, permanecen escondidos en silencio entre robles y matorrales.

Esperan sin moverse a que llegue a su altura el centro de un largo convoy de cuatro kilómetros de longitud, con ciento sesenta carruajes y mil quinientos soldados, mandado por el mismísimo mariscal André Massena.

A las ocho de la mañana un disparo da a los navarros la orden de hacer una descarga cerrada y atacar inmediatamente a la bayoneta. La sorpresa de los veteranos napoleónicos es total. Tras siete horas de combate quedan varios cientos de franceses muertos, siendo capturados otros doscientos –de los que cuarenta son oficiales–, y cuatro millones de reales. Además liberan a mil cuarenta y dos prisioneros, la mayoría británicos, aunque también portugueses y españoles.

La resonancia de la victoria de Espoz sobre el más prestigioso mariscal de Francia da la vuelta al mundo contada por los ingleses liberados. Los irritados napoleónicos mandan contra la División Navarra a los generales Reille, Harispe, Caffarel y Pannetier, logrando con todos sus ejércitos cercar a una parte de ella en Baigorri. Tras un durísimo combate cuerpo a cuerpo, con varios cientos de muertos, los navarros capturados son degollados.

Pero antes de que los galos puedan contar su victoria, con nuevos voluntarios, ya ha reconstruido Espoz su división, poniendo en fuga a la guarnición imperial de Ayerbe, y apresando un batallón italiano en Ejea de los Caballeros, por lo que es ascendido a Brigadier de Infantería.

Sus tropas ya no son partidas guerrilleras, sino unidades de gran tamaño, y dotadas de gran movilidad, autonomía, potencia de fuego y conocimiento del terreno, características propias de los batallones de cazadores; y dotadas además de artillería y caballería.

Con ellas en enero de 1812 toma, en cinco días, Huesca. El 11 del mismo mes derrota al general Abbé y sus dos mil infantes, nuevamente en los barrancos de Rocaforte. Otro ejército, que mandado por el general Soulier busca a Espoz, es dejado penetrar en Sangüesa. Una vez allí, la División ataca por el oeste desde

Monreal con el 4º Regimiento y con el resto desde Sos del Rey Católico, por el este. La derrota francesa es total, dejando sobre el campo más de seiscientos muertos y numerosos prisioneros. Una nueva columna, esta vez mandada por Caffareli, y que avanza hacia Lumbier, es atacada en la foz de Arbayun, teniendo que retroceder hasta Pamplona diezmada y con su jefe herido.

El 9 de abril de 1812 un convoy protegido por dos mil soldados polacos y trescientos granaderos de la Guardia Imperial sale de Burgos. Lleva cuatrocientos prisioneros, documentos y rico botín.

Desde el desastre anterior, los franceses mantenían vigilancia sobre las alturas y el paso de Arlabán. Burlando esta vigilancia, los hombres de la División Navarra consiguen situarse allí y permanecer ocultos hasta la llegada del convoy. En ese momento, tras una descarga, se abalanzan sobre aquel, consiguiendo en media hora una completa victoria, en el mismo sitio y manera que la anterior. Tras esta nueva brillante acción, Espoz es nombrado mariscal.

El 22 de mayo los franceses atacaron a la división en Santa Cruz de Campezo. Allí fueron heridos Espoz y su eficaz segundo, Gregorio Guruchaga, que fallecería poco más tarde. Ante ello, sus hombres optaron por replegarse.

Convaleciente en Leache, Espoz recibió el nombramiento de segundo jefe del 7º Ejército español, además de un sable y una pistola de regalo, con una felicitación de lord Wellington. Posteriormente Espoz sitió a Abbé en Pamplona, derrotándolo en todos sus intentos de romper el cerco, como Barasoain, el 11 de octubre, o Mañeru, el 15 de febrero de 1813. Mientras, el 11, la División había tomado Tafalla.

Francia envió al general jefe del ejército norte, Claussel, al mando de una formidable fuerza de quince mil hombres quienes, junto con los cinco mil de Abbé, se lanzaron contra Espoz. A base de marchas y contramarchas, dividiendo sus fuerzas para atacar en puntos tan distantes como Mendigorría, el 23 de abril, y Muez, al día siguiente, volvió locos a los franceses hasta que pasaron a su país. Participó después Espoz en la victoria de Sorauren (27-28 de julio) contra el mariscal Soult, quien venía a intentar liberar a sus compatriotas cercados en Pamplona; y en la rendición de estos, el 31 de octubre de 1813, terminado con la presencia francesa en Navarra.

Espoz, que fuera primero absolutista, llegando a fusilar un ejemplar de la Constitución de Cádiz, deviene en liberal. Con ese bando participa, primero en la guerra contra los realistas y los «Cien mil hijos de San Luis» (sufriendo exilio o recibiendo cargos, según las vicisitudes del momento), y luego contra los carlistas. Siendo Capitán General de Navarra, dimitió de sus cargos al ser derrotado reiteradas veces por el genio militar de Zumalacárregui y sus voluntarios tradicionalistas.

A su fallecimiento, el 14 de diciembre de 1836 en Barcelona, el que fuera humilde labriego, es nombrado conde, y enterrado en la catedral de Pamplona. En el Palacio de Navarra se conservan las layas que usara para roturar el campo.

8-5 COMBATIENDO EN LA CIMA DEL VOLCÁN

Aprovechando la debilidad de España creada por la guerra contra Francia, y auspiciados por la Logia Masónica Americana (de obediencia inglesa y creada por los británicos para torpedear a España con ayuda de traidores), los militares masones españoles Bolívar, San Martín, Sucre y Javier Mina se habían ido sublevando contra su patria junto con los terratenientes criollos que querían aumentar sus privilegios. Enfrente tenían al que había sido su ejército, que si bien contaba con el apoyo de numerosos indígenas, luchaba en un frente enorme y muy alejado de la Península Ibérica.

Tras varios años de victorias españolas, que habían permitido recuperar casi todo el territorio, el 24 de mayo de 1822 la suerte para nuestras armas estaba cambiando, en buena parte por la absoluta incompetencia del rey, y las corruptelas de su corte que privaban de medios de combate a nuestros ejércitos.

Ese día un ejército insurrecto, al mando del autonombrado mariscal Antonio José de Sucre, se aproximaba hacia Quito; intentaba ganar posición en la ladera del volcán activo Pichincha, para desbordar las defensas españolas desde más altura.

Cuando su vanguardia avanzaba sigilosamente, se vio sorprendida por una descarga cerrada de los defensores. El general de éstos, Melchor Aymerich, había sido alertado por sus centinelas, e interpretando perfectamente lo que pretendía Sucre, había desplazado tropas monte arriba. Entre barrancos y peñas, a tres mil metros de altura, chocaron más de tres mil rebeldes con los mil ochocientos noventa y cuatro españoles. Los disparos y cargas a la bayoneta de estos últimos consiguieron hacer retroceder los batallones insurrectos Paya, Trujillo y Yaguachi, y dispersado el Piura, todos ellos con mucha bajas.

Entonces Aymerich ordenó a su mejor batallón, el de Cazadores de Aragón, que, desgajándose del resto de la fuerza, ascendiera a la cumbre para rematar al ejército de Sucre con un ataque por su retaguardia. Los cazadores, a pesar de la fatiga de las horas de combate (a más de tres mil metros de altura, no lo olvidemos) y de sus bajas, realizaron la maniobra con brillantez, pero su ataque fue detenido por el batallón inglés Albión. Éste acababa de llegar, descansado y al completo, al mando del teniente coronel John Makinstoch. A la vez otro batallón, también de refresco, el Alto Magdalena, cargaba contra la agotada línea española, lo que terminó de decidir la batalla. Los muertos fueron unos seiscientos y los heridos sobre cuatrocientos, repartidos casi por igual entre ambos bandos. Además, el ejército de los aliados, insurrectos e ingleses, capturó unos mil doscientos españoles; todo ello entre el humo de aquel volcán activo que se llama Pichincha.

CAPÍTULO 6

LA MONTAÑA EN LAS GUERRAS CARLISTAS

Las guerras carlistas serán decisivas para el desarrollo de las tropas de montaña. Tras el avance del paso de Infantería de Línea a Ligera, los descalabros de los ejércitos de Isabel II, 1ª República, y Alfonso XII, contra las tropas de Carlos IV y VII hacen reflexionar al mando. Ejércitos muy superiores están fracasando ante tropas en menos numerosas, pero muy adaptadas a las zonas montañosas en que combaten. Ésto hizo que costase muchos años dominar áreas como Navarra o El Maestrazgo.

Vamos a dar una descripción de aquellas campañas, y contaremos alguna de las acciones que llevaron a la cúpula militar a pensar en la creación de los batallones de montaña, que se iniciaría tras la última Guerra Carlista, aunque en el reglamento de 1810 ya cita dos compañías de cazadores de montaña. En 1827 se crea la primera unidad regular de artillería de montaña, dotada con dos cañones de cuatro centímetros de calibre.

Terminada la guerra de Independencia comenzó un enfrentamiento entre los partidarios de la Constitución de Cádiz y los del llamado Antiguo Régimen, sintetizado el lema «Dios, Patria, Fueros, Rey». Fernando VII fue primero abanderado de este lema, alentando conspiraciones contra los liberales, aunque luego terminara denunciando a sus partidarios a los constitucionalistas, en 1822. De inmediato se desarrolló una durísima represión de éstos sobre sus prisioneros realistas con numerosos fusilamientos, y asesinatos de todo tipo como el ahogamiento en aguas de La Coruña de cincuenta y cinco cautivos absolutistas del penal de San Antón. Igualmente Fernando VII es implacable contra los liberales cuando los partidarios del absolutismo, con apoyo del rey de Francia, le vuelven a dar todos los poderes.

Los combatientes de la guerra de Independencia se dividieron entre ambos bandos. Por ejemplo Merino y Cuevillas fueron realistas y el Empecinado liberal, mientras que Espoz se pasó de los primeros a los segundos, por citar solo los más célebres. Y Fernando VII de Borbón repartió el terror entre ambos bandos.

Comenzó ordenando la ejecución de Rafael Riego, ahorcado en la plaza de la Cebada de Madrid el 9 de noviembre de 1823, además de la de otros muchos liberales y masones; después, en 1825, ordenó el fusilamiento de Bessiers y otros apostólicos. En 1828 aparecieron partidas realistas en Cataluña que, tras un llamamiento de Fernando VII, creyéndole, se presentaron ante él, siendo de inmediato ejecutados.

Por orden del rey, el Conde de España persiguió por igual a apostólicos que a liberales. Unos y otros inundaron las cárceles reales, donde muchos se suicidaron para no sufrir los crueles tormentos a los que se les sometía. El monarca llamaba eufemísticamente a su política *«palo al burro negro, palo al burro blanco»*.

Fernando VII, que había tenido una niña de su cuarto matrimonio, elimina con su Pragmática Sanción, en 1830, la ley Sálica, a fin de que pueda reinar su hija Isabel. Además expulsa de España a su hermano, el príncipe Carlos María Isidro, a quién correspondía la legítima sucesión, y apresa a su ministro Carlomarde y al obispo de León, don Joaquín Abarca, por ser contrarios a esta medida.

Mientras el gobierno va apartando a los partidarios de don Carlos de sus puestos, éste prepara reclamar su derecho a la corona en cuanto muera su hermano. El fallecimiento del rey, que sucede el 29 de septiembre de 1833, supone la guerra abierta.

A la ya muy madura regente María Cristina, le quitó popularidad el ser conocido su matrimonio secreto con un guardia de corps de veinticinco años, Fernando Muñoz, a quien la reina se declaró a las semanas de enviudar, y con quien tuvo siete hijos. También la desprestigió que formara una camarilla con la familia de su joven pareja, lo que lanzó más gente a las filas del pretendiente. Además de las matanzas de frailes de 1834, los decretos del ministro Álvarez Méndez «Mendizábal», de prohibición de las comunidades religiosas no de dedicadas a la enseñanza, y de venta los bienes de la Iglesia a los grandes terratenientes, hicieron que muchos católicos se unieran al bando carlista. Hay que recordar a aquel alcalde catalán que envió a su gobernador civil un oficio donde ponía: «...*continúan las matanzas de curas y frailes sin novedad*» (sic).

1-6 UN GENERAL BRILLANTE

Tomás de Zumalacárregui estudiaba en Pamplona la carrera eclesiástica cuando, en 1808, acudió voluntario a alistarse al Ejército Español que defendía Zaragoza en la Guerra de Independencia. Combatió en el primer sitio de esa ciudad, después en la batalla de Tudela y, durante el segundo sitio de la capital maña, cayó prisionero de los franceses al realizar una salida, en diciembre de 1808.

Zumalacárregui enseguida logra escapar y se incorpora a la guerrilla de Gaspar Jáuregui, «El Pastor», como 2º jefe. Con ella participa en los combates de Aspiroz, Oyarzun, El Carrascal y Santa Cruz de Campezo.

En 1811 esa partida, ya convertida en el 1º Batallón de Guipúzcoa, es incorporada al 7º Ejército del General Gabriel de Mendizábal. En esa unidad del Ejército Español, recibe Zumalacárregui los ascensos a teniente y capitán, y con él participa en la batalla de San Marcial, el 31 de diciembre de 1813. En 1820 sufre conspiraciones para echarlo del ejército por sus ideas conservadoras pero, tras promocionar a teniente coronel, en 1824, logra el mando del Regimiento de Extremadura.

En 1829, al ascender a coronel, es nombrado gobernador militar de El Ferrol. De ese cargo es cesado en octubre de 1832, separado del servicio y confinado en Pamplona, todo por sus ideas. En enero de 1834 abandonará esta ciudad por el portal de Francia, que hoy lleva su nombre. Se unirá a las partidas de Iturralde y Sarasa, siendo elegido, el 14 de noviembre de 1833, en Estella, general jefe del Ejército Carlista. Prueba de su audacia, y de la mayoritaria militancia tradicionalista en esa bella ciudad navarra, es que don Tomás fue proclamado y revistó a sus voluntarios impunemente mientras la población aun tenía la guarnición liberal, que permaneció encerrada en el fuerte de San Francisco. Zumalacárregui también durante la primera guerra civil del siglo XIX (hubo varias) demostrará ser uno de los más grandes militares de la historia de España. De él diría Benjamín Jarnes:

«Tuvo como segundo jefe al paisaje».

En una primera fase de la guerra, se dedica a crear un ejército y a asegurar ciertas zonas, para pasar después a obtener una serie de victorias partiendo siempre de medios inferiores al enemigo. Era muy querido por sus tropas que le llamaban «Tío Tomás». Demostró ser un brillante táctico y su muerte, sumada a decisiones estratégicas erróneas, divisiones y traición, acabó con la sublevación tradicionalista.

Zumalacárregui dejó para la historia algunas acciones militares memorables, además de un ejército ducho en moverse con agilidad, capaz de abastecerse sobre el terreno, de proveerse del enemigo, y de dominar las montañas. Con esas virtudes, las fuerzas carlistas, treinta y cinco mil hombres en su máxima extensión, tuvieron en jaque a cien mil soldados cristinos, más diez mil de la Legión Británica y cinco mil de la Legión Francesa, durante siete años.

Zumalacárregui recibió muchos llamamientos para pasarse al bando contrario, con ofertas de grandes mercedes y ascensos, tanto por parte de su propio hermano Miguel, como de su antiguo jefe, el general Quesada. Tomás siempre los rechazó, permaneciendo fiel al tradicionalismo. Recibió los títulos de Conde de Zumalacárregui y Duque de la Victoria, además del sobrenombre de «El tigre de las Améscoas» por esa zona de Tierra Estella donde obtuvo sus más resonantes victorias.

Tras vencer al general Espartero en el puerto de la Descarga, el día 10 de junio de 1835, Zumalacárregui, contra su opinión, ponía cerco a Bilbao. Cinco días más tarde, mientras observaba desde un balcón las posiciones de la capital vascongada partidaria de la centralista María Cristina, recibió un balazo en la pierna y fue trasladado en un sillón por sus hombres hasta Cegama, su pueblo, situado a sesenta kilómetros; allí moriría el 24 de ese mismo mes por gangrena gaseosa. Mas las virtudes que él había potenciado siguieron siendo características de los carlistas, en la última guerra de tal nombre, donde a punto estuvieron de apresar en la batalla de Lácar al joven rey Alfonso XII, y en la Guerra del 36 española, donde los requetés demostraron mantenerlas.

Vamos a narrar solamente un par de acciones, para que veamos el carácter de aquellas campañas montañeras.

2-6 BATALLA DE ARTAZA, 1834

Diremos para empezar que las unidades predilectas de Zumalacárregui eran los ocho batallones de infantería de Navarra, así como los de Guías y de Lanceros, portadores ambos también del nombre del Viejo Reino. Estas unidades fueron decisivas en muchos combates, y las más leales a su rey (junto con las del Maestrazgo), al que siguieron al exilio tras la traición de Maroto y de muchos batallones vascongados.

El batallón de Guías de Navarra, creado por Zumalacárregui, era una infantería ligera de élite («guías» luego fue traducido en el mundo anglosajón como «rangers» y retraducido como «pioneros»), formada por pasados del bando «cristino».

Aquella primavera, el propio ministro de Defensa, general Gerónimo Valdés, harto de que sus generales no pudieran vencer al ejército, muy inferior en medios, de Tomás Zumalacárregui, decidió ponerse al frente de las tropas del norte.

El 19 de abril de 1834 un gran ejército cristino, de unos veintidós mil hombres, comenzó a avanzar hacia los refugios de Zumalacárregui en Tierra Estella. Lo formaban treinta y cuatro batallones de Infantería, varios escuadrones de caballería y algunas baterías de montaña, más una de cohetes Congreve con ocho sistemas y treinta y dos lanzadores. Procedía de Vitoria al mando del propio Valdés, quien tenía bajo su mando a los generales hermanos Luis y Fernando Fernández de Córdova[1].

Enterado Zumalacárregui, por su muy buen servicio de información, ordenó a sus tropas, que vivaqueaban en los valles del Ega y la Berrueza, marchar hacia las Améscoas. En torno a Eulate se concentraron los batallones 2º,3º,4º,6º y 10º de Infantería de Navarra, el de Guías, y el Escuadrón de Lanceros, también ambos de Navarra, más el 1ª de Infantería de Castilla y el 1º de Infantería de Álava; cuatro mil hombres en total. Cuenta Zaritiegui, segundo de Zumalacárregui:

«..Podía, a la verdad, haber aumentado algunos días antes estas fuerzas, pero la dificultad de mantenerlas en un país tan estéril y exhausto de todo, y la imposibilidad de maniobrar con soltura en un paisaje tan angosto y desigual como lleno de obstáculos, le persuadieron que los diez batallones antes citados serían suficientes».

Había lanzado el Ministro de la Guerra un bando diciendo que perdonaría a civiles o soldados carlistas que se presentaran a sus tropas, y avisando que pensaba arrasar toda población que les diera cobijo. No obstante, el día 21, anota Fernando Fernández de Córdova:

«Parecía aquel un país desierto y hubiéramos considerado el valle completamente abandonado sin la presencia de algunos ganados extraviados y la multitud de ropa y efectos de casa y víveres y aun dinero que los soldados encontraban escondidos en los huecos de los árboles.

Zumalacárregui parecía querernos amedrentar con el silencio y con el aspecto imponente y singular de aquellos lugares solitarios. Ni un soldado, ni un habitante, ni ser alguno viviente se presentaba a nuestra vista ni al alcance de los anteojos dirigidos hacia todos los puntos».

El paisaje de esos valles está dominado por abruptas sierras, que descienden hasta ellos a través de fuertes pendientes de bosque cerrado. El ejército cristino ascendió hasta la de Urbasa, pasando la noche en la zona de su venta. Zumalacárregui también hizo subir a doscientos tiradores para que hostigasen la noche

---

1.- El apellido de esta familia se escribe con v.

del enemigo. A la mañana siguiente Valdés, que sabía que su fuerzas habían consumido todas sus raciones de comida y que habían pasado la noche al raso, bajo aguanieve y entre un frío intenso, decidió replegarse a Estella, en esas fechas aun ocupada por los liberales.

«Al rayar el alba Zumalacárregui dio orden de que se tocasen durante largo rato las cornetas y cajas y se distribuyese a las tropas el aguardiente acostumbrado en los días de combate, recorriendo enseguida las compañías y animándolas con algunos breves discursos. A las cinco de la mañana comenzó a establecer en varios puntos sus batallones y, creyendo que los enemigos bajarían por donde él estaba, el puerto de Zudaire, que es el más ancho y suave, colocó las compañías por escalones.

Cerca de las ocho tuvo esta orden una nueva variación por que en vez de descender los contarios por el citado puerto, se observó que iban pasando por el borde de la Sierra hacia el de Artaza. Zumalacárregui, sorprendido al principio de tal movimiento, comprendió al fin que tan formidable ejército no trataba ya más que de retirarse de su vista rehuyendo el combate» nos cuenta Zaritiegui.

Dejando el general carlista su fuerza principal a retaguardia del enemigo, con los batallones 1° y el de Guías flanqueó a los cristinos para cortarles el paso en Artaza. Hay que tener en cuenta que las tropas navarras llevaban mochila o morral ligeros, usaban calzado de montaña, y estaban acostumbrados a moverse por aquellos riscos; las tropas cristinas llevaban zapatos de corcho, grandes levitas, mucha impedimenta, y sables, lo que les hacía torpes en ese medio.

Heningsen, oficial carlista cuenta:

«Aunque en las alturas brillaban abundantes las armas del enemigo, solamente podía bajar por este desfiladero, pues las murallas de roca hacían imposible el paso por cualquier otro lado». Los tres batallones navarros contuvieron cuatro horas al ejército de Valdés hasta que este consiguió abrirse paso.

«El camino estaba tan lleno de muertos que los cristinos no podían bajar sin pasar por encima de sus propios cadáveres» dice Hennigsen, lo que sin duda desmoralizó a la tropa de Valdés, que además venía seguida por el resto de los batallones carlistas. El ejército cristino continuó descendiendo la fuerte pendiente rodeada de arboles, mientras Zumalacárregui los desbordaba nuevamente, y desplegaba los restos de sus tres batallones poco más adelante. Allí el fuego carlista volvió a segar a los liberales abriéndose estos paso de nuevo. Pero otra vez Zumalacárregui volvió a rebasarlos, tomando posiciones en el paso de las Peñas de San Fausto donde atacó, mientras su segundo, Zaritiegui, hostigaba a la retaguardia enemiga. Cuando caía la noche muchas unidades liberales se desbandaron y otras se desorientaron, falleciendo bastantes soldados ahogados en el contiguo río Urederra. Además, batallones cristinos se tirotearon entre ellos, pues creían ver carlistas por todas partes.

Cuando al final los liberales consiguieron buscar refugio en Estella habían tenido varias millares de bajas, entre muertos, heridos y desparecidos, dejando en manos carlistas más de tres mil fusiles, así como varios cañones.

A consecuencia de esta derrota, Valdés ordenó desalojar todas las guarniciones navarras al norte del Ebro, lo que además de dar a Zumalacárregui el control ese amplio territorio, en el que estaba la simbólica capital y corte carlista, Estella, le permitió lanzarse a la conquista de Vascongadas. La muerte de Zumalacárregui, herido durante el sitio de Bilbao, y la división interna, además de la traición del general Maroto (con fusilamiento de sus compañeros incluido), hizo que los carlistas perdieran aquella guerra en 1839.

Numerosos combatientes tradicionalistas exiliados lucharían en la Guerra Civil Americana, en las filas de la Confederación del Sur. Fueron unos cinco mil hombres, encuadrados muchos de ellos en la Brigada Zumalacárregui. Destacaron el general Echegaray que mandó la 2ª División de Tenesse y el capitán Iriarte, jefe de la 1ª Compañía de Fusileros de Regimiento Nueva España 35º ,también de Tenesse, que moriría heroicamente en la acción del puente de Burnside. Además, algunos centenares lucharon en la Guerra de Crimea encuadrados en la Legión Extranjera Francesa.

Isabel II sería derrocada en 1868 por los generales Prim, Topete y Serrano, en una revuelta llamada por el pueblo «La Gloriosa». En un auténtico movimiento nacional contra los excesos de todo tipo de la reina, el pueblo apoyó a los tres prestigiosos generales. La gente cantaba en alusión a la homosexualidad de Francisco de Asis de Borbón, rey consorte:

«*Serrano, Prim y Topete,*
y al marido de la reina
que le den por el ojete»
«*Paquito puntillas*
es de pasta flora,
y mea en cuclillas
como una señora»

Isabel II tuvo muchos amantes y a uno de ellos, Puigmoltó, atribuía el pueblo la paternidad de Alfonso XII.

Juan Prim Prat nombró en 1870 rey de España a Amadeo I de Saboya, quién llegaría a Madrid justo para las exequias del general de Reus, asesinado, parece que a instancias del cuñado de la ex reina, Antonio de Orleans.

3-6 BATALLA DE ERAÚL, 1872

Durante la última guerra carlista se dieron varias batallas en montaña. La campaña comenzó el 21 de abril de 1872 y enseguida, tras victoria republicana de Oroquieta, los carlistas vizcaínos firmaron el 24 de mayo el Convenio de Amorebieta, pasándose al enemigo. Las demás fuerzas de ese bando del resto de España, continuaron la guerra, mientras el rey Carlos VII declaraba traidores a los vizcaínos.

Aun así, el 5 de mayo de 1873, las tropas tradicionalistas mandadas por Dorregaray, llevando como jefes a Rada y Ollo, derrotaron a las liberales del coronel Navarro. Este combate se dio en el mismo lugar de la batalla de Artaza, que ya hemos narrado, pero para diferenciarla se denomina a esta de Eraúl. Aunque participaron menores efectivos y no tuvo la brillantez táctica de la de la 1ª Guerra Carlista, la importancia de este choque estriba en que supone una inflexión en la campaña, al ser la primera victoria de los tradicionalistas quienes, a partir de aquí, comienzan dominar territorio y a estructurar un ejército y un pequeño estado con capital en Estella.

La infantería carlista contaba solamente con los batallones 1º,2º y 3º de Navarra, menos cuatro compañías del primero (operando en Álava con Perula), a las que se sumaban cuatrocientos hombres del batallón de Cazadores de Azpeitia (la mayoría pasados del enemigo), y la compañía de Guías de Castilla (donde muchos soldados son oficiales todavía sin tropa), así como algunos alaveses de la partida de Llorente. La caballería estaba formada por voluntarios que habían aportado su propias monturas, y algunos animales requisados en los pueblos. Toda la tropa estaba en fase de instrucción y la mayoría sin uniformar. Además mientras los dos primeros batallones de Navarra tenían fusiles Remintong (de retrocarga y cartucho metálico), el tercero contaba con anticuados fusiles Berdam y tenía algunos soldados sin armamento. Poco antes de esta batalla se vieron reforzados por una sección de cincuenta húsares que se pasó del ejército republicano. En total, los carlistas sumaban unos mil ochocientos hombres. Sus mandos, además del general jefe, eran los generales Ollo y Rada, con el marqués de Valdespina al frente de la caballería.

La infantería republicana estaba formada por un batallón de cazadores del Regimiento de Sevilla, como todos los de cazadores una buena unidad; el Batallón de Infantería de Línea de Barbastro, cuya disciplina dejaba mucho que desear; y las compañías 1ª y 6ª del 3º Regimiento de Ingenieros. Su caballería se limitaba a una sección de cuarenta lanceros del Regimiento Villaviciosa, contando además con una sección de artillería con dos piezas Krupp. Hay que contar que las tropas de la 1ª República habían sido reclutadas por la Ley de Reemplazos implantada por la Constitución de 1869, que decretó la injusticia de que los ricos pudieran librarse de cumplir el servicio pagando una cantidad; este sistema fue causa de gran malestar entre muchos de los conscriptos, hasta que lo abolió el general Miguel Primo de Rivera dentro de las reformas emprendidas nada más llegar al poder.

Mandaba la columna gubernamental el coronel Navarro; el teniente coronel Martínez era el jefe del Regimiento Sevilla; el comandante Braulio García, de su batallón de cazadores; el comandante Batllé, del batallón Barbastro; y el teniente coronel Acellana, de las compañías de ingenieros. El total de los republicanos era de unos mil doscientos hombres, algo inferiores en número, pero mejor armados e instruidos, y contando con artillería. Cerca operaban otras dos columnas con las que hubieran triplicado sus efectivos.

Los jefes carlistas trasmitieron a Dorregaray el sentir de sus oficiales, quienes estaban hartos de esquivar a las columnas republicanas y querían plantarles cara.

Eraúl está en el único paso entre las Peñas de San Fausto y las de Zubite, cortando el camino de Abárzuza, y allí decidió Dorrengaray dar la batalla (La meseta de Zubite es una altura en un terreno abrupto y rocoso difícil de flanquear, obligando al enemigo a un ataque frontal). Desplegó sus hombres ocultos entre el boscoso paisaje situando en flanco izquierdo y centro al 1° Batallón de Navarra, mandado por Ollo; a su derecha el Batallón de Cazadores de Azpeitia,2ª de Guipúzcoa, mandado por Lizarraga; y cerca de la ermita de San Mamés el de Guías de Castilla y doscientos alaveses de la partida de Llorente. En reserva los batallones 2° y 3° de Navarra.

La columna republicana avanzó desde Artabia, llevando al frente al Batallón de Cazadores Sevilla, detrás las compañías de ingenieros y los lanceros de Villaviciosa, después la artillería e impedimenta y, a retaguardia, el Batallón Barbasto. Los carlistas, en absoluto silencio, les dejaron ascender hasta que las avanzadillas enemigas les hubieron sobrepasado; cuando llegó el grueso del Batallón de Sevilla, a las quince horas, una descarga cerrada cae sobre sus compañías de flaqueo. Navarro entonces ordena desplegarse a los hombres del Sevilla, adelantarse a las compañías de ingenieros y todos juntos abrirse paso hacia Eraúl, distante unos pocos cientos de metros. En trabado combate cuerpo a cuerpo van logrando que el 1° de Navarra y el de Cazadores de Azpeitia retrocedan, ordenadamente y combatiendo, cuando Dorregaray ordena contraatacar al 1 ° de Navarra con apoyo de dos compañías del 2°, llevando a las tropas de Navarro a su punto de partida. Éste lanza más tropas a primera línea y contraataca hasta que lleva los carlistas de nuevo a la cima del monte. Viendo ésto Rada «Radica» lanza una violenta carga a la bayoneta (la primera de las que le harían famoso) con las tres compañías del 2° de Navarra que le quedan, haciendo retroceder de nuevo a los republicanos. En ese momento, a la hora de iniciado el combate, Navarro lanza al combate las últimas reservas de los batallones de Sevilla y de Ingenieros, mientras sus dos cañones son descabalgados y comienzan a bombardear con metralla, protegidos por la caballería. Estos cañonazos y las descargas cerradas de fusilería hacen retroceder nuevamente a los tradicionalistas, que comienzan a perder sus posiciones iniciales. Ordena entonces Doregaray entrar en batalla al 3° de Navarra, pero éste tiene solo algunos pocos fusiles anticuados, estando armados la mayoría de sus hombres con palos. Los demás batallones carlistas se están quedando sin munición, y se presagia una derrota que acabaría con el ejército carlista y posiblemente con la guerra; ante ello, los jefes cogen fusiles y disparan junto con la tropa mientras Ollo grita:

«Navarros, hemos salido para morir por Dios. Hoy es el día de morir por él».

En ese momento, el Marqués de Valdespina, sin tener órdenes para ello, al frente de los cincuenta húsares y de la escolta de Dorregaray, carga contra el flanco izquierdo enemigo. El terreno no es bueno para la caballería, ya que la presencia de árboles, arbustos y rocas desperdiga a la fuerza, pero al atravesar las líneas de su propia infantería esta se enardece y les sigue a la bayoneta. El Batallón de Barbastro ha hecho unas descargas derribando varios jinetes e hiriendo después de un bayonetazo a Valdespina, quien a su vez derriba a su agresor con su sable; también han herido de un disparo al teniente Lirio, destacando entre los jinetes el capitán carlista pamplonés José Sanjurjo, luego famoso general, haciendo bajas con su pistola; y detrás de ellos llega la infantería tradicionalista a la bayoneta. A los minutos de trabar éstos combate, el Barbastro se desbanda y huye. Navarro ordena a su caballería defender los cañones, pero ésta también se pone en fuga, así que acude él con algunas fuerzas de cazadores a proteger las piezas. Asaltadas éstas, los carlistas capturan un cañón completo y la cureña del otro, además de al coronel Navarro; en otros puntos son apresados también los tenientes coroneles Martínez y Acellana, y numerosos soldados republicanos que corren. Todo ha terminado; Los tres médicos de la columna vencedora atienden a los heridos de ambos bandos.

El número de bajas por parte del bando republicano es de algo más de trescientos cincuenta, de los que ciento doce serían muertos, cuarenta y cinco heridos, y doscientos prisioneros. Los carlistas sufrieron dieciocho muertos y treinta siete heridos. Posteriormente Dorregaray libera a ochenta prisioneros. Tras su puesta en libertad, el coronel Navarro y el teniente coronel Acellana enviaron una carta abierta a la prensa agradeciendo el comportamiento humanitario de su enemigo. Como hemos anticipado al principio del artículo, no siendo un alarde táctico, el combate de Eraúl fue muy importante por significar un cambio en el curso de la guerra que dio alas al ejército carlista. Sin la carga de Valdespina o la desbandada de Barbastro, podía haber desaparecido el ejército legitimista terminando la insurrección y sin embargo ocurrió lo contrario por la decisión de unos pocos en un momento clave. Mientras tanto dos columnas republicanas no llegaron a tiempo para entrar en combate.

Habrá después otras batallas en montaña, siendo muy importantes en esta guerra. Así, el cerco carlista a Bilbao tiene que ser levantado por las operaciones sobre los montes de Gadalmes y la garganta de Montano, por los generales Serrano y Concha. Esos días, confirmando la maldición que para el carlismo tiene Bilbao, un cañonazo mata a sus generales Ollo y Rada.

Después, los días 7,8 y 9 de noviembre de 1873, se daría la primera batalla de Montejurra, con gran victoria carlista, y los 25-27 la de Monte Muru (de la que se habla en el apartado dedicado al batallón Estella), con victorias carlistas. Luego, con la caída de la 1ª República y el acercamiento de Alfonso XII al Vaticano, los tradicionalistas perderían apoyos.

El 17 de febrero de 1876, la segunda batalla de Montejurra de esta guerra sería una victoria de Fernando Primo de Rivera que abriría el camino para la toma de Estella, capital y corte de Carlos VII, y forzaría el paso a Francia de éste por Alduides, el 28 de ese mes.

CAPÍTULO 7

LA INFANTERÍA LIGERA

1-7 Infantería Ligera

Al terminar la Guerra de Independencia los batallones de Infantería Ligera estaban formados por gentes de sus zonas de actuación, manteniéndose esa práctica en los doce batallones existentes, por considerarse muy conveniente.

Estos batallones, que estaban formados por seis compañías de fusileros y a cada una de granaderos y cazadores, recibieron entonces las siguientes denominaciones, llevando siempre la palabra Voluntarios por delante:

De Aragón, 1º y 2º de Cataluña, de Tarragona, de Gerona, 1º y 2º de Barcelona, de Hostaldrich, de Barbastro, de Valencia, de Albuera, y de Navarra.

También varios batallones de la Milicia se llaman,«de cazadores», siendo teniente en el 8º don José de Espronceda. El famoso escritor era hijo de un brigadier de Infantería y amigo del general Ros de Olano, también poeta, quien le tributó un afectivo homenaje con el soneto «Recordando el entierro de Espronceda».

En 1827 los batallones de Infantería Ligera se reducen a seis, y se denominan, con la palabra «cazadores» por delante, del Rey 1, de Aragón 2, de Gerona 3, de Valencia 4, de Bailén 5 y de Navarra 6.

En 1847 eran dieciséis, siendo en esas fechas cuando se adopta en estas unidades española la trompa de caza como emblema, y los adornos en verde, símbolos mantenidos por las tropas de montaña hasta la actualidad.

En la campaña de Marruecos destacan los batallones de cazadores ya existentes, por lo que continúan incrementándose con cuatro más en 1869, y otros cuatro en 1872.

Aunque en 1839 se había creado la Brigada de Artillería de Montaña, será la última guerra civil, con muchas victorias carlistas dadas por sus tropas habituadas a combatir en zonas abruptas, la que convence al mando de la importancia de potenciar las tropas de estas características. Así en 1877 los cazadores se organizan en veinte batallones numerados del correr altivamente desde el uno.

En 1891 se asigna uno de ellos a cada división y, en 1893, se organizan en diez medias brigadas, de dos batallones de cazadores cada una, formando seis de ellas tres Brigadas de Cazadores, denominándose una de ellas «de Montaña», dependiendo las cuatro restantes de las divisiones de Infantería.

2-7 Cazadores españoles en Vietnam

Ya a finales del siglo XVI y ante la petición de ayuda del rey de Camboya Apram Langara, que sufría el ataque del reino de Siam, el gobernador de Filipinas, Luis Pérez Dasmariñas, envió al capitán Juan Suárez con ciento veinte veteranos españoles y auxiliares tagalos en una galera y dos juncos; llegaron en 1596. Éstos sostuvieron victoriosos combates contra fuerzas muy superiores, tanto chinas como de los reyes de Sistor (Phnom Penh), de Tonkín, además de algunos japoneses. Recorrieron el río Mekong llegando a Champa (Saigón) y a Chu Chang, en la Conchinchina, donde había naufragado una expedición con refuerzos encabezada por el padre del gobernador Pérez, que allí había fallecido. Tras ser atacados por siete juncos piratas en el estrecho de Singapur, a los que derrotaron -muriendo cien agresores por tres españoles-, realizaron una victoriosa campaña que logró recuperar el trono de Camboya, siendo nombrados por el rey gobernadores los capitanes Belloso y Ruiz. Finalmente en 1598, tras el naufragio de unas galeras con refuerzos, y el fallecimiento de Apram Lagra, fueron atacados por tropas camboyanas y mercenarios malayos a las órdenes de la regente, viuda de aquel, y de su amante, sucumbiendo los españoles tras luchar heroicamente

Una vez creados, también los cazadores españoles han tenido numerosos combates en paisajes selváticos. Aquí vamos a contar una campaña asiática que mucha gente desconoce, la Guerra de la Cochinchina, como se la llamó.

En 1856, una persecución religiosa desencadenada por el emperador de Annam, en lo que hoy es Vietnam, mató a numerosos misioneros españoles, incluyendo al obispo José María Díaz Sanjurjo, vicario apostólico de Tonkin, que fue decapitado, así como a muchos católicos indígenas. El 1 de diciembre de 1857 España y Francia acordaron la intervención en la zona, pero sin puntualizar los términos de la operación.

Las fuerzas españolas fueron enviadas desde la guarnición de Filipinas, y estaban formadas por una compañía del batallón Cazadores del Rey n°1, otra del de Cazadores de la Reina n° 2, el regimiento[1] de Fernando VII, además de secciones de caballería, artillería, sanidad y plana mayor. Estos dos mil hombres estaban mandados por el coronel Bernardo Ruiz de Lanzarote, y apoyados por el buque aviso «Elcano», de 165 tripulantes y seis cañones. La fuerza conjunta la mandaba el contralmirante francés Rigault de Genouilly.

3-7 UNIFORMIDAD

Las tropas expedicionarias a Cochinchina, además del uniforme de los regimientos de peninsulares en Filipinas, usaron uno propio para diario, consistente en blusa, con cinturón y collarín, y pantalón, todo de cotonía azul; y salacot negro con funda de tela también azul, con chapa en el centro y barboquejo. Los cordones de éste variaban siendo verdes para los cazadores, amarillos para los para los fusileros, rojos para los granaderos y granates para los lanceros. Todos llevaban botines blancos y los oficiales sombreros de ala con funda blanca.

El 31 de agosto comenzaron el ataque a Annam, llamado en España Cochinchina, con un primer combate que resultó victorioso a los europeos, quienes tomaron la bahía de Turama, cerca de la capital ananita Hue. Pero después numerosos ataques se estrellaron contra las murallas de esta ciudad, por lo que el 10 de febrero de 1859 se atacó Saigón. El 17 de ese mes, se entraba en esta urbe, capturando doscientos cañones y abundantes provisiones.

1.- Un regimiento de Infantería en Filipinas equivalían a un batallón peninsular. Al mando de un teniente coronel, contaban con tres compañías de infantería de línea, una de granaderos y una de cazadores. Los oficiales eran peninsulares y la tropa indígena.

El 9 de octubre de 1859 tomó el mando conjunto el contralmirante francés Page, quien ordenó la vuelta a Filipinas de la mayoría del contingente español, dejando en Saigón solamente 200 soldados, todos ellos cazadores, al mando del teniente coronel Carlos Palanca. Éstos, junto con 800 franceses, quedaron aislados resistiendo continuos ataques del Imperio Ananita hasta que, el 23 de marzo de 1862, los aliados, con refuerzos al mando del almirante francés Charner, vencieron definitivamente en la batalla de Vit-Lon, en el delta del Mekong. El teniente coronel Palanca recordará amargamente que nunca se le mandaron ni refuerzos, ni uniformes, ni víveres; y que al final fue Francia quién se quedó con todas aquellas tierras que tantos esfuerzos habían costado a él y sus hombres. Como recuerdo de aquella expedición, una colección de cañones ananitas formaban la balaustrada de la escalera del ya inexistente Museo del Ejército de Madrid.

En el siglo XX volverían militares españoles a una guerra en esa tierra. Sería una pequeña misión del cuerpo de Sanidad Militar compuesta algo más de cincuenta miembros, entre septiembre de 1966 y octubre de 1971, La formaban médicos, ATS, intendentes y capellanes, todos ellos del Ejército de Tierra. Partieron con uniforme español, pero allí se les dotó de prendas norteamericanas, a las que los españoles bordaron un escudo con la bandera de España, sobre la que se veía el emblema de Sanidad Militar con una espada y la inscripción «Misión Sanitaria-España». También usaron otro igualmente rojo y gualda, con un yugo y unas flechas carmesís y la inscripción «Vietnam», no reglamentario.

Se harán cargo del hospital de Gò-Công, en el delta del Me-Kong, que estaba en estado deplorable, pero los militares españoles lo convertirán en un centro de referencia, tanto para soldados como para los civiles de la zona. Estos últimos, agradecidos bautizaron un puente cercano, como «Puente de España».

Los militares españoles recibieron varias condecoraciones vietnamitas, norteamericanas y españolas, entre las que hay que destacar la Medalla al Valor USA, entregada al capitán Merlos Saldaña por rescatar a un herido norteamericano entre una lluvia de balas. Dos ATS españoles sufrieron heridas en bombardeos del Ejército de Vietnam del Norte, y otro más, el subteniente Gutiérrez de Téran, superó el curso paracaidista del Ejército de Vietnam del Sur, siendo el único español en tener ese diploma.

En septiembre de 1971 el gobierno español ordenó su repatriación, a los ciento diecinueve años de la victoria del brigadier Palanca en la batalla de Vin Lon.

4-7 CAZADORES NEGROS EN CUBA

En 1895 son enviados a defender Cuba siete batallones de cazadores y, en 1896, quince batallones expedicionarios de cazadores son creados para hacer lo mismo en Filipinas. Valeriano Weyler es un coronel laureado por su actuación en Santo Domingo cuando llega por primera vez a Cuba. Allí, después de varias brillantes acciones, el mando le encarga la organización de un batallón de voluntarios que se llamará «Cazadores de Valmaseda». Hay muchas otras unidades de cubanos combatiendo a favor de España, pero hablamos de ésta por su singularidad, que ahora vamos a ver.

Este batallón está formado por varios cientos de voluntarios que:

«*...sienten la voluptuosidad de matar y el placer del riesgo constante. Aquellos soldados, la mayoría negros, no tienen nombre. Es un bloque anónimo, un montón de carne llena de odio y de rencor, reclutada entre las vidas fallidas y rotas, en la zona lívida donde acampan los desesperados. Constituyen aquellos valientes una legión demoníaca. Todo se perdona menos una cosa: la cobardía. Con la lucha, en vez de gastar la ferocidad, la aumentan. Su paso por el terreno enemigo se conoce por la rúbrica rojiza de los incendios, el asolamiento de los pueblos y la extirpación definitiva de los contrarios. Así como la vieja usurera recuenta en su cuchitril, con sus dedos de arpía, las monedas, lo mismo hacen estos mozos con las cabezas de sus enemigos: las amontonan, las cuentan con alegría, en trágico balance después de la lucha*» escribe Julio Romano en 1934.

Con este batallón, que le admira por su valor y le sigue ciegamente. Weyler derrota varias veces al líder rebelde Maximínio Gómez, quien anteriormente había combatido a favor de España en Santo Domingo. De Weyler nos dice Romano en su libro:

«*Cuando montaba en su caballo para entrar en pelea, sus hombres se erguían, los dedos se crispaban junto a los cañones de los fusiles...Ejercía sobre sus hombres una poderosa fascinación*».

Siempre que Weyler pedía un voluntario para una misión peligrosa, todo el batallón daba un paso al frente, teniendo que elegirlo el general. El seleccionado era luego mirado con envidia por sus compañeros.

Al frente de estos «Cazadores de Valmaseda», en agosto de 1870, toma Weyler, tras un duro combate, Lomas del Ciego; El 23 el campamento enemigo de Las Parras, y el 11 de marzo vence en Cañada Honda. En el combate de Rio Abajo, en un tabacal, Weyler es atacado por cuatro rebeldes. Abre con su sable la cabeza, dispara su revólver sobre otro y arrolla con su caballo al que sujeta las bridas. El cuarto huye.

Sus victorias son numerosos, destacando la de río Chiquito, donde con sesenta y nueve hombres vence a quinientos enemigos haciéndoles grandes bajas a costa de veintinueve propias.

La lucha en Cuba se desarrolla entre numerosa vegetación a base de emboscadas. Ahora Weyler lucha contra Ignacio Agramonte, astuto y salvaje jefe insurrecto que degüella a los españoles que captura.

Un día que ha apresado un destacamento español aislado, Agramonte envía al general español el recado de que, si quiere encontrarlo, siga las cabezas de los españoles que están colgadas en los árboles del camino de Potrero. Después le indica que adornará con la del propio Weyler su mesa. Éste, al saber la noticia, sonríe. Tras unas horas de silencioso avance durante la noche, irrumpen los españoles en el campamento rebelde destrozando al enemigo, mientras Agramonte llama a sus desconcertados hombres a la lucha. Cuando sale el sol un soldado presenta a Weyler la cabeza del jefe rebelde. Este la ordena enterrar diciendo:

«*Se ha portado como un valiente*».

Sofocada la rebelión, Weyler es llamado a España, en agosto de 1873, para combatir contra los carlistas. Volverá a Cuba más adelante, como general jefe, y estará a punto de obtener la victoria total cuando es cesado en 1897, en un grave error de Azcárrraga, nuevo presidente del gobierno que ha sustituido a su asesinado antecesor Cánovas del Castillo.

Los batallones de cazadores con voluntarios de ultramar se disolverán al quedarse USA con aquellos territorios españoles, tras la guerra de 1898, quedando los peninsulares reducidos a cinco. Eran también cazadores y luchaban en esa misma guerra los heroicos defensores de El Baler, conocidos como «Los últimos de Filipinas».

5-7 PECULIARIDADES DE LOS CAZADORES

Los batallones de cazadores, a comienzos del siglo XIX, aunque en su organización eran casi iguales a los demás de infantería, solían tener sus efectivos completos, y contaban con un mejor grado de adiestramiento. Las cuatro compañías en filas (en caso de movilización formaban una quinta de depósito), se distinguían por el color de sus banderines, siendo correlativamente rojo, amarillo, blanco y verde, exactamente igual que en la infantería de línea. El batallón estaba mandado por un teniente coronel, con un comandante segundo jefe, siendo ambas plazas montadas al igual que las de oficial.

En las bandas de cornetas había una gran diferencia con la infantería de línea, ya que las de cazadores no llevaban tambores; y en las bandas de música no había tampoco percusión, estando formadas por trompas, trompetas y trombones.

Estos batallones se agrupaban en brigadas de cazadores, formadas por seis de ellos. A cada media brigada, equivalente a un regimiento de línea, había afecta una sección de ametralladoras Hotchkiss de 7 mm, que fueron las primeras unidades de ese tipo del Ejército Español. La sección mandada por un teniente (siempre montado), llevaba dos de esas armas, que, con sus servidores, formaban el primer escalón, mientras que el segundo lo constituían las municiones de reserva.

El transporte de cada ametralladora utilizaba dos mulos, uno con máquina, trípode, cañón de repuesto y dos cajas de munición; y el segundo con ocho cajas de municiones, depósito y calderín para el agua de refrigeración.

El jefe de pieza era un sargento, con un cabo tirador, y tres sirvientes denominados primer y segundo proveedor y auxiliar. Además la sección la formaban un soldado de primera, un observador y cinco conductores. Así el primer escalón lo formaban dos sargentos y catorce hombres con cinco mulos, cuatro para las ametralladoras y el quinto con útiles de zapador, repuestos y herramientas.

El segundo escalón, de municionamiento, lo componía un sargento, un cabo, un herrador, cuatro sirvientes suplentes y siete conductores; que llevaban cuarenta y ocho cajas de munición repartidas en seis mulos, más otro de reserva.

Cuando en 1909 hubo que enviar tropas a reforzar a las guarniciones de África, se recurrió a los batallones de cazadores, pues eran los mejor dispuestos; y lo demostraron dando muy buen resultado.

6-7 CAZADORES DE CABALLERÍA

También hay que hablar de los cazadores de Caballería. Existían entonces dieciséis regimientos, cuatro de ellos con uniforme distinto, Lusitania por su historial y, Alfonso XIII, María Cristina y Victoria Eugenia (desde 1911 que toma ese nombre el Sesma 22) por llevar nombres de reyes vivos.

Los demás regimientos de cazadores de caballería eran Almansa 13, Alcántara 14, Talavera 15, Albuera 16, Tetuán 17, Castillejos 18, Alfonso XII 21, Villarrobledo 23, Galicia 25, Treviño 26, Vitoria 28 y Taxdir 29. Este arma se completaba con ocho regimientos de lanceros, numerados del 1 al 8, tres de Dragones, 9,10 y 11, y dos de Húsares, 19 y 20.

La unidad táctica de Caballería era el escuadrón, con cuatro secciones. Cada una de éstas se componía de sargento, trompeta, herrador, cuatro cabos y entre 24 y 28 soldados. El mando del escuadrón lo tenía un capitán con una plana mayor formada por un teniente, un herrador de 1ª y dos batidores. Dos escuadrones forman un grupo, mandado por un comandante y dos grupos un regimiento, cuyo mando ostenta un coronel, con un teniente coronel como segundo jefe.

CAPÍTULO 8

El NACIMIENTO DE LOS BATALLONES DE MONTAÑA

1-8 España

Vamos a hablar en este capítulo del nacimiento de las tropas de montaña más significativas, no de todas las del mundo, pues sería imposible. Empezaremos con las españolas, como no podía ser de otra manera.

Por decreto del 31 de mayo de 1899 el Ministro de la Guerra, general Camilo García de Polavieja, reglamenta la creación y organización los batallones de Montaña, siendo seis las unidades de este tipo formadas progresivamente.

En vez de tres compañías de fusiles como los demás batallones, los de Montaña tienen seis, además de una batería de cañones de montaña, una sección de Ingenieros, una sección de Sanidad, y una de Administración.

Esto es así pues se considera que el combate de estos batallones se desarrollará muchas veces de manera independiente, sin estar integrados en brigadas.

Se sigue procurando que los compongan soldados del lugar donde tienen su base, siendo éstas: Estella para el 1º, Ronda para el 2º, Jaca para el 3º, la Sierra de Gata para el 4º y Seo de Urgel para el 5º batallón.

En 1918, 19 y 20, van creándose nuevos batallones hasta llegar a doce. Constan de seiscientos diecisiete hombres cada uno, repartidos en cuatro compañías de fusiles, una de ametralladoras, una de depósito; y tren de cuerpo, una sección de Obreros y Explosivos, más Plana Mayor. Cuentan con sesenta y dos cabezas de ganado.

En 1910 se crea el Regimiento de Artillería de Montaña. Contaba con dos grupos de tres baterías cada uno de a cuatro cañones Krupp, lo que nos da veinticuatro piezas. Cada una estaba servida por un sargento jefe de pieza, un cabo apuntador, un artillero de primera, un artificiero, siete artilleros sirvientes y cinco acemileros conductores, contando con cinco mulos.

La batería se dividía en dos escalones mandados por tenientes. El primero comprendía las piezas más otros seis mulos, dos con respetos y herramientas, dos con material topográfico y de transmisiones, uno con útiles de zapador, y otro enmantado de reserva, seis conductores, y dos artilleros más. El segundo contaba con veinticuatro mulos con munición y dieciocho con equipajes, víveres, cocina y agua, más cuatro con baste y tres enmantados; manejados por un sargento, cinco cabos, dos artilleros de primera, veinte artilleros, y cuarenta y nueve conductores.

La batería la mandaba un capitán con una plana mayor que incluía un teniente, un suboficial, tres sargentos, algunos cabos y artilleros, un batidor, tres trompetas, un herrador, un guarnicionero y un ajustador. Estos tres últimos, más los oficiales, sargentos, trompetas, y algunos cabos y artilleros eran plazas montadas.

Tres baterías formaban u grupo mandado por un comandante, con una plana mayor que incluía herrero, forjador, guarnicionero y veterinario. Tenía el grupo una columna de cien mulos, setenta y ocho con munición, diecisiete con cargas diversas y cinco de reserva.

El regimiento se formaba con dos grupos. Lo mandaba un coronel con un teniente coronel como segundo jefe, un capitán como ayudante, y una plana mayor con médico, capellán, veterinario, armero, carpintero, además de tropa al mando de un teniente.

2-8 ITALIA

En 1836 Alessandro la Marmora crea los *Bersaglieri* en Piamonte; unidad de infantería ligera, con sus características plumas de gallo en gorros y cascos, desfila por primera vez, a la carrera, como ya harán siempre, el 1 de julio de 1836. Incorporados al ejército italiano, de ellos surgirán, en 1872, los cinco primeros regimientos de Alpini.

Estas unidades de montaña llevan unas características plumas en gorro y casco; de cuervo, negra, la tropa; de águila, marrón, los oficiales y suboficiales; de oca, blanca, jefes y generales. Durante la 1ª Guerra Mundial llegarán a formar ochenta y ocho batallones, al ser los Alpes la frontera con sus enemigos.

En realidad el papel de Italia en esa guerra fue poco brillante, a pesar de costarle muchas bajas. El hecho de que sus políticos traicionases el pacto que tenían con las Potencias Centrales virando hacia un acuerdo con Francia, Inglaterra y Rusia, (pensando aprovecharse de los despojos de quienes creían seguros perdedores), hizo que su ejército tuviera que improvisar todo. Además, en 1916, y también por la razón antedicha, Italia declaró la guerra a Alemania.

3-8 LA BATALLA DE CAPORETTO

La batalla de Caporetto ha sido la mayor librada en montaña en la historia. Las once batallas de Isonzo libradas en la frontera alpina hasta 1917, habían costado más de doscientos mil muertos, aunque no habían decidido nada; pero a los italianos les esperaba una amarga sorpresa.

El mariscal alemán Ludendorff había diseñado una ofensiva a fin de embolsarlos contra los Alpes Carnische, accediendo al Monte Nero y al pueblo de Caporetto. Para ello reunió ocho divisiones austriacas y siete alemanas, que incluían todas las tropas alpinas, bajo el nombre de XIV Ejército; y las puso bajo el mando de un militar muy capaz, Otto von Below. A su derecha estaba el Grupo Tirol, mandado por Hötzendorff, con los ejércitos X y XI; a su izquierda el Grupo Isonzo, que bajo mando de Borovic reunía los ejércitos I y II. En total treinta y cinco divisiones. La operación se bautizó como «*Waffentreue*» que se traduce «fidelidad en armas».

Enfrente tenían a treinta y cuatro divisiones italianas mandadas por Luigi Capello, a su vez bajo las órdenes de Lugi Cadorna, como jefe de operaciones de Italia. En teoría fuerzas más que suficientes para, apoyados en los Alpes, detener el ataque austro-alemán. Pero mientras los alemanes habían acumulado muchos más cañones, y se habían preocupado de el bienestar de sus hombres y del equipo de las unidades, Cadorna no había hecho nada de esto. La moral y el adiestramiento de los soldados italianos eran, además, mucho más bajos.

Cuando comenzó la ofensiva, que duró del 24 al 28 de octubre de 1917, algunos cuerpos de ejército italianos se evaporaron. Combatiendo a veces hasta a 25° bajo cero, los alemanes causaron a los italianos veinte mil muertos; y les capturaron ochenta mil prisioneros y dos mil cañones, avanzando ciento treinta kilómetros; provocaron además más de doscientas mil deserciones. Todo ello con solo cinco mil bajas germanas. En esa operación comenzó a destacar un joven y brillante teniente de un batallón de montaña llamando Erwin Rommel, del que hablaremos más adelante. Por contra, el majadero del general Cadorna, don Luigi, aportó al lufardo bonaerense su apellido como sinónimo de que algo es una porquería.

4-8 FRANCIA

En Francia en 1743 Jean Chretier Fischer, mariscal de Bell-Isle, crea los *Chasseur de Ficher*, primera unidad francesa de cazadores, diferenciada de los «*fusilier*» de infantería de línea. El 24 de diciembre de 1888, por considerar la amenaza de los Alpini italianos, Francia transforma el 12° batallón de *Chasseurs à Pied* en la primera unidad de *Chasseurs Alpins*.

Entre sus peculiaridades está su inmensa boina, denominada «*le tartre*», la tarta. Debe ser del tamaño suficiente para que quepan en ella los pies del *chasseur* para que se los pueda calentar en caso de necesidad. Otra costumbre curiosa es que nunca emplean la palabra rojo, llamando a ese color «azul hielo».

Estas unidades fueron enviadas a las campañas de Madagascar (1894-96), y a Marruecos (1912-14). Durante la 1ª Guerra Mundial luchan en los Alpes y los Vosgos, donde crean cuatro compañías de esquiadores, además de combatir en otros frentes cómo infantería convencional.

Tras el armisticio, y durante veinte años, formarán parte del ejército de invasión de Alemania. También, durante 1924-25, cinco batallones participarán en la campaña de Marruecos, y otros tres en la de Túnez. Durante ese prolongado periodo pierden todas las características de montaña, por lo que a su vuelta se dedicarán a una intensa instrucción alpina.

5-8 AUSTRIA Y ALEMANIA

Al comenzar la 1ª Guerra Mundial en Austria existen tres regimientos de tropa alpinas llamados *Landsschützen*, luego *Kaiser-Schützen*. Estos emplean el distintivo de la flor Edelweiss, que les fuera concedido por el emperador Francisco José I en 1907; primero lo portaron en el cuello, pasando después al lado izquierdo de la gorra «*Bergmütze*».

En esa guerra, tras los primeros combates, los germanos notan la imperiosa necesidad de organizar batallones de montaña, como sí poseen sus enemigos italianos y franceses, así como sus aliados austriacos. Llegarán a crear un cuerpo de ejército de montaña, el *Alpen Korps*, adoptando como himno la «*Kaiserjagër-*

march» o «Marcha de cazadores del Kaiser» que también usan sus aliados austriacos. Estos, cuando el *Alpen Korps* les ayude en los Alpes, concederán a los montañeros militares alemanes el derecho a usar también el Edelweis en sus *bergmützes* (mayo de 1915).

Un joven oficial, destinado a pasar a la Historia destacará entre sus mandos, Erwin Rommel, que nos dejará sus impresiones en un libro, «*Infanteríe Greiftan*» (Infantería al Ataque), que vio la luz en 1937.

En él, además de sus anotaciones sobre el terreno, croquis de las batallas e impresiones personales, incluye unas observaciones después de narrar cada combate, en la que analiza errores y aciertos, propios y del enemigo, convirtiendo el libro en un gran manual sobre el combate de infantería, especialmente de montaña; y por eso lo traemos a esta obra.

Si bien es más conocido por su gran talento táctico (no mandó nunca grupos de ejércitos, por lo que no pudo demostrar sus dotes estratega como sí lo fuera Von Manstein, por ejemplo), y por sus victorias en África, siempre en inferioridad, contra los anglo-norteamericanos durante la segunda Guerra Mundial, ese libro y su estilo de liderazgo, junto con gran valentía personal, ya le habían dado una gran reputación en la primera.

Además, su concepción moderna de la guerra hizo que fuera uno de los generales favoritos de Hitler, junto con Guderian, Von Mastein, Model, Von Richenau o Hauser. El fue instructor de la Juventudes Hitlerianas, de siempre fue un adelantado a su tiempo además de un analista de cada combate, por lo que sus observaciones son muy interesantes.

Siendo *leutenant* (alférez) combatió como jefe de sección en el 6º Regimiento de Infantería de Línea de Württemberg,124 Regimiento Imperial Alemán o *Regiment König Wilhelm 124, 6º Wüttembergisches* (las unidades de Baviera, Sajonia y Wüttemberg tenían el privilegio de mantener sus numeraciones propias, además de la imperial, por ser los tres estados que más tropas aportaban).

El joven Rommel, por su audaz actuación en el asalto de la posición «Central» francesa de Argonne, el 29 de enero de 1915, recibió algunas semanas más tarde la Cruz de Hierro de primera clase.

6-8 El Batallón de Montaña de Wüttemberg

Ascendido a *oberleutnant*, fue destinado en octubre de 1915 al Batallón de Montaña del Ejército de Wüttemberg, que se acababa de crear, y que constaba de seis compañías de fusiles y seis secciones de ametralladoras de montaña.

Allí recibió el mando de la 2ª compañía de la que él mismo nos cuenta:

«...*estaba compuesta de doscientos jóvenes veteranos reclutados de entre todas las ramas del ejército. Tuvimos unas pocas semanas para entrenar y formar una unidad de montaña eficiente. La variedad de nuestras formaciones y la moral fue alta desde el primer día. Oficiales y hombres lo dieron todo en el programa de entrenamiento y nuestro riguroso régimen pronto produjo resultados. El nuevo uniforme de montaña que nos fue distribuido más tarde era de lo más favorecedor*». Los miembros de la Compañía de Esquiadores del batallón de Montaña de Würtemberg vestían así:

Su prenda de cabeza era similar al gorro del ejército austriaco con dos botones pequeños frontales, escarapela nacional alemana a la derecha, y escarapela del estado a la izquierda. La corona iba ribeteada en verde igual que el cuello; y los dos bolsillos de la guerrera de campaña, que iban en la parte trasera del faldón, sujetos con dos botones. También tenía dos bolsillos de pecho y dos de cadera. En los frontales del cuello llevaba parches grises con una S verde. Sólo los oficiales llevaban hombreras, con bordados plateado, negro y rojo, sobre fondo verde.

El equipo se componía de cinturón marrón de cuero, cartucheras sin trinchas, esquís, fusil de caballería M 98 y bayoneta; las demás compañías de los batallones de montaña llevaban uniforme similar, exceptuando los parches de cuello, en este caso con botones metálicos amarillos hacia atrás. En paseo todos ellos podían usar como prenda de cabeza chacó con funda.

Se estrenó la unidad en combate en Cerro del Pino, en los Altos Vosgos, donde continuó luchando hasta que, tras entrar Rumanía en guerra contra las Potencias Centrales, el 27 de agosto de 1916, el batallón fue destinado a los Cárpatos. Allí Rommel anota:

«La ocupación de la cota 1.794 demostró cómo el tiempo de alta montaña puede influir en la eficiencia y resistencia de las tropas, especialmente cuando el equipamiento no es el adecuado y completo, y el abastecimiento falla. Por otra parte vimos lo que el soldado puede soportar en presencia del enemigo. Bajo ciertas circunstancias debe proporcionarse madera seca o carbón vegetal a unas tropas que están viviendo a 1.800 metros de altura».

Poco después, y solucionados estos problemas iniciales, la unidad fue de victoria en victoria en su guerra de montaña. Rommel se mostró un oficial eficaz con gran capacidad técnica y de liderazgo, mandando poco después la «Agrupación Rommel» que agrupaba varias compañías.

El jefe de su batallón fue el major Theodor Spröser, buen jefe, del que dice el *hauptman* Kremling, comandante del primer Batallón del 26 Regimiento Imperial de fusileros:

«No sé que debiera admirar más, su coraje ante el enemigo o su coraje antes sus superiores», aludiendo a que se opuso varias veces a órdenes erróneas, dadas desde muy lejos sin conocimiento de la situación.

7-8 LA TOMA DEL MONTE MAAJUR

El 18 de octubre de 1917, el batallón de Wüttemeberg se incorporó a la undécima batalla de Isonzo, en los Alpes. En ella lucharon, entre muchas otras tropas, la División Edelweis, y el Cuerpo Alpino, al que pertenecía el batallón. La combinación de Spröser y Rommel junto con sus valientes oficiales y sus bien adiestrados y duros soldados, llevó al batallón de victoria en victoria. Esa unidad tomó poderosas posiciones italianas en los montes Kuk, de mil doscientos cuatro metros sobre el nivel del mar, Mrzi, de mil trescientos cincuenta y seis, y Maajur, de mil seiscientos cuarenta y uno, capturando más de diez mil prisioneros y numerosa artillería. La narración de un combate por parte de Rommel es lo que contamos a continuación:

«La ascensión demostró ser muy difícil. El leutnant Stricher y yo íbamos cuarenta metros por detrás de la nueva punta. Pegada a nosotros venía la dotación de una ametralladora pesada que llevaba a hombros su ametralladora desmontada .En aquel momento un bloque de piedra de unos cincuenta kilos se nos vino encima. La garganta tenía solo tres metros de ancho, esquivar era difícil y escapar imposible. En una fracción de segundo quedó claro que cualquiera que fuese alcanzado por el pedrusco sería pulverizado. Todos nos apretamos contra la pared izquierda del pliegue. La roca pasó zizagueando entre nosotros monte abajo, sin arañar siquiera a un hombre.

Felizmente, la suposición de que los italianos estaban despeñando piedras sobre nosotros era falsa, ya que la punta había soltado la piedra accidentalmente al pasar.

Algo más arriba, en la ladera, una piedra suelta arrancó el tacón de mi bota derecha y me aplastó el pie de tal manera que necesité ayuda de dos hombres para continuar durante la próxima media hora. El dolor me estaba matando.

Finalmente la empinada garganta quedó atrás. Bajo lluvia torrencial, calados hasta los huesos, subimos la ladera a través de una tupida maleza, mirando y escuchando atentamente en todas direcciones.

El bosque al frente aclaraba. Mi mapa mostraba que debíamos estar a ochocientos metros al este de la Cota 824. Nos abrimos paso cautelosamente hasta el linde del bosque donde descubrimos un sendero camuflado que bajaba por la ladera hacia el Este. Más allá de éste, sobre la desnuda ladera que ascendía, distinguimos una posición continua y bien dotada de alambradas que discurría ladera arriba en la dirección del pico Leihze. Esta posición hostil parecía desguarnecida y ningún fuego de artillería alemán había ido a dar en ella. Mi decisión fue: un ataque sorpresa tras una corta preparación con ametralladoras pesadas con nuestro flanco izquierdo dispuesto a lo largo de la linde del bosque. La situación recordaba mucho a los ataques a Monte Cosna, del 12 al 19 de agosto de 1917.

Bajo protección de una sección de ametralladoras pesadas desplegada en posiciones disimuladas en los arbustos, preparé al destacamento para el ataque en una pequeña hondonada en los bosques a sesenta metros por delante de los obstáculos enemigos. Gracias a la espléndida disciplina de combate de las tropas de montaña, el movimiento fue completado bajo la lluvia torrencial sin un sonido. Muy a lo lejos, el ruido de la batalla resonaba en el valle del Isonzo; algo más cerca, detrás por la izquierda, sobre la sierra, los Guardias de Infantería parecían estar peleando duro. La paz reinaba a nuestro alrededor y sobre la superficie de la pradera. De vez en cuando veíamos a unos pocos hombres deambulando dentro y a retaguardia de la posición hostil. Señal de que el enemigo que teníamos delante no sospechaba nuestra presencia.

Unos pocos obuses alemanes empezaron a caer seiscientos metros detrás y a la izquierda.

La posición hostil que teníamos delante debía, a juzgar por su dirección, conectar con aquella posición a ambos lados del camino a Foni que habíamos encontrado cuarenta y cinco minutos antes. Mi suposición era que se trataba de parte de la segunda línea italiana. Acercarnos más sin hacer ruido era imposible entre la tupida maleza y después del alambre enemigo. Si se estaba medianamente alerta no podía contar con una fácil victoria.

La bien camuflada pista a lo largo de la linde del bosque me dio una idea. Esta pista probablemente constituía el medio de comunicación con la línea de vanguardia italiana cerca de Saint Daniel o con las guarniciones sobre la ladera este del Hevnik o los puestos de observación de artillería situados allí. Desde nuestra llegada no había sido usada por los italianos. La pista era sinuosa y el camuflaje por el lado sur ocultaba tan bien las miradas desde la parte alta de la ladera y desde las posiciones italianas que les sería difícil identificar cualquier tropa que las estuviese utilizando. Sin interferencia del enemigo podríamos desplazarnos por la pista y estar en las posiciones enemigas en menos de treinta segundos. Si nos movíamos con rapidez podríamos capturar a la guarnición hostil sin hacer ni un solo disparo. ¡Una tarea para un hombre valiente! Si el enemigo resistía, entonces tendría que lanzar mi ataque bajo la protección del fuego de la compañía de ametralladoras.

Escogí al Gefreiter Kniefer, de la 2ª compañía, un auténtico gigante, y le di ocho hombres. Le dije que bajara por la pista como si él y sus hombres fueran italianos que volvían de primera línea, para penetrar en la posición enemiga y capturar la guarnición a ambos lados de la pista. Debían hacer esto con un mínimo de disparos y granadas de mano. En caso de que se trabase un combate les aseguré que contarían con la protección de nuestro fuego y el apoyo del destacamento entero.

Kniefer entendió, eligió a sus compañeros y, unos minutos más tarde, llevaba su escuadra por la pista camuflada. Sus rítmicos pasos se fueron apagando y nosotros empezamos a especular sobre sus posibilidades de éxito. Escuchamos en tensión, listos para atacar o para iniciar un fuego constante. Un disparo lanzaría tres compañías al ataque. De nuevo largos y ansiosos minutos pasaron y no oíamos nada excepto la lluvia constante contra los árboles. Después se acercaron unos pasos y un soldado informó en voz baja:

"La escuadra de exploración de Kniefel ha tomado un abrigo y capturado a diecisiete italianos y una ametralladora. La guarnición no sospecha nada".

Acto seguido llevé a todo el destacamento Rommel (2ª y 1ª compañías y 1ª compañía de ametralladoras) por la pista hasta la posición enemiga. El destacamento Schiellein (3ª y 6ª compañías y compañía de ametralladoras), que se habían unido a mí poco antes de la exitosa penetración de Kniefer, nos siguió. Equipos de asalto ensancharon sin ruido la brecha hasta que teníamos cincuenta metros a ambos lados de la pista. Varias docenas de italianos, que habían buscado refugio en sus abrigos de la lluvia torrencial, fueron capturados por las habilidosas tropas de montaña. Gracias al frondoso enmascaramiento el enemigo situado más arriba en la ladera no percibió el movimiento de las seis compañías.

Tuve entonces que decidir si debía tomar de través la posición enemiga entera o adentrarme en la dirección del pico Hevnik. Escogí esto último. La eliminación de las posiciones italianas era fácil una vez que estuviésemos en posesión del pico. Cuanto más nos adentrásemos en la zona de defensa hostil, menos preparadas estarían las guarniciones para nuestra llegada, y más fácil sería el combate. No me preocupé por el contacto a izquierda y derecha. Seis compañías del Regimiento de Montaña de Wütemberg eran capaces de proteger sus propios flancos.

La 1ª compañía de ametralladoras fue escalonada más adelante en la columna; en caso de combate quería tener una potente fuerza de fuego justo a mano. Los servidores de ametralladora pesada, transportando cargas de cuarenta kilos, marcaron la velocidad del ascenso. Ese gigantesco logro puede ser entendido sólo por alguien que haya realizado ascensiones en la alta montaña con una carga similar y bajo condiciones meteorológicas similares. Nuestra columna de más de mil metros avanzó laboriosamente bajo la lluvia torrencial, desplazándose arbusto a arbusto, subiendo por hondonadas y gargantas que ocultaban de la vista, y capturando una posición tras otra. No hubo resistencia organizada y tomábamos habitualmente las posiciones enemigas por la espalda. Aquellos que no se rendían ante nuestra aparición sorpresiva huían a toda velocidad hacia los bosques situados más abajo, dejando atrás sus armas. No disparábamos sobre este enemigo que huía por miedo a alarmar a las demás guarniciones situadas aún más arriba. Durante el avance nos vimos repetidamente en peligro por nuestro propio nutrido fuego de artillería. No hicimos señales luminosas para trasladar el tiro el tiro más adelante, ya que estas hubieran alertado a las guarniciones hostiles. Un hombre del destacamento fue herido por una roca que había desgajado un proyectil alemán de gran calibre».

8-8 Pour Le Mérite

El 18 de diciembre de 1917 Rommel y Spröser, recibieron la preciada condecoración *Blauer Max*, más conocida como «Pour le Mérite», por su inscripción en francés. Está recompensa fue instituida por Federico el Grande de Prusia, en 1740, cuando el francés era la lengua de aquella corte. Se extinguió con aquel reino en 1918, siendo sustituida por la Cruz de Hierro. Rommel dice que:

«Dos medallas de esa clase era un honor desconocido hasta entonces para un solo batallón».

De esta medalla cuenta Manfred, su hijo:

«El nombre francés de la medalla ponía nerviosos a mis compatriotas en un tiempo que la mayoría de alemanes solo se relacionaban con sus vecinos franceses a través del punto de mira. Recuerdo algunos obreros de la construcción que consideraban que yo, que entonces contaba cuatro años de edad, era la fuente correcta de conocimiento sobre por qué la medalla de mi padre tenía tan sospechoso nombre francés. A pesar de todo, esta orden era considerada por la gente con el mismo respeto que hoy le daríamos al Premio Nobel. Cuando mis padres no estaban en casa, yo solía sacar las medallas del armario, prendérmelas en el pecho y mirarme en el espejo: innegablemente una visión de lo más impresionante».

A mediados de enero de 1918 Rommel fue destinado, tras un permiso de una semana, a un cuartel general, como oficial asistente de Estado Mayor por lo que escribe:

«Con el corazón entristecido seguí el periplo de Batallón y Regimiento de Montaña de Wüttemberg durante el último años de la guerra: la gran batalla de Francia, la captura del Chamin des Dames, el ataque sobre Fort Conde, sobre Chazelle y la posición París, las batallas en el bosque de Villers-Cotterets,el cruce del Marne y las batallas en Verdún. Estas batallas abrieron grandes brechas en las filas de los vencedores de Monte Cosna, Kolovrat, Matajur, Cimolais y Longarone. Solo unos pocos de ellos estaban destinados a ver su tierra natal por otra vez. Al este, oeste y sur se pueden encontrar los lugares del último reposo de aquellos soldados alemanes que, por el hogar y la Patria, siguieron la senda del deber hasta el amargo final. Son un recordatorio constante para aquellos que seguimos aquí y para generaciones futuras de que no debemos fallarles cuando de hacer sacrificios por la Patria se trate.»

Mannfred Rommel publicará más adelante en otro libro, titulado «Memorias», un conjunto de diarios de campaña y cartas de su padre, el general Rommel, en el que describe su actuación en la Segunda Guerra Mundial. Faltan partes, porque numerosas cartas y documentos les fueron robados a la familia por militares norteamericanos. Es también obra de mucho interés.

Entre sus conclusiones, alaba al mariscal Kesselring por su brillante defensa de Italia, a sus propios oficiales y soldados del *Afrika Korps* por su preparación y valentía; y a los norteamericanos, por su capacidad de producción y por la de aprender de los alemanes ya que, aunque empezaron siendo «un desastre» (sic), en el año 44 Patton demostró grandes adelantos en la práctica de la guerra móvil.

Según Rommel, comparando esto con la reiterada torpeza del mando supremo inglés, mantenida hasta el final de la guerra *«queda demostrado que es más fácil educar que reeducar»*. Desdeña a la superioridad inglesa porque cuando uno de sus generales, (todos ellos empezaban el mando en una unidad con unas preconcebidas y anticuadas ideas), comenzaba a aprender de sus errores, era reemplazado por otro quien tenía que volver a aprender partiendo de cero.

CAPÍTULO 9

TROPAS DE MONTAÑA ESPAÑOLAS 1923-31

1-9 BATALLONES DE CAZADORES DE MONTAÑA

En España, en 1923, los batallones de montaña pasan a llamarse «Batallones de Montaña de Cazadores». Cuentan con tres compañías de fusiles, una sección de esquiadores, una de guías zapadores (que deben ser de la zona y conocedores del terreno), una de transmisiones y una de morteros; la sección de Guías cuenta con un oficial, un sargento, dos cabos, trece soldados y dos mulas. Los nombres y numeraciones de estos batallones son los siguientes:

Barcelona 1, en Barcelona; Alba de Tormes 2, en Ronda; Mérida 3, en Orense; Estella 4, en Granollers; Alfonso XII 5, en Seo de Urgel; y Reus 6, en Manresa. Además se trasladan a la península los batallones insulares con la siguiente ubicación, nombre y numeral:

Ibiza 7 de guarnición, desde 1923, en Estella; Palma 8, en Jaca; Lanzarote 9 y Fuerteventura 10, en Madrid; y el Gomera-Hierro 11; y el antiguo Disciplinario, ahora Antequera 12, en Ciudad Rodrigo.

El armamento de un batallón de montaña, en 1926, está compuesto de quinientos cuarenta y un fusiles Mauser 7 mm M1893, dieciséis fusiles ametralladores FAO (Fábrica de Armas de Oviedo) M1922-1 de 7mm, ocho ametralladoras Hotchkiss M1914 de 7mm, un cañón de montaña Schneider T.R. M1908 de 7cm, diecisiete morteros Valero M1926 de 60 mm, pistolas Astra 400 de 9 mm largo M1921, granadas Laffite y machetes -bayoneta.

2-9 LA UNIDAD INDÍGENA DE MONTAÑA

En Marruecos, existe el Rif central, zona de Ketama, con alturas que van desde los mil doscientos a los casi dos mil quinientos metros. Se trata de una zona de orografía abrupta y grandes nevadas, siendo además fronteriza, lo que obliga a patrullarla, a pesar de las dificultades para hacerlo.

Por ello, dentro del Grupo de Fuerzas Regulares Indígenas de Melilla, nº2, en 1927 se crea la Unidad Indígena de Montaña (UIM). Esta será la primera unidad española en usar material específico de esquí y escalada, dos años antes de que, en 1929, se cree el Centro Militar de Montaña en las instalaciones del que había sido el Club Alpino Español, en Guadarrama, para dar cursos de esquí. El capitán de Intervención Emilio Blanco Izaga será el encargado de pertrecharla.

Se funda oficialmente el 28 de diciembre de 1927, por orden del general jefe del Ejército de África, siendo su primer mando el teniente de Infantería Carlos Blond. Este oficial está titulado como profesor de Gimnasia por la Escuela Central Militar de Toledo y es un experto montañero.

La unidad consta de un teniente español, un caíd (teniente) marroquí con su ordenanza, un soldado europeo y dos acemileros indígenas; más dos equipos formados por jefe y tres patrullas de cuatro hombres cada uno. Cada patrulla costa de un Maunin (cabo), un enlace, un sanitario y un zapador. Todos ellos cobran una peseta diaria más que sus compañeros de Regulares, excepto el caíd, que cobra dos más, en atención a su carácter de fuerzas especiales.

Quedan basados en la aldea de Imasimen desde donde, ese invierno de 1928 al 29, participan en la construcción de diversos refugios y cobijan a muchos viajeros en apuros.

En 1929, la UIM crece hasta ser una compañía, por lo que llegan para mandarla el capitán Carlos Letamendía y el teniente Epifanio Loperena. La plantilla consta entonces de un capitán, un teniente, tres cabos escribientes, un practicante, dos soldados albañiles y dos carpinteros, como personal europeo; y tres caídes, nueve sargentos, veinticinco cabos y ciento veinticinco askaris (soldados) indígenas.

Están armados con rifles máuser, además de dos fusiles ametralladores Hotchiks por sección, así como cuchillos y pistolas.

En agosto de 1930 se hizo cargo del mando de la UIM el capitán Antonio Goñi Rivero, incorporándose en mayo de 1931 como teniente su hermano Luis. Ellos pronto verán cómo, a pesar de la brillantez y modernidad de la Unidad Indígena de Montaña, Azaña la disuelve en septiembre de 1931. En esa fecha, este mismo ministro reduce a ocho los batallones de montaña, dejando los basados en Estella, Pamplona, Bilbao, Vitoria, Seo de Urgel, Barbastro, Figueras y Gerona, quitándoles, además, sus nombres.

CAPITULO 10

LOS MONTES DE ASTURIAS, 1934.

1-10 REVOLUCIÓN

Aunque el mando ordenó que la intervención contra la sublevación socialista-separatista (octubre de 1934) del batallón de Cazadores de Montaña 7 fuera tardía y secundaria, este testimonio inédito, de un oficial de dicha unidad, lo consideramos de gran interés. En su diario, el teniente Plácido Muñoz deja un fresco de impresiones que explican desde por qué se da ese papel menor a una selecta unidad montaña apropiada para el paisaje asturiano y además cercana, hasta cómo existe ya una verdadera guerra civil. Escuchemos lo que este bravo oficial estellés nos cuenta.

Hacia las doce de la noche, un redoble de tambor en la céntrica Plaza de Los Fueros de Estella, llamó la atención de los vecinos. Acto seguido pudieron ver cómo, ante una compañía que presentaba armas, el comandante Brisolary, del Batallón 7 de guarnición en la ciudad, leía el bando de declaración del estado de Guerra. Partido Socialista Obrero Español, Partido Comunista de España e Izquierda Republicana, aliados con los separatistas de Esquerra Republicana de Cataluña, estaban intentando dar en toda España un golpe de estado sangriento. Simultáneamente en Barcelona, el presidente de la Generalidad, Companys, había proclamando el «Estat Catalá».

La fuerza militar, una vez leído el bando en diversos puntos de la ciudad del Ega, regresó al cuartel por el hoy paseo de la Inmaculada, entonces calle Andén, pasando delante de la casa del teniente Plácido Muñoz.

Los militares reunidos en la Sala de Banderas del cuartel de Estella, entre palabras gruesas contra Companys, Dencas, Badía y demás separatistas catalanes, mientras oían por la radio la declaración del «Estat Catalá», comentaban la falta de previsión del Gobierno. Hacía tiempo que se habían descubierto compras de armamentos y se tenía detectada la organización, especialmente por parte de los jefes del PSOE Indalecio Prieto y Largo Caballero, de un movimiento subversivo para tirar el gobierno elegido en las urnas y eliminar la «república burguesa». Transcribo del inédito diario personal del teniente Muñoz:

«La revolución marxista, que ha turbado la Paz de nuestro suelo, no debió sorprender al poder público, que con los resortes del mando en la mano, debía tener pleno conocimiento de lo que se le venía encima, cosa que el país presentía a través del perpetuo atraco, del continuo crimen de «carácter social» y, sobre todo, de los ininterrumpidos robos de armas, explosivos y dinamita, hechos que culminaron con los escandalosos alijos de armas como el de San Esteban de Pravia.

No se concibe que en las alturas del poder puedan establecerse gentes tan confiadas como las que lo ocuparon durante los meses primeros de 1934.

No tiene explicación que a las continuas peticiones de fuerzas para la zona minera, hechas con insistencia primero, y en tonos angustiosos por fin, por el heroico capitán de la Guardia Civil Sr. Alonso Nart, muerto gloriosamente en Sama, se le contestara una y otra vez que «cada uno había de valerse con los medios que contara».

Es también absurdo que, a los informes dados en tres ocasiones (mayo, agosto y mediados de septiembre), por el capitán de la compañía de Asalto de Oviedo, Sr. Lastra, en los que clara y terminantemente hacía constar que la revolución estallaría de un momento a otro y señalando en el último su inicio para primeros de Octubre, no se les dio siquiera la elemental contestación que los tratados de urbanidad aconsejan.

Coincidí con este capitán momentos después de la liberación de Sama. Iba a cumplir la piadosa misión de visitar las tumbas de sus hombres y oficiales que con ellos cayeron "Ad mayoren Patrian gloriam", prueba evidente de que se debía haber continuado hasta el fin la tarea principiada por el Sr. Salazar Alonso y destituir a todos los ayuntamientos socialistas.

No regía los destinos de España el señor Azaña, y no cabe por tanto suponer en los gobernantes toda la maldad precisa para mandar a sofocar una rebelión tal a unas camionetas de guardias de Asalto. De conocer los caracteres de la insurrección, no podía dudarse siquiera, por muy lego que se sea en cuestiones topográficas asturianas y en asuntos de arte militar, que tales fuerzas iban irremisiblemente a la muerte. No, indudablemente el gobierno no creía que la cosa era tan seria, pues de lo contrario esos guardias no hubieran recibido la orden de ir al matadero.

Creo que hasta los durísimos choques de Campomanes de Vega del Rey el gobierno dio a la revolución mucha, muchísima menos importancia de la que en realidad tenía; fue pues un gobierno del tipo castizamente español».

Por la radio supieron estos oficiales que el separatista catalán sublevado, comandante de Artillería Pérez Farrás, había asesinado de un pistoletazo al capitán Gonzalo Suárez Navarro. También que habían sido muertos por los insurgentes el teniente de Artillería Gómez Martín, los sargentos del Regimiento de Infantería 10, Luis Pulido Bravo, Máximo Domínguez García y Pelayo García Fernández, el cabo de la Guardia Civil Ildefonso Rodríguez Tur, el cabo del Regimiento 34, Antonio Ortiz López, el guardia civil Alejandro Lorca González, y los soldados Máximo Ochoa y Salvador Morisco Ripoll

Por el mismo medio recibieron con alegría la noticia de la rendición de la Generalidad, el arresto del insurrecto Companys, y la fuga por las alcantarillas de Dencás, quien poco antes llamaba al «pueblo catalán a la guerra por Cataluña»; le acompañan Miguel Badía y el capitán de Artillería Menéndez, también golpista separatista, quien se había desprendido del uniforme. La nota chusca la da la caída de Dencas a las aguas fecales en su huída.

Más tarde los españoles se enterarían de los asesinatos cometidos por los izquierdistas y separatistas sublevados, como el de José Oriol Bruguera, en San Pedro de Riva, donde también hirieron de gravedad a Rafael Bonet, el del Sr. Rosinach en La Junquera, o el del anciano párroco de Nava, cuyo cadáver es arrastrado por el pueblo, y otros más. Además habían sido heridos de gravedad media docena de religiosos. Muere también el comandante Domínguez Otero, tiroteado en Gerona por un grupo en el que están los diputados socialistas Santaló y Marial, y el comisario de Orden Público de la Generalidad, Puig Pujadas. Caen muertos restableciendo el orden un alférez y un cabo del Ejército en Hospitalet, y un guardia civil en San Cugat.

También por la radio se fueron conociendo los incendios contra las iglesias de Villafranca del Penedés y Villanueva y Geltrú, con graves pérdidas para el patrimonio artístico español, y diversos registros, archivos, sedes de la Lliga Regionalista, centros de partidos de derechas e, incluso, un tren.

Manuel Azaña, golpista que ha logrado huir, es detenido escondido en casa de Rafal Gubern, hijo del presidente del Tribunal de Casación de Cataluña.

«Desde el día siguiente las conversaciones en la Sala de Banderas estaban llenas de españolismo y de asombro por la actitud del general Batet; nuestra indignación contra el criminal movimiento separatista era enorme. El nuevo «himno» novedad en La Legión con el que, al desembarcar en Barcelona, preguntaban burlones ¿dónde están los rabassaires? inflamaba nuestro espíritu; todos ardíamos en deseos de volar a Cataluña.»

Efectivamente, a Barcelona se ha enviado una bandera de La Legión que desfila cantando *«Donde están los rabassaires, que miro y no los encuentro»* entre un gran gentío que aclama al ejército y a España. En el resto de la nación el golpe socialista también ha fracasado, no sin causar números muertos heridos y destrozos.

El general de la división Batet se ha mostrado primero renuente a actuar, y después, impulsado por sus subordinados y con órdenes contundentes del Gobierno, lo ha hecho con una condescendencia con los sublevados que irrita a sus compañeros.

En Madrid, sobre las 20,30 horas del día 5 de octubre, se lanzaba un ataque, por parte de las milicias del PSOE y comunistas, contra Presidencia del Gobierno y todos los ministerios, además de centros de comunicaciones. El presidente, el radical republicano Alejandro Lerroux respondía con una gran sangre fría, redactando la proclama del estado de guerra sin inmutarse mientras las balas impactaban contra la fachada de su despacho.

En total, el golpe de estado de la izquierda causo en toda España mil ciento noventa y ocho bajas entre Ejército, Guardia Civil, Carabineros y Fuerzas de Seguridad, de las que trescientas veintiuna fueron muertos. Además los rebeldes quitaron la vida, en la mayoría de los casos por brutales asesinatos, y algunos en enfrentamientos, a casi dos centenares de civiles, hiriendo a otros muchos; muy destacado el del dirigente tradicionalista y diputado Marcelino Oreja Elósegui, asesinado en Mondragón; varios carlistas más lo fueron en esa misma localidad y en Éibar.

También los izquierdistas perpetraron numerosas violaciones y robos, incluyendo el dinero del Banco de España de Oviedo, entre otros crímenes.

Por su parte las fuerzas del orden causaron unos ochocientos muertos y unos mil ochocientos heridos en sus choques con los rebeldes quienes, a su vez, destruyeron con voladuras o incendios, cincuenta y ocho iglesias, setecientos cincuenta edificios públicos, sesenta y tres viviendas privadas, veinte seis fábricas y cincuenta y ocho puentes. Otros muchos quedaron muy dañados. Entre los irreparables daños al patrimonio artístico destaca la voladura de la Cámara Santa de la Catedral de Oviedo por los insurrectos.

Pero volvamos a los oficiales del batallón Arapiles, que hemos dejado el día 6 escuchando la radio.

Durante los días siguientes unidades de Pamplona, Logroño y Vitoria fueron enviadas hacia Asturias, donde los periódicos hablaban del avance de las fuerzas leales. No obstante Arapiles, a pesar de haber sido alertado para que estuviera dispuesto a partir en cualquier momento, seguía esperando.

«Ello fue causa de disgusto entre la oficialidad, y empezamos a culpar el jefe de que no nos utilizaran, atribuyéndolo unos a sus tendencias políticas, otros a su poca actitud, para el mando, seguramente conocida por la superioridad, y los demás a ambas cosas.

El capitán Baeza dijo un día que el Batallón lo guardaban para el caso de mayor riesgo porque era «la solera». Al jefe le gustó la frase, la empezó a repetir una y otra vez y acabó convencido de que era suya; debió contribuir a ello el hecho de que el General, en una llamada de teléfono, le indicó que estuviéramos dispuestos, porque era la única unidad que le quedaba disponible en la División. Total que lo de «la solera» se lo soltaba a todo el mundo, con gran contrariedad de nuestra parte, pues nos desesperaba que no se hubieran acordado de nuestro batallón, tal vez porque se acordaban demasiado de su jefe y, al mismo tiempo, su estupidez nos irritaba.

Las tropas seguían venciendo fácilmente toda clase de obstáculos; López Ochoa había entrado en Oviedo, se había ocupado Mieres ¡cuánto miente la prensa! Y la situación quedaría dominada por completo muy pronto, tal vez en horas.»

Estas noticias y los días transcurridos fueron incrementando entre los oficiales la idea de que el batallón no se movería. Para el día 10 todos estaban convencidos de ello.

El jefe del batallón 7 en aquel momento era el teniente coronel Gumersindo Azcárate Gómez, miembro de la clandestina Unión Militar Republicana, del que luego nos irá dando más noticias el diario del teniente Muñoz.

2-10 HACIA VIZCAYA

El día 11 de octubre, poco después del toque de silencio, se recibió la orden de salir inmediatamente para Bilbao.

Tras levantar a la tropa de la cama se ordena a la Guardia Civil que requise camiones para el desplazamiento de Arapiles. Al teniente Muñoz le mandan acudir a la estación de ferrocarril para preparar el tren en el que, al día siguiente, saldrá el ganado del batallón hacia Vitoria, para desde allí continuar viaje por otros medios.

Horas más tarde el batallón desciende, desfilando con música y entre vítores, hasta el Andén, donde se hallan los camiones. Allí, con todo Estella presente, el teniente coronel dice unas pocas palabras que termina con un «¡*Viva España única e indivisible!*», que el batallón contesta: «*en masa, como un solo hombre, con un fervor y un anhelo pocas veces sentido*» nos dice Muñoz.

Mientras los hombres de la 1ª compañía suben a los camiones, Plácido, de la 2ª, aprovecha para subir a su casa, también en ese paseo, y despedirse de su mujer y sus hijos.

La escena es dramática con María Teresa «*llorando a lágrima viva y presa de una gran crisis de nervios; cuando voy a darla un beso se abraza fuertemente a mí y me cuesta gran trabajo poderme desasir*», aun a pesar de que el teniente le asegura que van a Bilbao y de que no cree que pasen de Vitoria.

Durante el embarque, nos informa el diario, el teniente coronel se pone a dar gritos «*a destiempo, mal asunto.*»

«*En un ligero vamos el capitán Fuensanta, el capitán Baeza, que es el mío y yo, más el cornetín de órdenes, que es un crío de unos 14 años, que agobiado por todo el equipo se nos duerme en el baquet a los pocos minutos. La tropa parece muy animada; canta a pleno pulmón a pesar de frío que tiene que soportar, y se oyen esas mil frases, más o menos ingeniosas, hijas de la imaginación de los muchachos cuando además de jóvenes son soldados*».

«*Terminamos la noche camino de Vitoria y cara a la aurora del día de la Fiesta de la Raza de este año; Raza que fue derramándose pródiga por todo el mundo y que hoy, sin energías ya por desgracia para descubrir nuevas tierras que regar con su sangre aventurera, se entretiene en despedazarse*».

«*A la entrada de Bilbao un piquete de carabineros, mandado por cierto por el teniente Fontana, hermano de los que estuvieron en África conmigo. Poco después una pareja de la Guardia Civil que practica cacheos*»

«*Al entrar en la población grupos de guardias por todas partes, muchos de los cuales según nos dicen después, llevan sin dormir siquiera, desde hace cuatro o cinco días*».

Cuenta el teniente Muñoz después el trayecto por Bilbao y algunos rumores alarmistas (que los rebeldes han ocupado Portugalete y que se les han unido compañías de Guardias de Asalto sublevadas, entre otros) que les cuentan algunos civiles y que les son desmentidos por un policía, aunque éste les dice que ha habido tiros todas las noches pero «*salvo dos de ellas, poca cosa*».

En el patio del cuartel del Batallón de Montaña de Garellano les esperan un gran número de autocares requisados, junto a muchos turismos que sus propietarios han ofrecido incondicionalmente para el transporte de tropas, acudiendo ellos mismos como conductores.

Por contra nos cuenta Plácido que son estafados en «*la única cantinucha donde comprar, donde les venden un pan y tres chuletas por cinco cincuenta pesetas. Un verdadero robo*».

Además de la comida caliente, se reparte a las tropas rancho frío por lo que pueda pasar.

A las cuatro de la tarde la columna emprende la marcha. Está compuesta por Arapiles 7, un batallón del Regimiento 4, de Pamplona y una batería de del 10,5 del Regimiento de Montaña de Vitoria, al mando del coronel José Solchaga Sala. Se desplaza en unos cincuenta camiones y autobuses, más unos cuantos coches.

«Al emprender la marcha corren rumores de que en Mieres han asesinado completas a muchas familias. El dueño del coche en que yo voy, un chico joven muy simpático, nos dice que un amigo suyo miembro de la familia Pidal que estaba allí, tiene noticias muy alarmantes de sus familiares, sin que sepa hasta el momento que suerte hayan podido correr».

3-10 En la Montaña

Después de hacer un alto en Valmaseda donde:

«…se mete la gente con la Guardia Civil cuando esta hace que se retiren de los coches; según nos dicen aquí hay mucho socialista. En cambio en Ampuero (Santander),donde llegamos a las veinte horas, en el momento que tal vez por la festividad del día, se celebra el paseo, nos aplauden mucho y, es justo confesar, que estos aplausos como otros muchos que aun oímos después en otros sitios, son muy confortadores. Tomamos gasolina y en marcha otra vez.»

La columna llega a Santoña a las 22 horas, alojándose la fuerza en el cuartel de Artillería y los oficiales de la compañía de Muñoz invitados en casa de unos importantes conserveros. Enterados estos de que los oficiales no habían cenado, les preparan un opíparo condumio *«…con toda la familia dedicada a hacernos agradable la velada»*, como nos dice el diario.

El día siguiente, 13, sale la columna hacia Torrelavega donde los oficiales invitan a comer al conductor civil que les lleva en su coche.

Los que almorzaron en el hotel de enfrente fueron invitados por el establecimiento y les están comentando esto a lado de los camiones, cuando un anciano se dirige a él diciéndole ¿Un cigarrito mi teniente? y la da un magnífico habano: *«ahora me envidian a mí los que han comido gratis»*.

Señala después que en San Vicente de la Barquera, donde se detienen para comprar tabaco para la tropa muchos soldados contemplan el mar por primera vez con entusiasmo.

4-10 Asturias

En la siguiente aldea varios vecinos hacen el saludo puño en alto, amenazador y retante, al paso de la columna.

*¡Estamos en Asturias! ¡Ah hidalga tierra de Castilla; como se nota que ya te hemos dejado atrás!».(*Recordemos que Santander era provincia de Castilla, conocida como «La Montaña» hasta que se crearon las autonomías, con el gobierno Suárez).

La noche la pasan en Llanes con las guardias alerta, pues se esperan sabotajes, que no ocurren; las tropas van a cortar la única salida que les queda a los insurrectos hacia Santander.

A las 9 de la mañana del 14 emprenden la marcha y en un alto les dice un guardia civil:

«Se van a quedar ustedes horrorizados de las cosas que van a ver. Han matado a todos nuestros compañeros y han violado a sus mujeres. En Turón obligaron al capitán a que se cavara la fosa antes de matarle. Son salvajes; verdaderas fieras».

La marcha continúa con los fusiles asomados por las ventanillas listos para disparar. Por un angosto desfiladero avanzan hacia Ribadesella. Un ligero de la columna les adelanta llevando un paisano herido en la cabeza.

Describe el teniente Muñoz Ribadesella como un pueblo risueño y agradable, donde un buen grupo de personas les ovaciona. Entre ellas, nos dice, hay unos cuantos hombres armados y uno de ellos *«muchacho joven, fornido, luciendo una bien provista canana de cartuchos e izando al aire su flamante rifle de 12 tiros nos grita al pasar ¡Arriba España! ¡Que haya ánimo!».*

Después continúan, pasando por Arriondas, hasta Infiesto. Allí les reciben con repique de campanas y aplausos y Tabacalera obsequia a cada soldado con una cajetilla y montones de librillos de papel marca El catorce de Abril.

Allí habían entrado entre cincuenta y cien revolucionarios formados *«...con sus flamantes fusiles muchos de ellos completamente nuevos y llevando muchos de ellos prendas de uniformes y correajes de Guardia Civil y de Asalto; saquearon los almacenes, respetando los de sus correligionarios e intentaron quemar el Ayuntamiento, pero se impuso el alcalde, socialista también y se conformaron con quemar el archivo».*

Entre restos de la destrucción, los vecinos muestran a los militares su satisfacción por su presencia, pues dicen que han vivido diez días bajo pleno régimen comunista. Les hablan también del magnífico armamento que tienen los golpistas y de lo envalentonados que están.

Alojados entre las escuelas y el cine, es la primera vez desde la salida de Bilbao que se distribuye rancho caliente, pero no a la compañía de Muñoz, pues hacia las tres recibe orden de montar servicio de seguridad en Viedes. Desde allí ven llegar el primer tren que entra en Infiesto desde que estalló la revolución. Es el que lleva el ganado y el escuadrón de la columna.

5-10 COMIENZAN LOS DISPAROS

Requisando comida se puede dar rancho caliente a los soldados, que llevan tres días de mal comer y mal dormir. Después se avisa de que hay «toque de queda» y envueltos en los capotes-manta se aprestan a dormir. Durante la noche se escucha algún disparo.

Hacia las tres de la mañana el tiroteo se intensifica, por lo que el teniente Muñoz acude al puesto de más compromiso, donde se encuentra con el capitán. Cuando el tiroteo decae regresan al alojamiento.

Por la mañana, los paisanos, esta vez voluntariamente, obsequian a los soldados con café. A los oficiales les invitan en una casa donde, tras andar varios días escondido por el monte, llega el marido de la hija, que es falangista. Les cuenta mil desmanes de los revolucionarios y les pide rigor en la aplicación de la Justicia anotando Muñoz que «*En cambio se transforma en un chiquillo, cuando ve a su sobrino, pequeño de unos dos meses*». Después, relevados por la 3ª compañía, regresan a Infiesto.

El día 15 poco antes de comer «*el teniente coronel, en presencia de la tropa, suela los perros de mala forma al capitán Fuensanta (tiene cierta predilección por el), desautorizando de paso al centinela; es uno de los muchos errores que continuamente comete el Jefe que, completamente nervioso por su incapacidad, quiere cubrirse con lo que él cree momentos de energía*».

Un capitán retirado, que se llega de Oviedo, se les ofrece para lo que haga falta. Les cuenta que los revolucionarios han sido dueños de la ciudad durante días y que aun tienen en su poder la estación del Norte y el cementerio.

El mismo día 5 en que estalló el movimiento, cayó en manos de los revolucionarios la fábrica de dinamita de La Manjoya. El día 6 se volcaban sobre Oviedo millares de marxistas armados que ocuparon multitud de edificios, entre ellos Telégrafos, la Universidad y la estación del Norte.

Simultáneamente desde el monte Naranco se bombardea la ciudad y, al día siguiente cae la Fábrica de Armas.

«*Oviedo vive en pleno terrorismo rojo hasta el día catorce. Han fusilado gente a mansalva, se ha violado a las mujeres por medio de vales que, expedidos por el comité revolucionario, autorizaban a ello; se han saqueado toda clase de comercios; en fin, se ha exhibido al público el cadáver de un sacerdote abierto en canal y con un letrero que decía «carne de cerdo»*.

El general López Ochoa hubo de librar un pequeño combate a las puertas de Avilés, y después dejar allí fuerza para guarnecerlo. Con el resto de sus hombres continuó a Oviedo.

Allí, nada más cruzar el último camión, les volaron el puente de la entrada, recibiendo fuego muy intenso durante varias horas en el que murió, entre otros, el propio ayudante del general. Entonces, ante el temor de agotar la munición, se decidió a entrar en la ciudad, donde los defensores del cuartel dispararon sobre ellos tomándolos por enemigos.

Por fin consiguieron entrar en el edificio militar, agravando la situación de los setecientos defensores, pues a la escasez de víveres y agua sumaba ciento ochenta hombres más que además eran insuficientes para romper el cerco. Claro que era de un gran efecto moral en el resto de España, que era en lo que sin duda pensaba López Ochoa.

Los revoltosos, que poco antes habían tomado la fábrica de armas, se hallaban en poder de miles de fusiles nuevos y de algunos cientos de ametralladoras. Sin embargo no hicieron uso de estas últimas, quizá por falta de personal que dominase su manejo, en opinión de Muñoz.

«Es tal vez la rendición de la fábrica el único punto negro, el borrón único que ha caído sobre el Ejército con motivo de la revolución de Asturias. Su coronel, Jiménez, es hombre de historia un tanto turbulenta y sospechosa; y se asegura que, antes de estallar el movimiento, entraba en la fábrica puño en alto; y todos hemos leído en los periódicos el discurso en el pleno del Congreso del diputado asturiano Sr. Fernández Ladrera (discurso valiente y honrado si los hay), en el que afirmó categóricamente, sin que nadie lo haya desmentido hasta la fecha, que allí se fabricaron las tachuelas con que sembraron las carreteras asturianas el día del mitin del Sr. Gil Robles en el santuario de Covadonga.

Nada tiene pues de particular que rindiera la fábrica casi sin resistencia, la indispensable únicamente para cubrir el expediente; y que no hubiera tiempo ni para inutilizar los fusiles, cosa bien sencilla, dejándose en cambio olvidados la noche que la evacuó, todo el cordón de centinelas y el teniente de servicio, todos los cuales se vieron arrollados por la avalancha de facciosos que se volcaron contra la fábrica, donde seguramente esperaban encontrar más resistencia».

Censura después el teniente Muñoz la actuación del coronel jefe del Regimiento 3 pues con quinientos hombres en su cuartel a menos de doscientos metros de la fábrica, no la socorrió. Indica que con los cientos de ametralladoras allí guardadas podían haberse defendido hasta la llegada de la columna de Yagüe, privando a los rebeldes de millares de fusiles y de un triunfo moral. Además habrían evitado considerables bajas a las tropas de socorro, entre ellas la muerte del comandante Ruiz Masset, jefe del Tabor de Regulares de Ceuta n°3, pues tuvieron que tomar la fábrica por asalto.

Acusa Muñoz al coronel del Regimiento de no tener la más mínima noción de ética militar, y no se extraña de que esté procesado junto con el de la fábrica de armas, a pesar de haber recibido el primero la Medalla Militar por la defensa del cuartel.

5-10 COMBATES DE LA COLUMNA

El día 14 se realiza un reconocimiento ofensivo hacia Noya. La fuerza la componen dos compañías del 14, la de ametralladoras del Batallón de Cazadores de Montaña 7, más la batería y el escuadrón. Llueve a cántaros cuando son atacados, generalizándose el tiroteo y llegándose a realizar algún disparo de cañón. Los rebeldes huyen sin haber causado bajas y abandonado un saco de dinamita.

Ese día por primera vez consigue telefonear el teniente Muñoz a su esposa, consignado que llamó para felicitarla por su santo y que precisamente eso fue lo que se le olvidó en la conversación con María Teresa.

El 16 se ordena emprender la marcha a las tres de la tarde. Cuando se disponía a comer un bocadillo una señora les obsequia al capitán y al teniente Muñoz con vino, postre, café y anís. Mientras los consumen les muestra su miedo ante la partida de la columna. La tranquilizan contándole que quedan en el pueblo una compañía de Arapiles y unos cien guardias civiles, más de doscientos hombres.

La columna continúa su avance por Villaviciosa y Gijón, pasando después, de noche completamente, por un puente volado por los socialistas. Es maniobra arriesgada pues si un camión se desvía un centímetro cae por el barranco. Tras cruzar todos sin novedad, alcanzan la fábrica de Lugones donde hacen noche sin bajar de los vehículos.

El día 17, al llegar a la carretera general Santander-Oviedo, se hace alto y se despliegan la 1ª compañía a la izquierda, y la 2ª a la derecha; y además se rodean unas casas que se reconocen pistola en mano, sin encontrar nada sospechoso.

A lo lejos se oye intenso fuego de fusilería y ametralladoras. Poco después la columna entra en Noreña (donde ya está la compañía del capitán Vicario, del 14) entre aplausos y vivas de los vecinos.

Mientras, la 3ª compañía avanza hacia Berrón, frente a un nutrido fuego de los rebeldes. Con ráfagas de ametralladoras y algún cañonazo logra vencer la resistencia. Aquí han volado el puente, que hay que reparar, y han desvalijado la fábrica de chorizos. Como dos casas de disputan invitar a comer a los oficiales, se acuerda que en una almuercen, preparando la otra una fabada para cenar.

A eso de las cuatro y media los revolucionaros atacan a la compañía que estaba en la fábrica para preparar el rancho de toda la columna, teniendo que responder al fuego. A las cinco un camión blindado entra en el pueblo disparando su ametralladora. La primera sección de ametralladoras despliega y le hace frente, mientras un conductor civil bilbaíno cruza valientemente su autobús para cortarle el paso. El capitán forma la compañía para capturar el camión blindado, pero el coronel no le deja. Solamente ordena salir un pelotón para escoltar un camión que lleva municiones a la tercera.

El fuego, que ha sido muy intenso comienza a decaer y los rebeldes se retiran:

«El jefe, completamente nervioso y descompuesto, no ha dado ni una sola orden, pero ha chillado lo indecible, en forma grosera y sin razón ninguna».

A las seis se monta la guardia quedando Lara en la iglesia con su sección, un sargento con un par de escuadras en una casa y otro con otras dos en el cuartel de la Guardia Civil. Muñoz, con doce hombres, en una casa de la entrada del pueblo, tiene que proteger un puente de ferrocarril que está a unos quince metros. Los dueños de la casa la abandonan después de entregar al teniente un montón de chorizos.

Mientras se esa montando el servicio regresa el camión que llevó las municiones a Berrón, que había sido atacado repeliendo la agresión sin sufrir bajas. También comienza a oírse el habitual paqueo nocturno.

Distribuye Muñoz los hombres, colocando la mayoría con el fusil ametrallador apuntando al puente, otros vigilando la carretera, y un centinela en la parte trasera para evitar un envolvimiento. Ordena el más absoluto silencio y que no se encienda ninguna luz, mientras en su interior se lamenta de no tener granadas de mano.

Durante toda la noche se oye intenso tiroteo de fusil, ametralladora y explosiones de dinamita. Además empieza a caer la niebla, haciendo más difícil defender el puente si un grupo se acercara amparado en ella para volarlo. Al amanecer, cuando ya los soldados vuelven a ver el puente, se tumba Muñoz en una cama *«tras la noche más intranquila de cuantas había de pasar en Asturias»*.

El 18 toda la compañía es invitada a desayunar en casa de los padres de un teniente de Ingenieros

Muñoz nos cuenta que:

«…entra en un poco destartalado pero hermoso, amueblado a estilo antiguo con cosas de inestimable valor, teniendo también una aceptable biblioteca. En los balcones del salón, a los que se han quitado las vidrieras, las ametralladoras enfilando al campo; a su lado las cajas de municiones; la sillería revuelta y amontonada por el suelo y, en los rincones principalmente, cartuchos vacíos. Es realmente una estampa de guerra. Nos hace una visita el coronel».

De vez en cuando las ametralladoras disparan hacia enemigos que se mueven por los maizales. Como la servidumbre del palacio demuestra cierto malestar cuando eso ocurre, ordena el teniente que no se abra fuego con las máquinas más que en caso de verdadera necesidad.

Poco después acude Muñoz al salón al oír un disparo. Un sargento de ametralladoras ha disparado con un fusil a un grupo enemigo que estaba en la puerta de una casa. Uno de ellos ha dado un salto tremendo y ha caído al suelo. Luego verán que es un revolucionario con un tiro en la cabeza que lo ha matado en el acto.

A eso de las once, tras recibir una información de la presencia de diez *«soldados rojos»* (sic) en una taberna el comandante ordena a Muñoz ir a por ellos con un pelotón. Se suma voluntariamente el teniente Consuegra.

Cuando están desplegándose comienzan a recibir disparos; contestan inmediatamente al fuego viendo huir a los enemigos por los maizales. El teniente Consuegra se ha salvado de recibir un tiro al romperse una mata a la que estaba agarrado para trepar, pues la bala ha dado donde se él hallaba un segundo antes.

Después se disponen a pasar una confortable noche, ya que en el palacio hay abundantes y buenas camas. Cuando Muñoz apenas se ha acostado llega la orden de salir para Noreña, a las tres de la madrugada. Sobre las cinco llegan a esa localidad, donde les dan cajetillas de tabaco aprehendido a los rebeldes en Barrón por la tercera compañía, y, a las dos horas, se ordena continuar hacia La Felguera, foco principal de la revolución. El comandante y el teniente Muñoz comparten la idea de que habrá fuertes combates.

6-10 RENDICIÓN DE LOS GOLPISTAS

En una revuelta de la carretera aparece un coche agitando un gran pañuelo blanco. Se apea un hombre al que se acercan el capitán y el teniente pistola en mano. Dentro del coche quedan otros dos. Uno lo describe Muñoz como de unos treinta y cinco años, barba crecida, moreno de piel curtida que viste mono azul de mecánico. Es ni más ni menos que Belarmino Tomás, el cabecilla revolucionario de la cuenca de Langreo.

Ha convencido a los rebeldes de la necesidad de rendirse ante el avance decidido de las columnas del Ejército. Se lamenta el teniente Muñoz que este causante de tantos muertos y tanta destrucción escapara, por culpa de López Ochoa:

«¡Y pensar que este hombre, a quien he tenido entonces en las manos, se encuentre hoy en Paris haciendo declaraciones a los periodistas!».

El que se bajó del coche, moreno de pelo peinado hacia atrás, y que porta un magnífico rifle, es Torrens, teniente de la Guardia Civil de Ujo, miembro de la UMRA y cabecilla también de la rebelión. Detenido poco después, juzgado y sentenciado a muerte, le fue conmutada la condena y en 1936 salió a la calle con la amnistía que dio el Frente Popular. Es decir, cumplió poco más de un año de cárcel a pesar de la rebelión militar, asesinatos, robos, violaciones, etc.

Los ocupantes del coche traen la noticia de la rendición de los revolucionarios, pero piden que no haya represalias.

La columna continúa su avance atravesando pueblos con puertas y ventanas cerradas y sábanas blancas en los balcones. Ya en La Felguera, muchos carteles alusivos a la revolución y al PSOE y *«muchas caras foscas en cuyos ojos brilla la mirada desconfiada y hostil del adversario; Y pensar que somos todos españoles».* Sólo desde un edificio, en parte volado por los dinamiteros rojos, son ovacionados por sus habitantes que gritan vivas a España y al Ejército.

El teniente Consuegra con su sección se va haciendo cargo del armamento enemigo, muy abundante. Además de más de 500 fusiles y mosquetones y varias ametralladoras, se recogen fusiles ametralladores Trapote, aún desconocidos para el Ejército.

A la vez que el Batallón de Cazadores de Montaña 7 entra en La Felguera, por el otro extremo lo hace una bandera del Tercio de la columna Balmes.

Después la columna Solchaga se dirige a Sama, donde pueden ver los restos de la casa desde la que los guardias civiles se defendían con una ametralladora, y que fue volada por los insurgentes. A pocos metros el puente donde cayó muerto el capitán Alonso Nart.

La compañía es enviada a Ciaño. Allí se les presenta el único guardia civil superviviente del puesto. Ha estado preso de los rebeldes y, con lágrimas en los ojos, solo acierta a articular, con dificultad, algunas palabras. Del cuartel sólo quedan las ruinas.

Tras declarar el estado de guerra, proceden a comer en una casa de unos conocidos del alférez Lacanda, bilbaíno. Luego la compañía registra la Casa del Pueblo, capturando veintidós fusiles y documentación. En las escuelas, que fueron cuartel general marxista, encuentran los restos de una gran juerga. Por las mesas están repartidas abundantes botellas de champagne francés, coñac, anís, licores diversos y numerosa comida consistente en conservas, quesos, galletas *«muy fi-*

nas», chocolates, embutidos, vinos etc. que sirven para mejorar el rancho de la tropa.

Se hacen doce detenidos, de los que se ordena a nuestro teniente trasladar a Sama a seis al anochecer. Al llegar allí unos soldados del Regimiento 14 y el teniente Torrens, aún de paisano, les dan el alto, encañonándoles. El teniente Muñoz salta del coche y se identifica para evitar que abran fuego. Luego pregunta a Torrens qué ocurre para esa alarma. Éste le cuenta que han volado un camión de guardias de asalto y que hay unos treinta muertos.

De regreso a Ciaño un cabo de la compañía de Muñoz resulta herido al chocar el mosquetón contra un poste, con tal violencia que se parte golpeando la caja contra el muchacho, rompiéndole un dedo, y haciéndole un gran hematoma en el abdomen. Al llegar al acuartelamiento de Estella se descubrirá que además tiene una lesión en el hígado. El cabo llevaba un susto enorme, pues pensaba que le habían dado un tiro.

Cuando la columna abandona Ciaño parte con ellos el guardia civil superviviente y su familia, que no quieren quedarse allí.

El día 21, haciendo un reconocimiento la columna llega a Gargantada, donde voló el camión que les dijo el traidor Torrens. No era de guardias de Asalto sino de soldados del Regimiento 14, muriendo treinta y dos de ellos. Y no fue ataque sino imprudencia, al ir fumando encima de la dinamita capturada. Solo hubo un herido muy grave que morirá a los pocos días. Entre los fallecidos, los únicos de la columna en la campaña, el chofer bilbaíno que cruzara el autobús para detener el ataque del blindado en El Barrón; tras sobrevivir a su acto de valentía murió por una imprudencia ajena o propia.

La violencia de la explosión hizo que el chasis del vehículo apareciera a cuarenta metros del lugar de la misma, y que, a pesar de haberse hecho una recogida con palas, aun quedaran restos humanos cuando llega la columna. Describe Muñoz la visión un trozo de brazo, dedos, intestinos y hasta media cabeza. Luego llegan unos ataúdes a terminar la recogida.

Al llegar de nuevo a Sama ven en la plaza cuatro camiones blindados por los revolucionarios. El mejor acabado de ellos es el que les atacó en El Barrón. Todos ellos van pintados con las siglas UHP (¡Uníos Hermanos Proletarios!); el chiste fácil corría entre los soldados del futuro Arapiles.

Cuando la columna está terminando de comer, en un sitio con un flamante cartel que indica que ha sido requisado por el Comité Revolucionario, llega un batallón del Regimiento 35. Les cuentan que han tenido mucha bajas, una de ellas la muerte del teniente Rey, al tomar unas casas en Vega del Rey. Que han pasado momentos muy duros, como cuando en Campomanes fueron a levantar el cerco del Batallón Ciclista, que tuvo un 50% de bajas. Afirman que hubo choques muy violentos contra rebeldes muy bien pertrechados. Ha sido un triunfo ganado por la superior disciplina y espíritu del Ejército, y a costa de numerosos sacrificios.

El día 22 Plácido telefonea a su mujer, y nos cuenta que ve actuar con notable acierto al teniente Osorio, de la Guardia Civil, que tenía ya una solida reputación por haber resuelto el crimen de la encajera de Carabanchel.

El 23 llegan a Pola de Laviana donde permanecerán hasta el 30. El 28, en un reconocimiento hacia La Aldea encuentran ciento treinta y un fusiles, más diversas pistolas y cartuchería. Algunos más aparecieron en el rio Nalón.

El 30 el teniente Muñoz con su sección (cuarenta hombres) se desplaza a Campo de Caso, donde permanece hasta el día 4 de noviembre recogiendo algunas pistolas, escopetas y cartuchos de dinamita. Estos últimos, nos cuenta, los tira al río, trasladando hasta la columna solo el armamento. Sin duda, las imágenes del camión volado influyeron en la decisión.

En ese pueblo son muy bien tratados por los indianos del pueblo, especialmente uno que pone su coche a disposición del teniente. Allí fue visitado por el coronel y el general Balmes, jefe del ejército de Asturias.

Muñoz anota que se nota mucho que la gente de la zona son agricultores y ganaderos, *«buenos paisanines»* dice él,

En Avilés todo el pueblo les está esperando por que el alcalde ha lanzado proclamas convocando a salir a recibir *«al batallón África 8»*, del que luego hablaremos en el capítulo del regimiento Sicilia.

Esta confusión es debida a que al unirse Arapiles a la columna, pretendió el teniente coronel Azcárate el mando por ser el más antiguo. La superioridad ordenó, con buen criterio, desgajar este batallón para que la columna la dirigiese el teniente coronel Rueda, más moderno pero mucho más válido que Gumersindo.

En Avilés, Arapiles es agasajado por todo el pueblo con festejos en su honor, desfiles, funciones de teatro, cine, baile e invitaciones a comer. Allí pasa quince días estupendos por la cordialidad de todo el vecindario.

Uno de estos días aprovecha Muñoz para acercarse a Oviedo, cuyo estado lastimoso describe en su diario. Cuenta la cantidad de edificios volados o incendiados, los monumentos destruidos. Nos habla de la destrucción del hotel Covadonga al intentar robar la caja fuerte del Banco de Gijón, de la voladura de la Cámara Santa de la Catedral, joya del románico. El teatro Campoamor, la Universidad, el Instituto y muchos edificios más quedaron totalmente destrozados. También habla de la eficacia y bravura de los defensores, simbolizada en las ventanas de las casas de enfrente de la catedral, y que lograron que los asaltantes llamasen a la calle de del Obispo «Callejón de la Muerte».

Habla del *«bien organizado y dirigido esfuerzo de un puñado de hombres que, a costa de su vida, defendieron triunfalmente la causa de la civilización haciendo baluarte inexpugnable la dulce casa del Señor»*.

Cuando el líder de los golpistas, Teodomiro Méndez, entraba detenido en el cuartel de Pelayo, tuvieron que imponerse los oficiales a la tropa que pedía la cabeza del culpable *«con esa clarividencia de visión que tiene el pueblo (también el soldado es pueblo), tan mal tratado por los que cometen la apostasía de llamarse sus defensores»*. Nuevamente durante la Guerra 36/39 sufrirá mucho Oviedo, ya que será la ciudad más bombardeada de todas las de las dos zonas, seguida de Teruel. Ambas serán atacadas con saña por las bombas «republicanas» que les causarán, además de la destrucción de cientos de edificios, varios millares de muertos y mutilados a cada una. Sólo las víctimas civiles de los bombardeos de Oviedo superan a las de todas las ciudades del bando contrario sumadas. Por ejemplo, solo en el año 1936 murieron en la ciudad mártir seiscientas veinte cinco mujeres a causa de las bombas de la aviación y artillería del Ejército Popular, a las que hay que sumar niños y hombres. Y los ataques aún duraron un año más (Los muertos del bombardeo de Guernica fueron ciento veintiséis).

7-10 Regreso a los cuarteles

El día 20 se ponen en marcha los camiones para regresar a los cuarteles. Entre canciones y con las banderas desplegadas, van atravesando más pueblos con destrozos revolucionarios o señales de lucha.

Al atravesar Campomanes se maravilla Muñoz de cómo pudo defenderse en aquella ratonera la columna de Bosch frente a los enemigos que dominaban las alturas. En aquellos combates murieron el capitán Pérez Paves y el teniente Luengo, entre muchas otras bajas.

En la estación de ferrocarril de Estella esperan la llegada del batallón, a las tres de la tarde, una compañía con bandera y música, las autoridades *«que el Teniente Coronel, en la última metedura de pata, ni saluda siquiera»*, y mucho público. Las tropas desfilaron entre calles y balcones abarrotados de gente, con colgaduras, aplausos y cohetes.

Recuerda después Muñoz a los caídos, entre los que cita al ingeniero Rafael Riego, asesinado por los revolucionarios, y al teniente de Asalto José del Olmo, amigo de la academia al que llamaban «Rubito», muerto en combate. Éste, que se hallaba accidentalmente en Oviedo, se incorporó a la lucha, muriendo en Olloniego.

8-10 Reflexiones finales del teniente Muñoz

Se queja el teniente de la lentitud y blandura de la Justicia con los rebeldes. Dice que las sentencias no tienen ejemplaridad, alimentarán nuevos procesos revolucionarios y los suboficiales creerán que se les discrimina, ya que, habiendo jefes y oficiales implicados, solo se ha condenado a muerte al sargento Vázquez.

Alaba después la actuación de investigación del comandante Doval, de la Guardia Civil, añadiendo que cree que el cese de éste por el Gobierno se debe a que:

«Las cosas que Doval pudiera descubrir fueran más, mucho más sensacionales de lo que pudiera sospecharse; podría suceder incluso que las responsabilidades de lo ocurrido –aquel alijo de armas– llegaran a salpicar a quién, por su cargo, debiera estar por encima de toda rencilla».

Al día siguiente de salir Doval de Asturias, los marxistas tiraban unas octavillas en las que, entre otras cosas, se decía:

«Ya hemos ganado el primer escalón; la hiena Doval marcha de Asturias»

A la semana, revolucionarios se exhiben con uniformes del disuelto Regimiento 78 y ordenan cerrar establecimientos en plena calle Uría. Mientras los vecinos realizan una manifestación pidiendo la continuidad de Doval y castigo para González Peña.

«Aplastad por las armas la revolución, se está pasando el momento más propicio, tal vez pasó ya, de extirpar de raíz la pesadilla del marxismo. Y todo por no tener la energía suficiente para, después de reprimir, castigar sin crueldad, pero de modo severo y ejemplar, especialmente a los cabecillas de la pasada revolución, que como sembradores de la cizaña y el odio, son los únicos responsables de los días de luto que ha vivido la hermosa región asturiana. Y por no haberlo hecho así, es por lo que, aplastada la rebelión por la fuerza, como antes decimos, sigue sin embargo latente el envenenado espíritu. Puede ser que algo tenga que ve en esto la masonería».

«Quiera Dios dotar el señor Gil Robles del tesón, la energía y la suerte necesaria para, por mediación de su ministro, señor Aizpún, poner en claro, sin que quede el menor resquicio de sombra, el famoso expediente del alijo de armas de San Esteban de Pravia. España lo espera con ansiedad y tiene derecho a que no se le escamotee una vez más (aunque solo sea por lo ya sufrido), uno de los problemas vitales para la paz y la tranquilidad pública. Es un gran servicio que España no olvidaría, del Sr. Gil Robles, quién por otra parte, si no lo realiza, pasará en mi fuero interno a la categoría de un político más.

«Haga el señor, por bien de España, que nuestro juicio le sea favorable».

Tras fechar el diario en Estella, diciembre de 1934, aparece debajo un texto titulado «Colofón». En él se queja el teniente Muñoz de que se haya fusilado al ex sargento Vázquez, mientras se ha indultado a los jefes y oficiales rebeldes como Pérez Farras, Richart, Torrens. Indica que, a su modo de ver, se debía haber llevado ante el pelotón a los oficiales, pues no haberlo hecho y ejecutar a Vázquez ha creado entre los suboficiales la imagen de un privilegio para con los superiores cuando:

«En este punto no debiera existir (en cambio sí en otros); antes al contrario, con todos ellos debe extremarse el rigor. Lo contrario, –aunque tal vez estemos equivocados–, nos parece atentatorio a la verdadera disciplina y contrario a todo fundamento de la ética militar».

«Por lo que pueda tronar, –y celebraría no poder presumir de vidente– hago esta pequeña y última digresión. El autor».

9-10 ¿QUÉ FUE DE LOS PROTAGONISTAS?

Un año más tarde, tras la primera vuelta de las elecciones, el Frente Popular toma el poder, impide la segunda vuelta, destruye las actas de votación sin hacerlas públicas y, entre numerosas irregularidades, se otorga los diputados a su antojo. Después sustituirá los ayuntamientos en los que no obtuvo mayoría por gestoras compuestas por su gente. Al día siguiente de la formación del gobierno, indulta a los rebeldes de 1934 de toda España, a pesar de la numerosa sangre vertida y los destrozos cometidos.

De inmediato comienza una sangrienta persecución contra los partidos de la oposición que incluye asesinatos, en los que participan mandos de las Fuerzas de Seguridad junto con pistoleros del PSOE.

Tras la ilegalización de partidos molestos al Frente Popular, como Falange Española, y la detención de dos millares de sus afiliados (marzo 1936) la escalada sube un paso más; los integrantes de una patrulla de la Dirección General de Seguridad, con un vehículo oficial y uniformados, junto con socialistas de la escolta de Prieto, y al mando del capitán Condés, raptan y asesinan a José Calvo Sotelo, diputado portavoz de la oposición en el Congreso y presidente de Renovación Española. Al día siguiente se secuestran los periódicos que denuncian el crimen, y la Guardia de Asalto dispara contra los asistentes al entierro, causando varios muertos y heridos. Días más tarde la guerra civil, declarada en 1934, se reaviva de nuevo.

El teniente Plácido Muñoz López se presentó al concurso de novela de la revista Blanco y Negro con el relato titulado «El Concurso» y el lema *«Ars longa, vita brevis»* premonitorio, pues moriría a los treinta y tres años. Plácido se sublevó en Estella, el 18 de julio de 1936 con su batallón, con el que comenzó la guerra. Ascendido a capitán fue destinado al grupo de Regulares de Melilla nº 2, muriendo en combate el día 31 de enero de 1939 en Peraleda de Saucejo, Badajoz, ya ascendido a comandante. Está enterrado en del panteón familiar el cementerio de Estella.

El teniente coronel Gumersindo Azacárate Gómez en julio de 1936 era jefe del Batallón Ciclista. Una ironía pensando en el brillante comportamiento de ese batallón durante la pasada campaña de Asturias.

El Batallón Ciclista y el l Batallón de Zapadores 7, fueron enviados a Alcalá de Henares a relevar a los regimientos de Caballería Villarobledo nº1 y Calatrava nº2, trasladados tras unos incidentes entre oficiales y militantes izquierdistas.

Allí en Alcalá, Azcárate se opuso al Alzamiento, que apoyaban todos los demás jefes y oficiales del batallón. Por ello al ocupar la ciudad fuerzas «republicanas» llegadas de Madrid, fueron fusilados catorce mandos. Uno más falleció en prisión, donde estaba con otros diez oficiales de la unidad, y nueve lograron escapar a zona Nacional. Cuando Gumersindo fue capturado por los nacionales fue condenado a muerte por aquellas ejecuciones, y fusilado.

10.10 EL BATALLÓN DE MONTAÑA ALBA DE TORMES

Los capitanes Joaquín Baeza Castro y Armando Sánchez Fuensanta hicieron la guerra en el Batallón «Arapiles» 7, ya bien mandado por el coronel Pablo Cayuela Ferreira.

Armando perdió un ojo en combate en el Alto de los Leones, donde su compañía de Arapiles tuvo cincuenta y siete muertos y recibió la Medalla Militar. Ya como teniente coronel, finalizada la Guerra 36/39 asumió el mando del Batallón de Cazadores de Montaña «Alba de Tormes», acuartelado en Puigcerdá tras su recreación en el año 43, con la reforma militar de García Valiño. Éste, como jefe del Estado Mayor Central creó una organización de 24 batallones de montaña que se desplegaban por todo el pirineo numerados de esta a oeste. El «Alba de Tormes» había sido fundado en 1704 con el nombre de Regimiento de la Real Maestranza de Ronda, que mantuvo hasta su disolución en 1715. Fue recreado en 1808, cambiando su nombre al de «Alba de Tormes» en 1809, para ser disuelto al año siguiente. Nuevamente recreado en 1847, se denominó Batallón de Cazadores «Alba de Tormes» hasta el año 1920, en que pasó a ser Batallón de Cazadores de Montaña «Ronda». En 1924 toma el nombre de Batallón de Montaña «Alba de Tormes» de Cazadores con el que se mantiene hasta que en 1931 es disuelto, integrándose en el Regimiento de Infantería 13, para ser recreado como Batallón de Cazadores de Montaña «Alba de Tormes» en 1943.

El teniente coronel Sánchez Fuensanta desempeñó muy dignamente el mando de esta unidad nada menos que diez años, tocándole, entre otras cosas, recibir a fuerzas alemanas de la Guardia de Fronteras, que se internaban en España en 1944, por no poder replegarse hacia Alemania. Después acudiría con su Batallón de Cazadores de Montaña «Alba de Tormes» y las demás unidades de la División a expulsar a los maquis del Valle de Arán. El batallón sería disuelto en 1965 para integrase en el Regimiento de Cazadores de Montaña «Arapiles» nº 62. «Alba de Tormes» había participado en las guerras de Sucesión (1704-15), de Independencia (1808-14), de Portugal (1847), Carlista (1847-49), de África (1849-50), Carlista (1872-76), África (1909-10), África (1924-27), y de Liberación (1936-39).

CAPITULO 11

BATALLÓN DE MONTAÑA ARAPILES 7

1.11 LA CREACIÓN

En junio de 1935, siendo Gil Robles ministro de la Guerra y el general Franco jefe del Estado Mayor del Ejército, el Batallón de Cazadores de Montaña 7 recibe el nombre de «Arapiles». Tiene su origen en la Compañía de Escolares de Salamanca creada el 19 de septiembre de 1642. Participa en la Guerra de Sucesión con el nombre de Tercio de Salamanca, reestructurándose como Regimiento de Salamanca y siendo disuelto en 1715. Se recrea en la Guerra de Independencia como Batallón de Voluntarios de Salamanca. Terminada esa guerra recibe el nombre de «Arapiles» 11, por haber participado en esa victoria contra los franceses. Con ese nombre combate en África y, ya en la última Guerra Carlista pasa a llamarse Batallón de Cazadores «Arapiles». Lucha en Cuba en 1898, y en Marruecos en 1909, donde en 1924 cambia el nombre por Cazadores de «África» 7. Con el nombre de Cazadores de Montaña «Ibiza» 7 es destinado a Estella en 1923, perdiendo el nombre con la reforma Azaña de 1931, y adquiriendo, en 1935, otra vez el de «Arapiles», manteniendo el numeral.

2.11 LA CAMPAÑA 36/39

En 1936, el batallón de montaña «Arapiles» es la primera unidad navarra en alzarse contra el Frente Popular. Su jefe, el teniente coronel Cayuela, arresta a las 5 de la tarde del 18 de julio al capitán de la Guardia Civil Ángel Merck Añón. Inmediatamente el capitán Ismael Halcón, acompañado de Pablo Ruiz de Alda y Maximino Lacalle, jefes respectivamente de Falange y del carlismo local, se dirigen hacia la plaza de los Fueros al frente de una masa de gente con brazaletes rojigualdas gritando vivas a España.

Al mismo tiempo bajan del cuartel patrullas que ocupan los puntos estratégicos de Estella. Al amanecer del 19 se lee el bando de guerra, mientras voluntarios falangistas y requetés nutren las compañías de «Arapiles», unidad que formará durante la guerra siete batallones. De la actuación de estos durante la campaña, y que sería demasiado extensa para relatar aquí, lo dicen todo las dos Laureadas de San Fernando que obtiene su bandera. El batallón 5 de «Arapiles» la recibió por los combates del Cinca y el Cinqueta, mientras las compañías 1ª y 2ª lo hicieron por los combates del Alto de los Leones, donde también consiguió la individual el teniente Querol.

Quiero dedicar aquí unas líneas al capitán Halcón. Veterano de la guerra de África, donde había sido herido de un tiro en la mandíbula, llegó destinado a «Arapiles» casándose con la estellesa Ángeles Jaén Albizu. El 18 de julio de 1936 había terminado su destino en el cuartel de Estella estando próximo a incorporarse al Regimiento de Carros nº1 en Madrid. Salvó la vida por días pues todos los mandos de ese regimiento fueron asesinados en Madrid por los «republicanos». También dos de sus hermanos, ambos menores de edad, fueron ejecutados en las masacres de Paracuellos acusados de que «les habían oído rezar el rosario».

El capitán Halcón cayó valientemente encabezando un asalto a las posiciones del ejército rojo en Teruel el 6 de enero de 1938.

El teniente coronel Cayuela organiza dos columnas, partiendo la mandada por él, compuesta por dos compañías de fusiles y una de armas, hacia Alsasua. La otra, que lleva al frente al comandante Pradal, acude hacia Tudela con dos compañías de fusiles apoyadas por la centuria falangista de Ruiz de Alda. Allí el cierre del Círculo Tradicionalista y el intento de arrestar a los vecinos contrarios al Frente Popular provoca la resistencia de estos, apoyados por veinte falangistas corellanos. Se combate toda la noche teniendo los falangistas dos heridos. Al amanecer, tras llegar la columna de Estella, la ciudad es pacificada acudiendo la fuerza después hacia Alfaro.

El «Arapiles», junto con falangistas y requetés, forma siete batallones. Estos toman parte en las campañas de Vascongadas, Santander, Asturias, Teruel, Aragón, Ebro y Cataluña. Sería extender demasiado este trabajo describir las actuaciones de los diversos «Arapiles» durante la Guerra de España, y hay abundante bibliografía sobre la misma. Por ello y como ejemplo citaremos solamente una de sus acciones, en este caso en el frente de Vizcaya:

«Tras dar García Valiño la orden ¡Que Arapiles ataque…! se lanzaron con sus banderas desplegadas a asaltar a la bayoneta dos escarpadas posiciones enemigas y separadas por una vaguada. A la carrera con las bombas de mano preparadas escalaron sucesivamente las cotas 329 y 333 entre un diluvio de fuego tomándolas y haciendo huir al enemigo. Mola, que estaba en el puesto de mando de Cayuela, al verlo le dice al general Solchaga ¡Es maravilloso, no cabe nada igual! El corresponsal de guerra de Stampa se puso entonces en posición de firmes y le contesto «Mi general he visto batirse en todo el mundo toda clase de ejércitos en toda clase de guerras. No hay infantería como la española. Este asalto que acabamos de ver jamás lo he visto en ninguna campaña. A nadie.

-Si hubiera visto la carga de Laucien que hizo que aquellas lomas pasasen a llamarse Lomas de Arapiles…le contesto el general».

3.11 HASTA LA ACTUALIDAD

«Arapiles» es disuelto al finalizar la guerra, siendo recreado en 1943 con el nombre de Batallón de Cazadores de Montaña «Arapiles» III y base en Seo de Urgel. Junto con los también batallones de cazadores de montaña Navarra y Albuera, constituye la Agrupación de Montaña 1 que actúa contra el maquis. En 1965 pasa a ser Regimiento de Cazadores de Montaña «Arapiles» 62 de la División de Montaña «Urgel» 42. En 1993 se disuelve la División de Montaña «Urgel», y en 1996 pierde «Arapiles» sus características de montaña, quedando además en cuadro.

En 2002 se reactivará como regimiento de infantería, recuperando en 2007 sus características de montaña. Desde entonces tiene dos batallones de cazadores de Montaña, el Badajoz III/62 y el Barcelona IV/62.El primero tiene su base en el acuartelamiento Álvarez de Castro, de San Clemente de Sansebas, en el Alto Ampurdán, en Gerona, a veintiún kilómetros del paso fronterizo de La Junquera y a doce de Figueras; el segundo se ubica en el cuartel del El Bruch, en Barcelona, a la izquierda apenas comienza la Diagonal, viniendo de Zaragoza o Madrid,

Y como hemos visto que dos de las compañías de Arapiles fueron laureadas en los combates del Alto de los Leones escuchemos algunos testimonios de lo que allí pasó.

CAPÍTULO 12

LOS LEONES DE LA SIERRA DE GUADARRAMA

1-12 FALLAN LOS PLANES

El plan de Alzamiento de julio de 1936, que había elaborado el general Emilio Mola, incluía la entrada en Madrid de las columnas procedentes del norte. Para ello era vital el control de los pasos de Guadarrama y Somosierra. El fracaso de la sublevación en Guipúzcoa, Vizcaya, Santander, Asturias y Cataluña privó a sus fuerzas de importantes contingentes, además de tener que dedicar muchos otros a detener ataques desde esas zonas. Por ello las columnas que partieron hacia Madrid desde el norte eran mucho más débiles que lo previsto, lo que sería un factor fundamental para que un movimiento que debía durar horas se convirtiera en una larga guerra. El otro fue que las milicias marxistas y anarquistas estaban también preparando su asalto al poder, por lo que se hallaban muy bien organizadas, y fueron de inmediato armadas por el gobierno.

El puerto de Guadarrama tiene mil quinientos once metros de altura. Su cara norte es relativamente suave, mientras la sudeste es más abrupta por estar la sub meseta sur un centenar de metros más baja que la septentrional. El paisaje está cubierto de pinos y un túnel de ferrocarril lo perfora a mil trescientos metros. En su cima, un león de piedra marca la división entre los antiguos reinos.

Inmediatamente del Alzamiento, ambos bandos enviaron fuerzas a ocupar dicho puerto y la sierra en que se halla. De Valladolid nacional el día 21 de julio partieron hacia allí trescientos voluntarios falangistas, al mando de José Antonio Girón.

Mientras tanto se organizaba una columna con dos compañías del Regimiento «San Quintín», un escuadrón de caballería, una sección de ametralladoras del Regimiento «Farnesio», dos baterías del 14 Regimiento de Artillería Ligera, algunos guardias civiles, y escasos elementos de Intendencia y Sanidad; en total unos ochocientos hombres. Mandaba el conjunto el coronel Ricardo Serrador, que procedente de Segovia se incorporó en Villacastín junto con una sección de ametralladoras y una batería de piezas de 7,5. Estas tropas llegaron al pie de la sierra el día 22, sobre las doce horas.

Las fuerzas del bando contrario eran muy superiores en número, contando con varios millares de milicianos, guardias de asalto y soldados de ferrocarriles, con abundante armamento; y ya habían tomado posesión de las alturas.

2-12 TESTIMONIOS DE LA TOMA DEL ALTO DE LOS LEONES

Por todo ello el coronel Serrador ordenó el asalto a la sierra de inmediato, intentando aprovechar la probable desorganización e indisciplina de sus contrarios. Dividió sus fuerzas en tres columnas. Una, formada por los falangistas vallisoletanos, mandados por José Antonio Girón, y dos compañías de fusiles, que llevan al frente al capitán Gonzalo Ortiz, y al mando de todos ellos, el comandante del Regimiento «San Quintín», Lázaro González; tiene como misión realizar una curva ascendiendo por la masa de pinares siguiendo el camino de Cueva Valiente, para envolver la cumbre. Otro grupo, mandado por el capitán de «San Quintín», César Pardal, está formado por una compañía de este regimiento y un escuadrón pie a tierra del Regimiento «Farnesio», que lleva al frente al teniente Marcos; debe avanzar por las barrancadas de la izquierda para luego flaquear al enemigo ascendiendo por el pedregoso camino paralelo al ferrocarril. La tercera columna, compuesta por la compañía de transmisiones y la sección de la Guardia Civil, al mando del capitán Guiloche, asciende por la carretera de La Coruña, ocupando la posición central del avance.

Cuando comienzan la operación aparece la aviación «republicana». Primero son dos aviones, después cuatro, que relevándose bombardean continuamente a las fuerzas «nacionales» que no tienen material antiaéreo. Una de las primeras bombas mata a varios artilleros y al comandante Moyano. Seis caen sobre camiones que estallan, y otras sobre casas de San Rafael. Se producen más bajas entre civiles y militares, pero la moral es muy alta y continúa el ataque hacia la sierra. El coronel Serrador narra los hechos así:

«Al alto habían llegado de Madrid varios miles de hombres en plena borrachera de triunfo, con la moral envalentonada después de su victoria sobre los cuarteles de la capital. Los encuadraban unas compañías de Ferrocarriles y fuerzas de la Guardia de Asalto. Después de ocupado San Rafael por la columna vallisoletana, se emplazaron baterías en la primera curva de la salida del pueblo. Fue preciso batir al enemigo, parapetado con ventaja en cada uno de los escalones que forman los recodos de la carretera del puerto. Lucha heroica, directa y personal; cuerpo a cuerpo. La columna central atraía hacia sí la atención del enemigo mientras las laterales perfeccionaban la maniobra. Luego, al sentirse desbordados los hombres que defendían el paso, se replegaron en desorden. A las seis de la tarde del día 22 se conquistaba el Alto del León».

La columna de Serrador tuvo 85 bajas entre su millar de hombres, pero había desalojado a un enemigo mucho más numeroso causándole muchos muertos y heridos, y haciéndole dieciséis prisioneros. Ahora desde las cimas, veían Madrid. Mientras sus fuerzas se despliegan, Serrador redacta la noticia de la victoria para el mando. El telegrama dice así:

«En estos momentos, seis de la tarde, ha sido ocupado el Alto del León. ¡Viva España!».

Los falangistas ocupan un cabezo a la izquierda, teniendo a sus espaldas el hotel donde se instala el puesto de mando de Serrador. En el centro se instala la artillería mientras las compañías de «San Quintín» despliegan por los pinares de la derecha. Mientras tanto los huidos «republicanos» desfogan su impotencia contra sus mandos:

–*«Coronel había de ser, perro; vas a pagar por ti y por Mola»*

–*«Su hijo, coged también a su hijo»* –gritan refiriéndose al coronel Enrique del Castillo Miquel, jefe del Regimiento de Ferrocarriles y a su vástago, Enrique del Castillo Bravo, capitán del mismo. Entre insultos los llevan a la plaza de Guadarrama donde los ponen, uno al lado del otro, junto a una tapia y les disparan una descarga de veinte fusiles que los hace caer sin vida.

3-12 CONTRAATAQUES GUBERNAMENTALES

Hacia las dos de la madrugada comenzaron los contraataques frentepopulistas, siendo doce esa primera noche. El día 23, una masa miliciana que no cesa de aumentar, ataca con tanques. Los mandan el general Riquelme y el coronel Asensio Torrado, pero el fuego nacional desbarata esas acometidas una tras otra. El diario de operaciones del 13 Regimiento de Artillería Ligera consigna lo siguiente:

«Aumentadas la aviación y artillería del enemigo, la gente nuestra, diseminada o agrupada alrededor del monumento del León (que corona el paso) y en las piedras del terreno, se cubre como puede del incesante peligro que supone permanecer en la fatídica explanada, cada vez mejor batida por la artillería y los proyectiles de la aviación contraria, que se recrea escogiendo los objetivos y las oportunidades. No se duerme; no se descansa. Los heridos y los muertos son evacuados como se puede: Unos a San Rafael; otros, en montón anónimo, son enterrados en el cementerio de El Espinar. No se cuentan, no se apuntan, no se identifican.»

El día 26 una bomba de aviación cae sobre el puesto de mando de Serrador, hiriéndole de gravedad; mata además a su jefe de Estado Mayor, comandante Juan Martín Montalvo y a otro oficial, y hiere gravemente a varios guardias civiles y soldados. Serrador es evacuado contra su voluntad, sustituyéndole en el mando el general Ponte. También se incorporan ciento cincuenta voluntarios de Falange de Valladolid, el Tercio de requetés de Abárzuza, así como dos compañías de cazadores de montaña de «Arapiles», y algunos soldados de Ávila y Segovia. El día 27 cinco baterías rojas lanzan gran cantidad de proyectiles que consiguen, no sin bajas propias, poner fuera de combate todos los cañones nacionales menos uno. Al bombardeo sigue un ataque por ambos flancos, logrando el procedente de Cercedilla, tomar alguna posición siendo de inmediato desalojado por contraataques.

«Las piezas son servidas indistintamente por el comandante, el capitán, un oficial o un cabo: el peligro borra jerarquías y acerca misiones», cuenta un testigo. Las bajas de los asaltantes son cuantiosas.

El 29 varios ministros, ataviados con mono azul, visitan el Cuartel General de Riquelme, y le instan a acabar con los defensores del alto. Hasta el 5 de agosto se suceden los ataques en los que son sacrificadas unidades completas del Frente Popular, muriendo en combate el teniente coronel Puig, uno de los jefes militares con mayor prestigio entre los milicianos, debido a su militancia comunista. El día 5 de agosto el general Ponte pasa a la ofensiva, terminando la épica defensa del alto que, desde entonces, se conoce como Alto de los Leones. Todas las unidades defensoras reciben la Medalla Militar colectiva, entre ellas las compañías 1ª y 2ª del Batallón de Cazadores de Montaña «Arapiles», y el Tercio de Requetés de Abárzuza. Destacó en los combates, recibiendo la Medalla Militar individual, el jefe de las milicias falangistas de Valladolid, José Antonio Girón.

4-12 TESTIMONIOS «REPUBLICANOS»

Pero oigamos ahora el testimonio del teniente coronel Morales Carrasco, del bando «republicano»:

«El 23 de julio llegué a Guadarrama. La carretera estaba taponada por acumulación de vehículos. La artillería nacionalista bate con gran eficacia el centro del pueblo. La intensidad del fuego de cañón causa tal depresión en las fuerzas milicianas que se encontraban a lo largo de la carretera, que algún camión dando la vuelta emprende rápidamente marcha hacia retaguardia, actitud que bien pronto es seguida por otros muchos, siendo necesario para impedir las consecuencias de un momento de pánico irreflexivo, atravesar un camión que les impida la huída.»

Efectivamente, el coronel tiene que cruzar, junto con unos mecánicos, un camión pesado para impedir la huída de los vehículos de milicianos, mientras les increpa:

«¿Así es como defendéis la República? ¿Para eso queréis los fusiles?».

Después Morales cuenta la disputa que tiene con el teniente coronel Puig por el mando de las tropas. José Puig García, retirado a raíz de numerosas denuncias por corruptelas, presentadas contra él mientras era jefe de la Gendarmería de Tánger, se afilió a Izquierda Republicana. Esto le había dado bastante ascendiente entre los milicianos y acaba de llegar a Guadarrama al mando de cuatro mil de ellos y del Segundo Grupo de Fuerzas de Asalto; no reconoce el mando del coronel Morales y, con gran apoyo de aviación, inicia un ataque.

Una de las bombas milicianas hiere al teniente Gómez Gordo, un sargento y doce artilleros, pero la escolta de municiones que llega se hace de inmediato cargo del manejo de la pieza nacional. Los hombres de Serrador que están extenuados por la falta de descanso y la imposibilidad de relevo, ante la imponente columna de Puig le plantean a Serrador la posibilidad de retirada, a lo que éste contesta como Mariano Álvarez de Castro en la defensa de Gerona:

«¿Retirarnos? ¡Al cementerio!»

Sin que Serrador lo supiera, a la vez que Puig, por su otro flanco avanza contra él un Batallón del Regimiento n°1 con más de quinientos hombres recién incorporados al frente. Esta unidad ha alcanzado la cumbre de Cuelgamuros y, poco después, cae sobre la posición que defienden cuarenta de los estudiantes falangistas llegados hace unas horas, más dos guardias civiles. Éstos, que forman la 1ª Falange de Valladolid, sostienen una brava y breve lucha en la que mueren todos tras agotar los cartuchos. Entre ellos varios hermanos, muchos estudiantes menores de diecisiete años y alguno, como Eusebio Lobo, de quince años. También cae su jefe César Sanz, estudiante de dieciocho años.

En la siguiente loma otra falange, de treinta hombres, ha escuchado el tiroteo y acude en ayuda de sus camaradas siendo recibidos con abundante fuego. Tras recibir apoyo de los falangistas del Alto de León contraatacan al amanecer y, tras un fiero combate con bombas de mano y cuerpo a cuerpo, ocupan la posición perdida capturando dos ametralladoras, tres prisioneros y varios muertos, y recuperando los cuerpos de sus cuarenta camaradas caídos. El Batallón «republicano» huye en pequeños grupos, totalmente desmoralizado, hasta el Escorial.

Otro ataque miliciano, encabezado por la 4ª Compañía de Asalto de Madrid, mandada por el significado marxista capitán Demetrio Fontán, y que intenta tomar La Granja, es detenido en seco en Balsaín por la compañía de transmisiones y una batería del 13 Ligero. En esta batería luchaba mi tío Antonio Corpas de Vicente, voluntario, que acabaría la guerra con el empleo de sargento, y se retiraría con el de teniente.

Puig inicia entonces sus ataques frontales, y llega a anunciar al gobierno la toma del alto, pero la defensa que hacen los hombres de Serrador es épica. Lo que ocurrió a continuación mejor que nos lo cuente el coronel *«republicano»* Morales. Éste narra que el espectáculo al que da lugar el fracaso del ataque ordenado por Puig:

«Es imposible de describir. Ese mismo día se pasaron a las filas nacionales los oficiales y soldados del grupo de auto ametralladoras cañón, que iban en vanguardia. Puig pide una nueva preparación de artillería para reiterar el asalto. Se refuerza el frente con dos baterías de 15,5 y dos batallones mandados por el comandante Escudero y el capitán Benítez. Después de una conferencia borrascosísima entre el general Riquelme, jefe de todo el sector, y el teniente coronel Puig, este se compromete a conquistar las alturas codiciadas. Escudero y Puig van en vanguardia de sus batallones. El primero muere al iniciar la marcha y su batallón es aniquilado. La unidad del segundo queda reducida a la nada.»

Con estos hechos los milicianos están tan desmoralizados que el mando frentepopulista tiene que poner guardias especiales para que no huyan hacia Madrid.

«Por este procedimiento se consiguió detener en el pueblo de Guadarrama alguna fuerza miliciana; pero buena parte de ella debió filtrarse fuera de los caminos, toda vez que el alcalde de El Escorial comunica haber llegado allí mil ochocientos milicianos procedentes de Guadarrama», termina afirmando el teniente coronel Morales, quien pocos días más tarde pide la baja por enfermo. Previamente Puig muere en combate, como hemos dicho antes, y el general Riquelme es cesado por el gobierno, sustituyéndole Asensio Torrado.

CAPITULO 13

EL HERÓICO SIMANCAS

1.13 Historia

El extinto Regimiento «Simancas» 4 tuvo su origen en la necesidad de combatir la amenaza turca, y se formó para la batalla de Lepanto, que será su primera acción de guerra. Su larguísimo nombre era «Tercio Viejo de la Armada del Mar Océano de Infantería Napolitana», siendo su primer jefe el maestre campo Lelio Grisoni.

En 1707 recibe el nombre de Regimiento de «Nápoles» 12, para pasar a llamarse, en 1815, Regimiento de «Nápoles» 47. Será disuelto en 1812 y reconstruido en 1829 con mismo nombre, nº 2, y base en Cuba, cambiando en 1884 su numeral por el 3.

Es en 1889 cuando recibe el nombre de Regimiento de Infantería «Simancas» 64, siendo disuelto en 1899, tras robarnos USA las provincias de Cuba, Puerto Rico y Filipinas en la guerra hispano norteamericana de 1898. En 1925 es reorganizado para combatir en la zona española del Magreb, con el nombre de Batallón de Cazadores «África» 14. En 1928 pasa a llamarse Batallón de Cazadores «Simancas» 8. Será disuelto por Azaña en 1931 y recreado como Regimiento de Infantería de Montaña «Simancas» 40. En 1943 se convierte en Regimiento de Infantería «Simancas» 4 con el que permanece hasta 1960, en que se convierte en Agrupación, siendo disuelto en 1965.

Tras combatir en Lepanto, Italia, América, y el Rosellón, tuvo un papel destacado en la Batalla de Trafalgar. Allí, tras ser capturados los hombres el «Simancas», consiguieron apoderarse de la fragata inglesa *Themis* y liberar su propio barco, el *Santa Ana*, y con esas dos naves y sus tripulantes británicos presos entraron en Cádiz.

«Simancas», después, combatió en la Guerra de Independencia, teniendo fuertes bajas, y luego en Santo Domingo, Cuba y África. Tras la Campaña 36/39, que merece capítulo aparte, luchó en la defensa de Ifni en 1959.

2.13 La entrada en la leyenda

El 19 de julio de 1936 el coronel Pinilla proclamó su adhesión al Alzamiento e intentó ocupar algunos edificios en Gijón. No obstante, la escasez de sus fuerzas frente a las de la 18 Comandancia de Carabineros más la masa de milicianos, bien armadas por estar con ellos las de la Fábrica de Armas de Trubia, hizo que se tuviera que encerrar en su cuartel.

Los marxistas dieron prioridad sobre la toma de Oviedo a terminar con ese enclave nacional en Gijón. Así, los trescientos cincuenta cazadores de montaña, junto con los ciento ochenta hombres del Batallón de Zapadores Minadores nº 8 (que tras defenderse unos días en su cuartel se unieron a los cazadores en el del «Simancas»), con su prolongada resistencia de más de un mes, contribuyeron en mucho a la salvación de la capital del principado.

El 29 de julio apareció el crucero nacional *Almirante Cervera* que apoyó con su fuego a los hombres del cuarte del Simancas que recibían continuos ataques de miles de milicianos y numerosas voladuras con dinamita. Los asaltantes tuvieron tremendas bajas en esos ataques y también en salidas realizadas por los defensores para proveerse de agua y comida.

Cuando el 21 de agosto, tras fuertes bombardeos de aviación y artillería, los milicianos consiguieron entrar en el cuartel, el último radio de coronel Pinilla al crucero fue *«El enemigo está dentro, disparad sobre nosotros»*. El buque, creyendo era una treta de los agresores, no lo hizo. Pinilla murió en combate, junto con varios de sus oficiales, siendo los demás asesinados. Los «republicanos», milicias marxistas del PSOE y UGT, anarquistas de CNT y FAI y comunistas del PCE, ejecutaron en el sitio a la mayoría los prisioneros.

El «Simancas» recibió por aquella defensa la corbata de la Cruz Laureada de San Fernando, condecoración que, a título póstumo, recibió también su coronel, don Antonio Pinilla Barceló.

Reconstituido el regimiento el 26 de noviembre, participó en la liberación de Oviedo, recibiendo la Medalla de esa ciudad, siendo otorgada también la Militar colectiva a los cuatrocientos cincuenta hombres que al mando del teniente coronel Jesús Teijeiro participaron en dicha operación.

CAPITULO 14

«SICILIA», DE TERCIO A REGIMIENTO

1-14 EL «TERCIO VIEJO DE SICILIA»

Carlos I de España firmó, el 23 de octubre de 1535, un decreto por el cual ordenaba al virrey de Nápoles reorganizar el ejército español en Italia. Con las tropas que guarnecía Sicilia se constituyó un tercio de doce compañías formadas por arcabuceros, coseletes y piqueros, que sumaban mil ochocientos hombres.

El mismo año de su creación participó el «Tercio de Sicilia» en la toma de la plaza norteafricana de La Goleta contra los turcos.

En 1536 se incrementaron sus efectivos hasta tres mil doscientos soldados, dándose su mando al maestre campo don Gerónimo de Mendoza.

En 1541 participó en la conquista de Karamina y la batalla de Kairuán, durante la expedición a Argel. Este tercio también participó en la toma de las plazas de Chierasco, en Piamonte, en 1542, y en las de Luxemburgo, Ligni, Dizier, en 1544 llegando, combatiendo por Alemania, hasta Hungría. En 1547 participó en la victoria de Mühlberg.

En 1565 participó en el socorro de Malta, y en 1567-78 combatió en Flandes en las acciones de Groninga, Geminghen y Guet. En 1569 y 1570 luchó contra los rebeldes moriscos en las Alpujarras, y en la batalla de Lepanto, en ambas campañas bajo el mando supremo de don Juan de Austria y con Diego Henríquez como maestre campo del tercio.

Bajo el mando de Julián Romano destacó el Tercio de Sicilia en los sitios de Mons, en 1572, y Harlem, en 1573, y en 1575 en el ataque a Filipland, bajo el mando esta vez del capitán Don Juan Osorio.

En 1580 participó en las tomas de Olivenza, castillo de Setúbal y Almeida, entre otra acciones, durante la campaña de Portugal y en 1588 embarca en la «Armada Invencible», participando en el combate de Nueva Caledonia.

En 1586 se inició en él la nueva ordenanza militar del 24 de junio, siendo la primera unidad militar del mundo en que se instauró el ejercicio de la gimnasia entre sus hombres. Fue también el modelo para la creación de los demás tercios.

Durante el siglo XVII combatió contra franceses y turcos, destacando en la Goleta, en 1612 y 1613,en el combate naval de Zante, en 1614, en la toma de varias plazas en el norte de Italia en 1625, y en la guerra de Sicilia, muy propio, de 1673 a 1678.

2-14 EL REGIMIENTO DE ÁFRICA

Felipe V, pretendiente Borbón, transformó los tercios en regimientos en 1706.

En esa fecha el regimiento Sicilia es enviado a España para luchar en la guerra de Sucesión y, en 1715 recibe el nombre de «África».

Ya con ese nombre combate en las campañas de Italia, con destacada intervención en la batalla de Bitonto y la toma de Gaeta, en 1734, en la conquista de Mesina, en 1735, la de Apremont,1742,el combate de Aigue-Ville,1743,el asalto de Villafranca, el combate de Madonna del Olmo,1744,y la batalla de Basignana, en 1745.

En 1765 el primer batallón combatió en Río de la Plata contra bandas de insurgentes americanos.

De 1776 a 1783 permaneció el regimiento en Orán, defendiendo esta plaza y la de Mazalquivir de los ataques moros.

Entre 1793 a 1795 luchó el «Sicilia» en el Pirineo navarro contra los franceses, destacando en las acciones de Eugui, en 1794 y Oyeregui, en 1795.En la primera de estas batallas resultó herido grave su coronel jefe, Don Francisco Javier Castaños y Aragorri, a quién salvaron la vida los granaderos de su regimiento. Por ello, el luego vencedor de Bailén, vistió ya siempre el uniforme de esta unidad, incluso siendo capitán general.

De 1798 a 1802 su tercer batallón estuvo de guarnición en Puerto Rico.

Durante la guerra de Independencia luchó en las batallas de Bailén y Tudela en 1808, en Talavera en 1809, en la defensa de Cádiz, en 1810, y las de Sagunto y Valencia en 1811. Ese año, para reponer bajas sufridas, se le agregaron el primer batallón de «Cuenca» y, en 1815, los regimientos «Almansa» y 2ª de «Voluntarios de Navarra». El famoso don Tomás de Zumalacárregui, fue designado para su mando cuando era coronel, aunque intrigas políticas le impidieron tomar posesión del cargo. Luego contra él, ya general, luchó el regimiento en las guerras carlistas.

En la guerra de Marruecos el regimiento tuvo destacada participación en las victorias de Tetuán y Uad Ras, en 1860.

3-14 EL REGIMIENTO «SICILIA»

En 1893 recuperó su antigua denominación de regimiento de «Sicilia», que mantuvo hasta el 3 de mayo de 1931 en que pasó a ser el Batallón de Montaña 1, añadiendo en 1935 su nombre de «Sicilia». En 1936 se sumó al alzamiento sin fisuras y, junto un batallón del «América», cuatro compañías de requetés y dos de Falange Española, formó la primera columna que salió de Pamplona hacia Somosierra, pasando por Logroño, el 20, donde se le incorporó artillería, Soria, el 22, y llegando a la sierra el 25 de julio. A lo largo de la guerra batallones que combatieron en Somosierra, campaña del Norte, Brunete, Teruel, ofensiva de Aragón, batalla del Ebro y ofensiva de Cataluña.

Terminada la guerra sus batallones constituyeron el Regimiento de Infantería 24 y, desaparecido éste el 1 de diciembre de 1943, los batallones de Infantería de Montaña 22, 23 y 24 con los nombres respectivos de Colón, Sicilia y Legázpi formaron la Agrupación de Montaña 8, convirtiéndose en 1951 en el Regimiento de Montaña 8. En 1960 el regimiento se transforma en 2ª Agrupación de Cazadores de Montaña de la división Navarra 62. El 1 de febrero de 1966 se crea el Regimiento de Cazadores de Montaña «Sicilia» 67, integrando los batallones de montaña «Legázpi» XXIII y «Colón» XXIV.

CAPITULO 15

LUIS PALACIOS, DE SOMOSIERRA AL PIRINEO

1-15 LA FORJA DE GRANDES MILITARES

Controlar el paso de Somosierra era vital para los dos bandos en lucha. Por ello Carlos Miralles, jefe de milicias de Renovación Española, nombrado capitán honorario por el general Mola, acude el mismo día 17 de julio a Somosierra, ocupando el túnel con otros catorce voluntarios también del partido del asesinado Calvo Sotelo. El día 19 el alcalde de Buitrago, con un numeroso grupo de milicianos frentepopulistas, consigue apresar a cinco de los hombres de Miralles –luego serán asesinados–, a los que sorprende; pero no puede tomar el túnel porque el resto los rechazan a tiros, muriendo uno de los defensores, José Carrere. Al día siguiente éstos reciben el refuerzo de treinta falangistas de Burgos, doce guardias civiles y los otros hermanos Miralles, Manuel y Luis, con algunos voluntarios de Renovación Española, alcanzando los cien hombres. Carlos ocupa Roblegordo y sus hermanos Buitrago. El día 22 Carlos muere cuando, con cuarenta y siete defensores, lucha contra más de un millar de milicianos. El día 24, tropas del «Sicilia» retoman Somosierra, y en ellas va el teniente Luis Palacios, de quien hablamos a continuación.

En la casa-cuartel de la Guardia Civil de Valdenoceda nació en 1910 Luis Palacios Beltrán. Era hijo de Mateo, cabo que se retiraría de teniente, y de Lucía.

Siendo Luis cadete de la Academia General Militar de Zaragoza, bajo la dirección de Francisco Franco, presenció la inauguración oficial de la misma por el rey Alfonso XIII, el 5 de junio de 1930 (aunque funcionaba desde 1927), y el 7 de ese mismo mes fue con los demás cadetes a Madrid, invitados por el Rey, al acto en que se impuso a Franco su segunda Medalla Militar. También fue testigo de la visita, el 26 de octubre, del ministro de la Guerra francés, André Maginot, quien dijo que la Academia General Militar era, sin duda, el primer centro de enseñanza militar de Europa.

El 15 de diciembre de ese año fue uno de los cadetes que, bajo el mando del general director, tomaron las armas para cortar la carretera entre Huesca y Zaragoza, a la altura de Zuera, para impedir el paso de las tropas del Regimiento «Galicia», sublevadas en Jaca por los capitanes izquierdistas Galán, Sediles y García Hernández.

Los rebeldes, tras conducir violentamente y en paños menores al comandante militar de la plaza, general Urruela, hasta el Ayuntamiento, donde lo encerraron con otros jefes y oficiales, matar a un sargento de la Guardia Civil y a dos carabineros, y causar también algunos heridos, colgaron de inmediato el siguiente Bando:

«Como delegado del Comité Revolucionario Nacional a todos los habitantes de esta Ciudad y Demarcación hago saber:

Artículo único: Todo aquel que se oponga, de palabra o por escrito, que conspire o haga armas contra la República naciente será fusilado sin formación de causa.

Dado en Jaca el 12 de diciembre de 1930. Fermín Galán».

Santiago Casares Quiroga había sido enviado por los conspiradores a Jaca para evitar que Galán se sublevase el día 12 y lograr que lo hiciese el 15, a la vez que los demás implicados del resto de España. Al no conseguirlo, Casares huyó a Francia por Somport.

Los cadetes no tuvieron que actuar pues, a las puertas de Huesca las tropas de Galán, medio muertas de hambre y de frío, fueron contenidas por la columna del jefe de la Brigada de Caballería de Zaragoza, general Dolla. Días más tarde, el alzamiento republicano de Gonzalo Queipo de Llano y Ramón Franco también fracasaría, en parte por rajarse a última hora la UGT, y en parte por el adelanto de Galán.

A Luis Palacios le tocó después asistir, el 14 de julio de 1931, al histórico discurso de su general director, Francisco Franco, cuando éste leyó a los cadetes su orden extraordinaria con motivo del cierre de la Academia General Militar.

Unos días antes, el 30 de junio, el recién nombrado ministro de la Guerra, Manuel Azaña, había firmado el decreto por el que se clausuraba esa modélica y moderna institución de enseñanza militar. El propio Azaña mintió a los periodistas cuando el 16 de julio les contestó que no había leído aún el discurso de Franco, y les dijo que una vez visto lo pasaría a su asesor para ver si podían actuar judicialmente contra él. El hecho cierto era que el día anterior ya había anotado en su diario críticas al mismo. Después, cuando Franco, cumpliendo su obligación de «disponible», se presentó al ministro Azaña mantuvieron ambos el siguiente diálogo:

«–He vuelto a leer su orden extraordinaria a los alumnos y quiero creer que usted no ha pensado lo que escribió.

–Sr. ministro, yo no escribo nada que no haya pensado antes» fue la respuesta del general Franco.

Veamos qué decía era ese discurso que tanto enojó a Azaña:

«Caballeros cadetes:

Quisiera celebrar este acto de despedida con la solemnidad de los años anteriores, en que, a los acordes del Himno Nacional, sacásemos por última vez nuestra bandera y, como ayer, besarais sus ricos tafetanes, recorriendo vuestros cuerpos el escalofrío de la emoción y nublándose vuestros ojos al conjuro de las glorias por ella encarnadas; pero la falta de bandera oficial limita nuestra fiesta a estos sentidos momentos en que, al haceros objeto de nuestra despedida, recibáis en lección de moral militar, mis últimos consejos.

Tres años lleva de vida la Academia General Militar, y su esplendoroso Sol se acerca ya al ocaso. Años que vivimos a vuestro lado educándoos e instruyéndoos y pretendiendo forjar para España el más competente y virtuoso plantel de oficiales que nación alguna lograra poseer.

Íntimas satisfacciones recogimos en nuestro espinoso camino cuando los más capacitados técnicos extranjeros prodigaron calurosos elogios a nuestra obra, estudiando y aplaudiendo nuestros sistemas y señalándolos como modelo entre las instituciones modernas de enseñanza militar. Satisfacciones íntimas que España ofrecemos, orgullosos de nuestra obra y convencidos de sus más óptimos frutos.

Estudiamos nuestro Ejército, sus vicios y sus virtudes, y corrigiendo aquellos, hemos acrecentado estas al compás que marcábamos una verdadera evolución de procedimientos y sistemas. Así vimos sucumbir los libros de texto, rígidos y arcaicos, ante el empuje de un profesorado moderno, consciente de su misión y reñido con bastardos intereses.

Las novatadas, antiguo vicio de academias y cuarteles, se desconocieron ante vuestra comprensión y noble hidalguía.

Las enfermedades venéreas, que un día aprisionaron, rebajándolas, a nuestras juventudes, no hicieron su aparición en este cuerpo, por la acción vigilante y adecuada profilaxis.

La instrucción física y los diarios ejercicios en el campo os prepararon militarmente dando a vuestros cuerpos aspecto de atletas y desterrando de los cuadros militares el oficial sietemesino y enteco. Los exámenes de ingreso, automáticos y anónimos, antes campo abonado de intrigas e influencias, no fueron bastardeados por la recomendación y el favor, y hoy podéis enorgulleceros de vuestro progreso, sin que os sonrojen los viejos y caducos procedimientos anteriores.

Revolución profunda en la enseñanza militar, que había de llevar como forzado corolario la intriga y la pasión entre quienes encontraban granjería en el mantenimiento de tan perniciosos sistemas.

Nuestro Decálogo del Cadete recogió de nuestras sabias Ordenanzas lo más puro y florido, para ofrecéroslo como credo indispensable que prendiese en vuestra vida, y en estos tiempos en que la caballerosidad y la hidalguía sufren constantes eclipses, hemos procurado afianzar nuestra fe de caballeros manteniendo entre vosotros una elevada espiritualidad.

Por ello, en estos momentos, cuando las reformas y nuevas orientaciones militares cierran las puertas de este centro, hemos de elevarnos y sobreponernos, acallando el interno dolor por la desaparición de nuestra obra, pensando con altruismo: se deshace la máquina, pero la obra queda; nuestra obra sois vosotros, los 720 oficiales que mañana vais a estar en contacto con el soldado, los que los vais a cuidar y dirigir, lo que, constituyendo un gran núcleo del Ejército profesional, vais a ser, sin duda, paladines de la lealtad, la caballerosidad, la disciplina, el cumplimiento del deber y el espíritu de sacrifico por la Patria, cualidades todas inherentes al verdadero soldado, entre las que destaca con puesto principal a la vida de los ejércitos la disciplina, esa excelsa virtud indispensable a la vida de los ejércitos y que estáis obligados a cuidar como las más preciada de vuestras prendas.

¡Disciplina!...nunca bien definida y comprendida. ¡Disciplina!...que no encierra mérito cuando la condición del mando nos es grata y llevadera. ¡Disciplina! que reviste su verdadero valor cuando el pensamiento aconseja lo contrario de lo que se

nos manda, cuando el corazón pugna por levantarse en íntima rebeldía, o cuando la arbitrariedad o el error van unidos a la acción del mando. Esta es la disciplina que practicamos. Este es el ejemplo que os ofrecemos.

Elevar siempre los pensamientos hacia la Patria y a ella sacrificarle todo, que si cabe opción o libre albedrío al sencillo ciudadano, no la tienen quienes reciben el sagrado depósito de las armas de la nación y a su servicio han de sacrificar todos sus actos.

Yo deseo que este compañerismo nacido en estos primeros tiempos de la vida militar, pasados juntos, perdure al correr de los años, y que nuestro amor a las armas de adopción tenga siempre por norte el bien de la Patria y la consideración y el mutuo afecto entre los compañeros del Ejército. Que si en la guerra habéis de necesitaros, es indispensable que en la paz hayáis aprendido a comprenderos y estimaros. Compañerismo que lleva en sí el socorro al camarada en desgracia, la alegría por su progreso, el aplauso al que destaca y la energía también con el descarriado o el perdido, pues vuestros generosos sentimientos han de tener como valladar el alto concepto del honor, y de este modo evitaréis que los que un día y otro delinquieron abusando de la benevolencia, que es complicidad de sus compañeros, mañana, encumbrados por un azar, puedan ser en el Ejército ejemplo pernicioso de inmoralidad e injusticia.

Concepto del honor que no es exclusivo de un Regimiento, Arma o Cuerpo; que es patrimonio del Ejército y se sujeta a las reglas tradicionales de la caballerosidad y la hidalguía, pecando gravemente quien crea velar por el buen nombre de su Cuerpo arrojando a otro lo que en el suyo no sirvió.

Achaque este que, por lo frecuente, no debo silenciar, ya que no nos queda el mañana para aconsejarnos.

No puedo deciros, como antes, que aquí dejáis vuestro solar, pues hoy desaparece; pero si puedo aseguraros que, repartidos por España, lo lleváis en vuestros corazones, y que en vuestra acción futura ponemos nuestras esperanzas e ilusiones; que, cuando al correr de los años blanqueen vuestras sienes y vuestra competencia profesional os haga maestros, habréis de apreciar lo grande y elevado de nuestra situación: entonces, vuestro recuerdo y sereno juicio ha de ser nuestra más preciosa recompensa.

Sintamos hoy al despedirnos la satisfacción del deber cumplido y unamos nuestros sentimientos y anhelos por la grandeza de la Patria gritando juntos ¡Viva España!».

Tras terminar el discurso, Franco se acercó a los cadetes y se despidió uno a uno. Sin duda el general les había causado una muy buena impresión pues, al estallar la guerra, con el Ejército divido casi al 50%, los que habían sido alumnos de quién fuera nombrado Generalísimo por sus compañeros, fueron todos partidarios de su bando, luchando a sus órdenes, o siendo fusilados si les tocó en la zona contraria y no pudieron escapar.

Luis Palacios conservó siempre el Decálogo del Cadete firmando por sus compañeros, entre ellos Miguel Moscardó hermano de Luis, adolescente asesinado por los «republicanos» por no rendir su padre, el entonces coronel Moscardó Ituarte, el Alcázar de Toledo.

2-15 DESTINO EN PAMPLONA

Teniente en julio de 1933, se incorpora el 1 de septiembre, en Pamplona, a la compañía de Armas del Batallón de Montaña 1 de la que, después, pasaría al Batallón de Montaña «Sicilia» 8 de esa misma ciudad.

En el otoño de 1934, cuando se produjo la sublevación de Asturias, acudió con su compañía a Zumárraga, de allí a San Sebastián y a Pasajes de San Pedro en donde permaneció hasta el 14 de noviembre. La Comisión Gestora de la Diputación Foral de Guipúzcoa le felicitó *por su brillante actuación* y las entidades mercantiles y náuticas del Puerto de Pasajes le hicieron llegar un diploma con su *testimonio de gratitud por su abnegado y admirable comportamiento en la defensa y pacificación de esta zona durante la huelga general revolucionaria*.

La tarde del 18 de julio de 1936 salió de la Ciudadela de Pamplona para llevar un mensaje al general Mola de José Moreno, comandante retirado por la ley Azaña y jefe de Falange Española en Navarra (su mujer, Ignacia Erro, su hijo Eduardo y un primo fueron asesinados en Madrid, en la puerta del hotel Asturias donde se alojaban por haber acudido a tratamiento médico; el delator fue Jesús Mozón Repáraz, dirigente comunista que las había reconocido). Camino de Capitanía, al pasar por la plaza de San Francisco, observó que algo sucedía en la Comandancia de la Guardia Civil, ubicada muy próxima a ésta, y se acercó a informarse de lo que ocurría.

Al parecer, el comandante Rodríguez Medel, jefe de la Guardia Civil en Navarra, había intentado llevarse a los guardias hacia Tudela para desde allí y con otras fuerzas rojas, enfrentarse a los alzados.

Ese jefe había formado a toda su fuerza en el patio y les había arengado, concluyendo su intervención así:

–«*Supongo que todos estaréis dispuestos a seguirme. No tengo por qué decir donde ni con qué objeto, porque los militares tienen obligación de seguir a sus jefes sin más. Lo único que puedo decir es que es preciso hacer un esfuerzo supremo, del que necesita el Gobierno en estos instantes*».

A continuación lanzó un ¡Viva la República!, que nadie contestó. Un segundo viva idéntico fue respondido con vivas a España. Inmediatamente ordenó a los guardias que subieran a los vehículos, momento en el que el capitán Auría le preguntó dónde los llevaba. La respuesta del comandante fue altanera, pero instantes después, al verse solo, intentó huir. El centinela de la puerta quiso sujetarlo y el comandante le hirió de un disparó, momento en que otros guardias abrieron fuego. Rodríguez Mendel cayó muerto en la acera, frente a la puerta principal del acuartelamiento.

El teniente Palacios, además de transmitirle a Mola el mensaje de Moreno, le dio puntual información de lo que acababa de suceder en la Comandancia.

3-15 EN LA COLUMNA GARCÍA ESCÁMEZ

El 19 de julio, el teniente Palacios, que en su diario anotará que es el «Día del resurgimiento de España», parte hacia el frente en la primera columna que sale de Navarra, mandada por el coronel García Escámez.

La fuerza está compuesta por las siguientes unidades:

Un batallón del Regimiento «América», formado por una compañía de voluntarios falangistas que manda el capitán Gerardo Días de Lastra; dos compañías de requetés al mando de los capitanes Moscoso del Prado (padre de quién fuera fiscal y miembro del Tribunal supremo con Franco, y tras su muerte, ministro de la UCD y del PSOE, abuelo del diputado socialista Juan Moscoso), y Vicario; y dos de soldados, una de fusiles mandada por el capitán Salas, y otra de ametralladoras al mando del teniente Francisco Belzunce.

Otro batallón, éste con el teniente coronel Galindo al frente, está integrado por la primera compañía, de soldados, al mando del capitán Villegas, la segunda, de voluntarios de Falange, al del capitán Gonzalo Díaz de Lastra, y dos compañías, tercera y cuarta, que son de requetés, dirigidas respectivamente por los capitanes Rubio y Villar, más una de ametralladoras, encabezada por el capitán Vizcaíno.

La columna, que lleva también una compañía del Grupo Mixto de Ingenieros, además de secciones de Sanidad e Intendencia, se desplazará sobre ciento cincuenta vehículos, entre camiones, autocares y automóviles de turismo. García Escámez lleva como pequeño estado mayor al comandante Ibisate y el capitán Barrera.

La fuerza es heterogénea, pero inspira confianza a su jefe por la gran motivación de los voluntarios, entre los que figura hasta el diputado tradicionalista Luis Arellano. Incluso se han alistado voluntarios renombrados miembros del PNV tras condenar en un comunicado de prensa que su partido en Guipúzcoa y Vizcaya se haya unido a los que persiguen la religión.

Algunos de estos harán importantes carreras en el Régimen de Franco, entre ellos Miguel Javier Urmeneta que, al acabar la guerra civil se alistó voluntario en la División Azul para luchar contra la URSS y, a la vuelta de Rusia llegó a comandante de Estado Mayor. Entre los años cincuenta y setenta Urmeneta sería director de la Caja de Ahorros Municipal de Pamplona, alcalde de Pamplona, diputado foral de Navarra y destacado jerarca del Movimiento Nacional. Después, una vez muerto Franco, llegó a declarar que su corazón estaba próximo a Herri Batasuna.

Luis Romero, en su obra Tres días de Julio, cuenta así la salida de la Columna de García Escámez:

«La despedida fue emocionante. Miles de pamplonicas han acudido a la explanada situada entre el cuartel en donde la columna se ha formado y la estación del Plazaola. El general (Mola) en persona con cuantos militares y civiles componen desde esta mañana su «plana mayor» ha hecho acto de presencia. Las familias, los amigos, las novias de los voluntarios y soldados, los curiosos, los entusiastas, formaban muchedumbre»

A las siete de la tarde el coronel García Escámez dio la orden de emprender la marcha hacia Logroño. Luis Palacios lo hizo en un camión al mando de un pelotón con un cañón de infantería de 70 mm. A esa ciudad llegaron a las seis de la mañana del día siguiente *«teniendo que sostener un fuerte tiroteo en la población para despejar a los rojos que quedaban allí»*, escribía Palacios. En la madrugada del día 21 siguieron la marcha hacia Somosierra y pasaron a tan solo a tres kilómetros de la casa de sus padres, en Soria, a los que no pudo acudir a saludar, pero sí les escribió diciendo: *«para Santiago estamos de vuelta»*. El día 22 cuenta que recibió sus primeros ataques aéreos con dos bombas por la mañana y 12 o 14 más por la tarde. El 23, de madrugada, llegaron a Almazán y continuaron hasta Aranda *«donde llegamos a las ocho de la noche hechos polvo»*, dice. Fue allí donde comieron caliente por primera vez desde la salida de Pamplona cuatro días antes.

4-15 FRENTE DE SOMOSIERRA

El 24 llegó a Cabezo de Abajo, frente de Somosierra, donde entregó el mando del pelotón a un sargento y se hizo cargo de las funciones de ayudante del batallón. Allí *«empieza la guerra propiamente dicha»*, escribe.

Esa tarde avanzaron hacia Pinto, durmiendo al raso en un bosque. En la madrugada del día de Santiago, asaltaron el puerto de Somosierra, tomándolo hacia el mediodía y fortificándose en las alturas. Ese día lo pasaron sin comer nada y les bombardeó la aviación roja, que también lo haría con intensidad los dos días siguientes. El 26 anota: *«La aviación ataca que es un primor»*, al tiempo que señala que a las cinco de la tarde les llega una lata de sardinas, y que por la noche el frío es horrible. El 27 escribe *«los aparatos no nos dejan ni un momento. Arrojan bombas a mantas»*. El 28 avanzan hasta Roblegordo donde *«El hambre y el frío por la noche siguen igual»*, y siguen alimentándose de latas de sardinas a las que desde entonces siempre llamará «rancho en frío». El 29 prosiguieron el avance y consiguieron llegar a unas alturas, sobre La Serna y Braojos, en las que se fortificaron. El 30 pone en su agenda: *«nos mortifica bastante la aviación, que sigue muy pesada, aunque no nos hace bajas»*.

El día de San Ignacio le caen encima piedras y tierra de la explosión de dos bombas de la aviación roja. Y el día 2 de agosto anota: *«se pasaron a nuestras filas 200 guardias civiles de Ciudad Real»*. El 3 ocupan las posiciones La Rocosa Media y Baja y escribe: *«aquí hieren a Hernández. Es el día que más tiros he oído en mi vida, silbaban que es un primor.»* Al día siguiente anota: *«Seguimos en la misma posición de ayer. El fuego, aunque es menor, es ininterrumpido. La comida ha mejorado. Hieren al pobre Heredia»*.

El que fuera su «enlace» en Somosierra, el pamplonés Rafael García Serrano, uno de los mejores escritores sobre la guerra civil, en su obra «La Fiel Infantería», aparecida en 1943, con la que ganó el Premio Nacional de Literatura, describió así al teniente Palacios en esos días de Somosierra:

«Alto y cetrino se acerco a nosotros el teniente Palacios.

–Venga, dos enlaces–

Saltamos Mario y yo. Nos aprestamos la cartuchera y en la mano –seguro lebrel– los fusiles.

–A sus órdenes mi teniente–

Al capitán Gonzalo, que tenga ojo. Se le viene encima un blindado. Que lo aguante como pueda. Va por allí.

De pie, señalaba a lo lejos una pista ferroviaria sin terminar, amenizada a veces por árboles solitarios.

–Tiene prisa. Hasta luego–

Echamos a correr la cuesta abajo. Mario iba delante, saltando las piedras y los matojos. Hala, camarada, veloz hacia los trigos de la llanura. Veloz en el descenso de cerro pedregoso, con las cercas desdentadas, sitiados del fuego. A veces estallaban las espigas, heridas de muerte, y un viento maligno se dejaba oír junto a los atolondrados oídos. Hala, camarada, hasta el trigo del llano. De morir, morir con las espigas. Caímos varias veces al suelo: Mario se levanta más raído que yo. Es difícil correr con la mochila, la bolsa de costado, el capote cruzado, el casco, las cartucheras, la cantimplora, el fusil y, por añadidura, la pistola del nueve que nos dieron a los enlaces cuando no había suficientes fusiles. Al llegar al llano se oían nuestras ametralladoras. Las de ellos chiflaban desde el amanecer.

–¿Oyes Mario? Tira la batería de Logroño.

–¿La del capitán Chacón?–

Sabíamos distinguirla por su exactitud, ya que en pocos días nos dio muchas veces la seguridad de sus churrazos.

–Debemos estar cerca.

Por las cunetas se veía a los falangistas, en hilera, avanzar. Sin darnos cuenta nos quedamos inmóviles mirándolos: todavía no nos acostumbrábamos a ver camaradas con fusil, combatiendo por los campos, fecundando a tiros la Patria. En quince días habíamos saltado de la clandestinidad a la intemperie, de la lucha sorda contra el estado a ser otro Estado, ofensivo, con sus tropas, sus códigos sin escribir, su justicia elemental. De estar fuera de la ley a imponer nuestra ley a tiro limpio. Era hermoso y costaba trabajo creerlo; pero allí estaba la guerra, la más real de las realidades, diciéndonos que sí, que aquello era una verdad ganada a puños.

–Parecemos tontos. Vamos

Y otra vez empezamos a andar, más lentamente.

–¿El capitán?

–Adelante va.

Mario se atusó con ligereza. Puso simétricas las cartucheras y el casco lo colocó inclinado, con aire vano, más como quien va a saludar a una chica que como quien ha de dar un parte. Luego alzó los hombros y la mochila. Y seguimos.»

Añade en otro texto Rafael que aquel blindado le costó una pierna a un amigo suyo.

5-15 HERIDO EN COMBATE

El día 5 de agosto Luis Palacios resulto herido de un balazo, con pronóstico grave. Él lo cuenta así:

«Estoy en la Rocosa Baja. A las dos de la tarde me sacuden un tiro y todos creen que me ha matado. El susto es mayúsculo. Me cura Braulio Ordóñez y me trasladan al hospital de Aranda, donde me dejan en observación».

García Serrano lo narra así en 'La Fiel Infantería':

«Bajaban un muerto. Tenía la cara de cera y el pelo se revolvía sobre la frente como una corona de espinas. Era un soldado. No sabíamos cuál fue su vida, pero estuvo junto a nosotros en horas decisivas, pegado al suelo, saltando hacia delante bajo la metralla y el sol de aquellos días. Mientras los acemileros echaban un trago, Mario estiró la oreja a un papel que asomaba por el bolsillo de la camisa. La fecha y nada más; volvimos a beber. Se lo llevaban sobre un mulo moviéndose al compás, muerto ya sin nombre a unos metros de sus camaradas.

–Pensaba en escribir...

Se quedó el corro silencioso, meditando la epístola que nadie recibiría. Mario nos enseñó entonces el documento que llevaba sobre sí para evitar ser un soldado desconocido. En un pliego había escrito: «El camarada Mario murió por la Patria, la Falange y José Antonio». Y la dirección de sus padres al dorso.

Aquello era profundamente serio, trágico, pero nos hizo reír y olvidamos al muerto del mulo. Oscurecía en el campo casi de golpe. Los trigos se agitaban al suave viento frío. Hicimos un corro más íntimo y nos abrigamos con los capotes. Faltaba poco para sortear las guardias cuando llegaron Antonio y Nicolás.

–¿Sabéis a quien le han cascao? A Palacios, a Emilio Palacios, el falangista. Iba en una camilla con la pierna colgando. Si se salva la perderá.

Y Nicolás (Ardanaz), requeté patilludo, con la cara afilada y la nariz como en avanzadilla, buscando siempre la última noticia o el saco de alubias o la vaca que se puede cazar o el vino recién llegado, añadió sorprendiéndonos:

–Y yo me he cruzado con el teniente Palacios. Tiene un tiro en la ingle. Hum..., mal asunto llamarse Palacios hoy.»

El teniente José María Villar de Imaña, que moriría en combate el año siguiente, escribe a Palacios unos días después:

«Ayer recibí tu carta y me alegró mucho el saber que ya estás bien y sobre todo fuera de peligro. No te puedes imaginar la impresión que me hizo cuando me lo dijeron. Además, las primeras noticias eran que la herida era muy grave. Luego ya nos enteramos de la suerte que habías tenido...»

Al día siguiente de caer herido el teniente Palacios anota:*«...estoy muy bien atendido».* Y, durante su convalecencia recoge algunos apuntes: *«Bombardean Burgos».* *«Matan al pobre Rubio en Navafría».* *«Veo Irún y me da mucha pena»*

(Recordemos que Irún fue incendiado por los «republicanos» en retirada) *«Me entero que han matado al pobre Gómez».*

El 23 de septiembre se reincorpora a su unidad, que se encontraba en Navafría (Segovia). El día 28 anota: *«Subo a La Polvorosa y aquí me quedo a pasar una temporada. Estamos a 2.100 metros de altura, corre un gris que pela».* *«Hace un frío horrible, con una niebla y un viento que nos obliga a no poder salir de la chabola».* *«Ha nevado y el tiempo se pone horrible».* *«Todo sigue igual, tranquilidad y frío».* *«La niebla aparece y es muy fácil despistarse».*

6-15 EL PRIMO ASESINADO

En esos momentos desconocía la suerte que había corrido su primo, el misionero claretiano José Figuero Beltrán, al que habían asesinado el 15 de agosto en Barbastro donde los «republicanos» también ejecutaron al obispo, cinco seminaristas, nueve padres Escolapios, dieciocho monjes Benedictinos y cincuenta y un misioneros del Corazón de María (claretianos), además de decenas de civiles.

El 20 de julio, unos sesenta milicianos con emblemas del PSOE, después de una infructuosa inspección de todas las dependencias del colegio de los Claretianos en busca de armas, les detuvieron. A los tres superiores los llevaron a la cárcel, a dos que estaban enfermos al hospital y al resto de los seminaristas los condujeron al salón de actos del colegio de los Escolapios y allá, en un espacio de 25 x 9 metros cuadrados en el que el calor era de horno, con pocos enseres y una falta total de higiene los tuvieron hasta el momento de su martirio, no sin antes someterlos a torturas, vejaciones y golpes, así como a simulacros de ejecuciones sumarias.

A partir del 2 de agosto y en sucesivos días los fueron asesinados. Primero, cinco. Después, seis. Otro día, veinte. Por eso los que a partir del día 13 seguían esperando la que sabían que era una muerte segura, dejaron mensajes y cartas de despedida para sus familiares, escondidas entre los muebles del salón de actos. La de José Figuero decía así:

«Mis queridos padres y hermano: desde la prisión donde me hallo desde el día 20 de julio con 49 compañeros, les dirijo las presentes líneas que serán las últimas de mi vida.

Pronto voy a ser mártir de Jesucristo. No lloren mi suerte, pues morir por Jesucristo es vivir eternamente. Mi vida la ofrezco, como es natural, por ustedes y por toda mi familia, a fin de que llegue el día venturoso en que podamos vernos todos reunidos en el Cielo.

También la ofrezco por la salvación de mi querida Patria, la desventurada España, y por la salvación de las almas de todo el mundo.

En el Cielo espero encontrar a Alfonso y en el Cielo rogaré por ustedes para que se salven. Que felicidad la nuestra mis queridos padres, si dentro de un número más o menos largo de años nos encontramos juntos en el Cielo. Yo en este momento ruego al Señor les dé a ustedes fortaleza para sobrellevar tan rudo golpe.

Aquí han fusilado al Obispo y a todo el Cabildo catedralicio, a muchos sacerdotes de la ciudad y de los pueblos circunvecinos, y a muchos paisanos.

Al escribir estas líneas, 13 de agosto, han sucumbido unos 30 compañeros nuestros y mañana, día de mi cumpleaños, espero ir directo al Cielo.

Adiós mis queridos padres, amado hermano y recordadísima familia. Adiós, hasta el Cielo.

Nunca como ahora les ama su hijo que muere sereno y tranquilo porque muere por Jesucristo. José». Rubricado C.M.F.

«Ruego encarecidamente a quien halle este papel lo envíe a mi familia. Las señas son: Burgos por Aranda de Duero, Sr. Don José Figueiro-Gumiel del Mercado».

Otros de aquellos jóvenes seminaristas escriben:

«Al recibir estas líneas canten al Señor por el don tan grande y señalado como es el martirio que el Señor se digan a concederme» o «No ploreu per mi. Sóc màrtir de Jesucrist».

El día 15 de aquel sangriento agosto los milicianos les preguntaron a los 20 que aun quedaban vivos:

–«¿Adónde queréis ir, al frente a luchar contra el fascismo o a ser fusilados?

–Preferimos morir por Dios y por España, fue la respuesta de los jóvenes».

Atados de dos en dos los trasladaron en un camión hacia la ejecución. Cuando una nueva invitación de los izquierdistas a que renunciaran a la religión y se unieran a su lucha fue contestada con gritos de ¡Viva Cristo Rey!, los milicianos socialistas comenzaron a descargarles brutales golpes con sus culatas que eran respondidos con vivas a Cristo Rey, la Asunción de María y el Papa. Los seminaristas fueron arrojados brutalmente del camión a tierra donde siguieron siendo golpeados mientras intentaban ponerse de rodillas con los brazos en cruz. Allí los vivas y las expresiones de perdón de los seminaristas se mezclaron con los estampidos de las armas de los «republicanos», quienes después los dejaron desangrándose allí hasta la muerte, más de una hora el algunos casos.

El 25 de octubre de 1992 Luis Palacios acudirá a Roma a la beatificación de su primo y de los demás mártires claretianos de Barbastro.

7-15 COMBATES EN LAS CUMBRES

En Navafría está el teniente Palacios el día 11 de octubre y allá anota en su agenda: *«Santo de mi novia. Domingo. Oigo misa con frío y una niebla grande. Para ir al barracón me despisto dos veces».* Al día siguiente, festividad de la Virgen del Pilar, escribe: *«También oímos misa, tiritando como ayer. El día lo pasamos en la chabola, pues es imposible salir de allí».* Y el 13 añade: *«Mucho humo en la chabola y nos volvemos negros».*

El 31 de octubre es trasladado con todo el batallón a Aoslos donde ocupan Loma Negra y anota: *«No me matan de milagro. Matan al pobre Heredia y hieren a Leyún» «Sufriendo el fuego de la artillería enemiga».*

El 1 de noviembre Palacios se vuelve a hacer cargo de la sección de máquinas y, «*sufriendo el fuego de la artillería enemiga*», viendo caer a sus compañeros y sin noticias de su novia desde el mes de julio, van pasando las semanas y también la Navidad de 1936.

En enero se traslada a Loma Verde, donde se agrega a su Sección un cañón de 70 mm. Es allá, en el frente, donde el 24 de enero recibe un telegrama de su novia Pilar que decía así: «*Estoy en San Sebastián, mañana Pamplona*». Al leerlo se puso a dar saltos de alegría y a gritar «*Mi novia se ha fugado de zona roja*».

En los días sucesivos escribirá en su diario: «*El frío horroroso y la ventisca enorme. Las trincheras están con medio metro de agua*», «*Salir de la cueva es jugarse la vida*», «*El frío y la lluvia nos matan. Por la tarde para de llover y el huracán es enorme*».

Una semana después, el día 30, recibió el permiso que había solicitado para reencontrarse con su novia que desde Madrid había pasado a la zona nacional. Partió para Pamplona a donde llegó el día 31.

Allá Pilar Zuasti le contó el ambiente de terror que se vivía en el Madrid de las checas y le habló de las patrullas de la Jefatura de Orden Público, dirigida por el estalinista hoy homenajeado Santiago Carrillo, que asesinaban a millares de personas por no ser suficientemente marxistas, por ser católicos, por envidias o, simplemente, para robarles sus propiedades.

Ella, junto con su hermana Conchita, a las que pilló la guerra en Madrid haciendo oposiciones de cátedra, idearon un plan para huir de ese horror. Salieron en una expedición de la Casa Vasca que, por Valencia y Barcelona se dirigía a Francia para terminar en Bilbao, que también era zona roja. Ambas hermanas, una vez que pasaron la frontera por Port Bou y se vieron en suelo francés, se «despistaron» del resto de la expedición y se dirigieron a San Juan de Luz, donde lograron unos salvoconductos del Consulado de la España nacional allí instalado y con ellos entraron por Irún.

Luis tras su permiso se reincorporó al frente donde siguió describiendo como «*derribamos los parapetos enemigos con el cañón de 70 mm*» y sigue hablando de «*frío horrible y nieve*».

8-15 EL CAPITÁN PALACIOS

El Batallón 8 del «Sicilia» fue trasladado al frente de Guadalajara donde se entera de su ascenso a capitán. El 1 de abril anotaría en su agenda: «*Me pongo las tres estrellas y me hago cargo de la 1ª Compañía*». En días sucesivos dirá que hay «*aburrimiento y tranquilidad*» en el frente, lo que permite que el día 28 pueda recibir la visita de su padre el día 28. Dos días después escribirá:

«*...por la noche hay un pequeño tiroteo y se pasa un miliciano a nuestras filas*» y el 6 «*todos los días nos visita la aviación roja aunque no nos atine*».

Tras disfrutar de un pequeño permiso, el 16 de mayo es destinado a Pamplona a mandar la 1ª Compañía del Batallón de Reserva Estratégica 134, de la División 106, que en esos momentos se estaba organizando. Durante esos preparativos y antes de volver al frente, el 23 de julio de 1937, se casa con Pilar en Pamplona y tras, un viaje de novios a San Sebastián y Roncal, entregan sus alianzas y otras pertenencias de oro, a la masiva suscripción a favor del bando Nacional que se estaba desarrollando.

El 19 de octubre, al mando de la compañía de ametralladoras del Batallón 134, abandona su nuevo hogar y se dirige al frente de Teruel donde, debido al frío extremo de ese invierno, cae enfermo siendo evacuado al hospital el 25 de enero.

Se reincorpora de nuevo al frente el 26 de abril, y toma el mando de la 1ª Compañía del Batallón de Montaña «Las Navas» nº 2, en Figuerola de Orcau; con ella participó en diversas operaciones en la campaña de Cataluña, conquistando pueblos, haciendo prisioneros y soportando bombardeos.

Acabada la campaña de Cataluña, y tras unos días de permiso en Pamplona, fue enviado nuevamente con su unidad al frente de Guadalajara donde intervino en la ofensiva final hacia Madrid. Llegándole el fin de la guerra en Torija.

9-15 EL GENERAL PALACIOS

Ya en la paz, el capitán Palacios estuvo destinado en como profesor de la Academia de Transformación de Infantería de Zaragoza, en el Regimiento 52 de esa ciudad, como profesor de la Milicia Universitaria en el Campamento de Las Chapas de Marbella, y en el Batallón de Montaña «Ciudad Rodrigo». En 1944, estando con su batallón en Guipúzcoa, le llegó el ascenso a comandante.

Hasta comienzos de la década de los cincuenta y debido a la campaña del maquis, y destinado en el Batallón «Montejurra» XX, tuvo que estar destacado casi permanentemente por tierras guipuzcoanas y por el Pirineo navarro. Después, ya en Pamplona, desempeñó diferentes destinos hasta que en 1957 ascendió a teniente coronel y, tras una breve etapa como ayudante del general de la División, fue jefe de los batallones «América» XIX y «Montejurra» XX, y Mayor del Regimiento. Ascendido a coronel en 1965, estuvo unos meses al mando de la Zona de Reclutamiento de Pamplona. De allí fue destinado a Jaca, como 2º Jefe de la Escuela Militar de Montaña y, de nuevo, el 3 de abril de 1967, volvió a Pamplona, donde se hizo cargo del mando del Regimiento «América» nº 66. En los tres años que estuvo al frente de él le correspondió trasladarlo, el 27 de noviembre de 1968, desde los cuarteles de la céntrica calle General Chinchilla hasta las nuevas instalaciones de Aizoáin. Por eso, unos días después, el 22 de diciembre, tuvo que hacer la entrega oficial del antiguo cuartel al Ayuntamiento de Pamplona en un acto en el que, después de una misa y un homenaje en el Monumento a los Muertos en la Cruzada, los ex combatientes que de él salieron en 1936 más los que en él habían cumplido el Servicio Militar, renovaron su juramento a la bandera. Al finalizar, el coronel Palacios arrió la bandera por última vez, y entregó las llaves al alcalde de Pamplona. Años después en ese solar se construiría el Palacio de Congresos y Exposiciones «Baluarte».

El 22 de mayo de 1970 Luis Palacios ascendió a general de brigada, siendo después gobernador militar de El Ferrol del Caudillo, jefe de la Brigada de Alta Montaña, y gobernador militar de Tarragona. Tras pasar a la reserva en agosto de 1976, se instaló definitivamente en Pamplona, desde donde tuvo que sufrir de cerca asesinatos de amigos y compañeros, como los comandantes Joaquín Imaz o Jesús Alcocer, el teniente coronel José Luis Prieto, los coroneles Diego Montes y Emilio Saracibar o los generales Juan Atarés y Rafael Garrido, éste asesinado junto a su mujer y a uno de sus hijos, o el matrimonio formado por Joaquín Viola y Monserrat Tarragona, todos ellos a manos de separatistas vascos o catalanes. Entre los momentos alegres la satisfacción de imponer a su hijo Luis la faja de general en julio de 1994; lo hizo en el acuartelamiento del «Sicilia» que había mandado como coronel, y del que salió al frente en 1936. Y vio cómo su hijo era el primer general que mandó una brigada española en el conflicto de la antigua Yugoslavia, y se puso a sus órdenes cuando en 1997 ascendió a general de división. El último acto oficial al que acudió fue al de la toma de posesión de su hijo José Ignacio, como consejero del Gobierno de Navarra.

El general Palacios Beltrán falleció en Pamplona el 24 de octubre de 1998 dejando entre todos los que le conocieron el recuerdo de un buen militar.

CAPÍTULO 16

TROPAS DE MONTAÑA EN VASCONGADAS 1936/37

1-16 PRIMEROS COMBATES EN GUIPÚZCOA

El Partido Nacionalista Vasco se sumó al alzamiento cívico-militar de julio de 1936 en Navarra y Álava, donde habían triunfado sin dificultad los alzados, mientras en Guipúzcoa y Vizcaya permaneció neutral hasta ver quien dominaba San Sebastián; y ello a pesar de que Vizcaya había quedado en manos del Frente Popular sin problemas al ponerse de parte de éstos el Batallón de montaña «Garellano».

El PNV disponía de una rama, los mendigoizales, (montañeros en vascuence) que habían protagonizado choques contra las milicias socialistas anteriormente.

En 1934 los mendigoizales habían sufrido una escisión de sus «montañeros» más independentistas, que se agruparon en torno a la revista «Segi Segi» en el grupo del mismo nombre, y que en julio de 1936 se iba a constituir en partido político; en Vizcaya había sido casi toda la milicia del PNV la que se les había pasado. Dado que esta organización se mostró decididamente partidaria de no participar en «un enfrentamiento entre españoles» (sic) quizás a ello se deba que tampoco en Bilbao el PNV se movilizase contra el Alzamiento.

En San Sebastián el diputado por Guipúzcoa Manuel Irujo intentó forzar la beligerancia a través de unas declaraciones en la radio, contestadas de inmediato por una nota a favor de la neutralidad por parte del máximo órgano del Partido Nacionalista Vasco, el Euskadi Buru Batzar, pero no pudieron publicarse al impedir un tiroteo a sus portadores llegar al periódico.

La otra fuerza nacionalista, mucho menor, ANV, de carácter marxista, sí se había puesto desde el primer momento al lado de las milicias de UGT-PSOE, CNT y PCE que combatían a los alzados.

Éstos, a pesar de su falta de dirección, escasas tropas, y varios errores, y gracias a su valentía, habían logrado tomar diversos puntos en el centro de la ciudad ocupando posiciones en los alrededores de los cuarteles de Loyola. Pero cuando a las milicias marxistas y anarquistas, y guardias civiles y de asalto que les combatían, se les sumaron refuerzos venidos de otros puntos de Vascongadas incluyendo tropas del Batallón de Montaña «Garellano» 6, fueron perdiendo una a una sus posiciones en el centro de la ciudad (Comandancia Militar, Gran Casino, Club Náutico y Hotel María Cristina). Al día siguiente de tomar las milicias de PSOE-UGT y CNT el hotel María Cristina, y apresar a los sublevados que tenían rodeados, el periódico donostiarra Frente Popular publicó este anuncio:

«Se ruega a quien encontró en el Hotel Mª Cristina, piso 2º, todos los objetos allí existentes, los entregue en Vergara 12, Hotel Vasco, donde se guardará la más absoluta reserva y se gratificará, por ser recuerdos de familia». Claro que pocos días más tarde este mismo medio publicaba esta también curiosa noticia:

«Por parte de milicias obreras de Santander se procede a detener a los que estaban en el Seminario de Comillas, que eran unos doscientos, todos vestidos de sacerdotes. Los milicianos registraron el seminario incautando el dinero».

2-16 Las cónicas del periódico Frente Popular

Cuando a los sublevados no les quedan más que los cuarteles donde están rodeados y sufren bombardeos, el PNV se ofrece como mediador, ofreciéndoles respetar su vida.

El 29 de julio el diario «Frente Popular» anuncia que han capitulado los cercados, siendo detenidos militares, carabineros, miembros de la policía y paisanos, que se sumaron a otros militares y guardias civiles apresados en los edificios del centro urbano. La mayoría serán asesinados en los meses próximos.

El día 1 de agosto publica el citado medio donostiarra, entre noticias de deserciones, derrotas y desbandadas del enemigo, que además no tiene municiones ni materiales, que:

«Cierto número de exaltados elementos, que vienen dando la vida por la legalidad y la república, que veían como eran respetados y bien tratados los prisioneros militares y paisanos que han llenado de sangre la ciudad, asaltaron la cárcel de Ondarreta y cumplieron la justicia del pueblo». También fueron asesinados muchos detenidos por ser de derechas o carlistas en muchos otros puntos como la prisión de Larrinaga o la ría en Bilbao, o el fuerte de San Marcial en Irún.

El 3 de agosto habla del emplazamiento de potentes piezas de artillería y la ocupación de posiciones estratégicas en el frente de Tolosa, para dificultar el avance enemigo y preparar el contraataque. Además comenta en que hay allí una *«sólida y bien pertrechada columna»* que *«arde en deseos de entrar en acción».* Luego dedica un artículo a insultar y amenazar al tenor Miguel Fleta por «carlista» (en realidad el ilustre cantante aragonés era miembro de Falange, siendo uno de los portadores del féretro de Miguel de Unamuno, junto con el escritor Foxá, el pintor Crispín y otros falangistas).

El día 7 aparece esta noticia:

«Nuestras fuerzas en la zona y frente de Tolosa se dedicaron a reforzar posiciones estratégicas y a construir parapetos, atrincheramientos y alambradas. Todas estas medidas de prudente precaución, que no conviene olvidar en una guerra civil de esta naturaleza, no quiere decir que sea preciso utilizarlas. Por el contrario, todo hace presumir que nuestras fuerzas habrán de rebasar rápidamente el área de sus posiciones defensivas y que discurrirán por terreno enemigo. Éste se encuentra desmoralizado y falto de aprovisionamientos, según todos los informes de nuestro servicio de inteligencia». El 9 habla de que *«se replicó al ataque manteniéndolos a raya con réplica enérgica. La artillería se emplazó en situación estratégica y bombardeó las posiciones enemigas en los montes».* El 10 informa de nuevas obras para defender Tolosa que considera «insuperables» para el 12 sorprendernos con esta crónica:

«Ya entraron los requetés, unos pocos, muy pocos en Tolosa. Y han tenido con ello la ocasión las radios facciosas de lanzar sus ondas y manejar la hipérbole y el engaño para decir a los españoles que tienen aun engañados que han logrado una

brillante victoria. Lo cierto es que la previsión de nuestro bando, como anunciábamos en días pasados, ha sido exactamente acertadas. Tolosa era un lugar de encierro de inactividad para nuestras tropas, retenidas por un paqueo enemigo que sólo servía para hacer gasto de municiones.

La idea de rectificar el frente, previo abandono de la capital foral, se ha llevado a cabo perfectamente. Ya han entrado los requetés en Tolosa. Mejor dicho han caído en la encerrona que se les tendió para que libremente pudieran entrar. Ya están en Tolosa. Ahora lo difícil es salir de Tolosa, moverse de la vieja capital foral.

Consecuencia inmediata de esta brillante actuación de nuestros leales milicianos ha sido que la desmoralización haya ganado el ánimo de los requetés. Por tanto la situación es esta: nuestras fuerzas que han permanecido en Tolosa luchando por la posesión de alguna que otra posición, al sur de la población, han dejado ésta y han pasado a dominarla desde las alturas de la parte norte.

Mientras en la vanguardia ha mantenido una actividad de tan positivos rendimientos, se ha trabajado con intensidad.

La rectificación del frente ha sido una idea afortunada. Y su consecuencia afirmar en las tropas de la República y el pueblo dos lemas. Uno para pocos días que dice: no pasarán.

Otro de realización muy próximamente inmediata que es el siguiente ¡A Navarra!». Hilarante.

El día 15, Frente Popular informa de combates en el casco urbano de Rentería y que la Gaceta de Madrid (BOE de la época) convoca concurso público de obras para su defensa:

«El gobierno autoriza al ministerio de Obras Públicas para subastar la ejecución de las obras para la defensa de Rentería, con presupuesto de 3.219.107,72 pesetas, a pagar el estado el 75% y la Diputación de Guipúzcoa el 25% en cinco años».

Añade la detención en la sierra del señor Sánchez Fuster, secretario de Lerroux *«que no pudo justificar su presencia».*

El 16 hay otra crónica sorprendente:

«Tenemos posiciones extremadamente sólidas que permiten mirar con tranquilidad el futuro. Sobre todo emplazamos la lucha en el terreno que apetecía el enemigo. Por esta vez volvimos la espalda al aforismo y vamos a luchar con las armas del adversario. Pronto se verá si esta táctica tiene la eficacia prevista».

El día 24 de agosto publica que *«El ayuntamiento de Bilbao, declarando traidor a Unamuno, revoca todos los acuerdos de homenaje hechos a su favor».* Unos días antes, el 10, ha pedido se tenga en cuenta que el diestro «Algabeño» lucha a factor de «los fascistas» para que se tomen medidas contra él. El diario socialista Solidaridad Obrera escribirá *«Pepe Ortega y Gasset, taumaturgo averiado y filósofo de pacotilla, histrión. En nuestra casa no le queremos. Para atacar no tiene categoría y en cuanto a comparsa le hemos suprimido».* (10-4-1937)

Más les valió a todos ellos hallarse en zona «nacional», pues esos artículos eran auténticas sentencias de muerte que les hubiesen llevado a ser ejecutados por los «republicanos» como lo fueron los escritores Pedro Muñoz Seca, Ramiro de Maéztu, Honorio Maura, Victor Pradera (y su hijo), Manuel Delgado Barret, Ramiro Ledesma Ramos, Enrique Estévez Ortega, Manuel Bueno Bengoechea, José Canalejas Fernández, Alfonso Lopez Nuñez, Luis Carpio Moraga, el pintor Luis Huidobro, el compositor Manuel Font Anta, el historiador Ramiro de Vilanova o el héroe aeronáutico Julio Ruiz de Alda, entre muchos otros.

3-16 LOS «MENDIGOIZALES» (MONTAÑEROS)

El 18 de agosto, un mes después del comienzo de la sublevación, el diario donostiarra publica:

«Pero ahora los nacionalistas ha dejado de ser la parte civil colaborante para convertirse en la parte civil actuante. Es decir, en el elemento de lucha. Ayer caminó los primeros pasos. Y clavó los primeros alirones de triunfo. Por la zona de Azpeitia, una columna de mendigoizales, familiarizados con el terreno, conocedores de apriscos y vericuetos, realizó varias incursiones por terreno enemigo y copó en no pocos puntos y puso en fuga a varias partidas facciosas. Hombres de músculo duro y de resistencia inagotable, saben andar cuarenta kilómetros en un día y al final de la marcha liarse a tiros con su propia sombra. ¡Ah! También ellos tienen de instinto guerrilleros, pero con una ventaja en la lucha».«Van a batir al enemigo en su propia salsa. Van a darle muchos quebraderos de cabeza. Estas patrullas volantes con una flexibilidad maravillosa, traerán en jaque a los flancos facciosos y acabarán por desarticular sus líneas.»

Aunque añade después que *«los carlistas se refugian en la emboscada y la traición. Amagan detrás y hieren por la espalda».«Pasado el desconcierto de las primeras escaramuzas en la montaña, frente a unos individuos que, a falta de otras cualidades, es indudable que tienen en instinto guerrillero del cura Santa Cruz, el combate se emplaza en la posición que ellos quieren y que tampoco hemos de eludir. Pero hay que dar cada día más pruebas de altivez, de espíritu, de temperamento, de ardor combativo, de empuje. Hay que sentar plaza por el suelo para no retroceder».* Se podría pensar que el articulista, amén de un rato cursi, es un saboteador enemigo.

El 19 de agosto publica Frente Popular:

«El grupo de mendigoizales que ayer se unió a las fuerzas de este frente ha comenzado a hacer de las suyas. Ayer realizó una serie de incursiones, más que nada para tantear el terreno».«Sus correrías guerrilleras han obligado al enemigo a un amplio despliegue para evitar mayores descalabros que los que ha sufrido».

Estos primeros milicianos nacionalistas eran unos 300, luego se irían incorporando más. La zona de actuación a que refiere la prensa era cercana a su cuartel de Loyola, informando esos días de un muerto y media docena de heridos entre los «montañeros». Mientras, las columnas navarras avanzaban hacia Irún y Tolosa.

El 20 de agosto publica Frente Popular:

«Los carlistas son unos auténticos herejes y el autentico sentido cristiano reside en las fuerzas del Frente Popular» y poco después, hablando de un convento de la

calle Hortaleza de Madrid, incautado y convertido en cárcel, que *«están debidamente encerrados 793 presos porque, aunque ninguno de los actuales huéspedes de San Antón tomó armas contra la república, son generales, frailes, facciosos, un ex comisario, un diputado cedista y un subsecretario de presidencia»*, aclarando que *«Están encerrados todos los frailes del Escorial –107 exactamente– y unos cuantos misioneros»* pero protestando el citado periódico porque *«los curas escasean».* Indica que *«los reclusos no tienen cama, duermen en el suelo, descuidan su aseo y se muestran desesperanzados. Pero no dan guerra. Y si quisieran darla no se les consentiría».*

La mayoría serán asesinados poco después por patrullas de la Milicia de Vigilancia dependiente de Santiago Carrillo, Jefe de Orden Público Madrid.

El día 8 de septiembre de 1939 publica Frente Popular:

«Los mendigoizales realizaron unas audaces incursiones sin haber hallado enemigos.», claro que los combates duros se estaban dando en ese momento en los alrededores de San Sebastián y Hernani, y no en Azpeitia, donde ubica FP dichas incursiones. Añade que los mendigoizales *«…bregan con eficacia hacia objetivos concretos del enemigo trayéndole a mal traer»*, y que el capitán de los mismos Saseta ya está restablecido de una herida recibida días atrás.

Y en jornadas sucesivas nos dice:

«La guerra de guerrillas podrá ser bien (sic) a los requetés, pero los hijos de nuestras montañas no tiene nada que envidiarles».«Esa brava muchachada medigoizale realizó ayer fulmíneas (sic) incursiones en toda la zona rescatando posiciones, conquistando terreno y trayendo en jaque a fracciones carlistas mucho más nutridas que las suyas. Toda la zona de Vidania, por donde habían merodeado los hijos de la bárbara tradición, vive ya bajo el dominio y señorío de los paladines de la ciudadanía».

El día 28, y a pesar de que parte de la población de Tolosa ha huido hacia Navarra, doscientos tolosarras son detenidos. De ellos catorce son trasladados a San Sebastián y fusilados en el Paseo Nuevo. Otros serán asesinados más adelante.

En esas fechas, y a pesar de que la prensa frentepopulista anunciaba continuas retiradas de las columnas navarras, y sus desbandadas, desmoralización y carencia de medios, el mismo periódico añadía que *«el fuerte de Guadalupe es inconquistable y tiene a tiro a los facciosos»* y que *«las baterías del fuerte de Irún habían matado muchos carlistas»*; los reiteradamente derrotados navarros habían avanzado mucho hacia sus objetivos, combatiendo ya en las cercanías de esa ciudad.

El 1 de septiembre, las unidades del PNV desfilan en la playa de Laga, monte Archanda, Ispaster y Lamiaco, como culminación de sus ejercicios tácticos, mientras Irún está a punto de ser tomado por los navarros, como se puede entrever en los textos de la prensa donostiarra, que el día 3 publica:

«…el enemigo concede demasiada importancia a la ciudad fronteriza», que justo el día anterior llamaba *«Sagrario inaccesible de la civilidad hispana»* y *«Loor y prez de la ciudadanía española»* (Frente Popular, 2-9-1936).

El día 4, del fuerte de San Marcial, de cuya «*inexpugnabilidad, buen situación y eficacia de sus cañones*» nos hablaba recientemente nos dice que «*su posesión no tiene más que el efecto de un valor simplemente moral, porque está batido en todo momento*». En realidad para ese día la columna Beorlegui ya ha tomado toda la ciudad, que los «republicanos» han incendiado antes de pasar a Francia por el puente internacional.

Y el día 5 reseña una alocución del Gobernador Civil de Guipúzcoa en la que, tras llamar a Navarra «traidora», dice:

«*Esta es la verdad verdadera, (sic) en Irún no han entrado los carlistas. Nadie que no sea un mal nacido puede afirmar lo contrario*». Pero acto seguido añade: «*Irún, pueblo heroico y civil (sic) ha dado la lección*». «*Hay que luchar como ha luchado Irún*». Y añade «*Si hubiesen de entrar no lo harán en Irún sino sobre los montones de escombros alumbrados por la pira gloriosa de un sacrificio histórico*». Sabía que Irún ya ardía pues el día 4, antes de huir, los milicianos, siguiendo órdenes, habían incendiado la ciudad. El día 6 escribe Frente Popular:

«*Las fuerzas leales presencian con amargura pero con entereza el resplandor de las llamas. Antes prefirieron contemplar el sacrificio de la ciudad que ver al enemigo satisfacer sus apetitos*»; no cuenta la opinión de los iruneses ante el incendio de sus casas.

El 15 de septiembre FP, que sólo publica una hoja, anuncia que es porque están haciendo cambios para mejorar, pero el 16 en sus talleres ya se imprime el diario falangista «Unidad»; las columnas navarras han tomado San Sebastián.

Hasta el 24 de septiembre no aparecen las primeras compañías del PNV bien organizadas. Son cuatro denominadas «Kortabarría», «Echevarría», «Carrascal» y «Zubiaur», y aunque se les denomina Batallón «Arana i Goiri», operaron sin jefatura común, en el sector de los montes Inchortas.

Por su parte Segi había organizado otras dos, «Lenago-il» (Antes morir) y «¿Zercatik ez?» (¿Por qué no?), que operaron en el sector del Gorbea bajo el mando de Ángel Aguirreche.

Mientras se crea el germen del que será el «Ejército Vasco», «Eusko Gudariostea», controlado por Manuel Irujo, José María Lasarte y Telesforo Monzón, quienes ponen al mando al capitán de Intendencia Cándido Saseta, con el teniente coronel Audencio de Monsaud y Noguerol como jefe del Estado Mayor; sobrino este último del general Gustavo Noguerol Aolert, fusilado por los «republicanos» en Alicante nada más comenzar la guerra.

4.16 Batallón de Montaña «Garellano»

Creado en 1877 en Ciudad Real,tras estar destinado en Villaverde y Leganés, en 1887 es destinado a Bilbao. Su 1º Batallón combatió en Cuba (1896-98) y el 2ª en Marruecos (1921-26). En 1931 fue denominado Batallón de Montaña 4, recuperando su nombre en 1934.

El Batallón de Montaña «Garellano», acuartelado en Bilbao, quedó de parte del gobierno del Frente Popular, gracias a su teniente coronel Joaquín Vidal Munárriz. Buena parte de sus oficiales eran partidarios del Alzamiento, por lo que fueron arrestados. De estos fueron fusilados los comandantes Anglada y Fernández, el capitán Ramos y los tenientes Gozález de Uzqueta, Ausí y Del Oslo. Cuando los nacionales entraron en Bilbao liberaron de prisión a los capitanes Santamaría, Montoliú y Zamora, los tenientes Grijalbo, Barquero, Casado y Barrientos y el alférez Martín Dueñas. Se pasaron a los nacionales los capitanes Oquendo y Aced y el teniente Amigó, sumándose así a los tenientes Rodríguez Cabezas y Sardina, que ya se hallaban en zona nacional y que morirían en combate. Posteriormente los tribunales militares nacionales por esos hechos condenaron a muerte y fusilaron al teniente coronel Vidal.

«Garellano» enseguida preparó tropas para ir contra sus compañeros de los cuarteles de Loyola, y también fuerzas de este batallón se integraron en la columna que se estaba organizando para acudir a Ochandiano. Estos últimos avanzaron el 20 de julio, al mando de su teniente coronel, junto con Guardias Civiles, Miñones, Guardias de Asalto y milicianos, hasta que una bomba, lanzada por un solitario y anticuado Breguet nacional, les causó una baja mortal y tres heridos, momento en que dieron la vuelta y volvieron a Bilbao.

El día 22 organizaron dos nuevas columnas, una al mando del comandante Gabriel Aizpuru fue hacia Amurrio y Orduña. La segunda, al mando del teniente Julio Rodríguez, fue a San Sebastián, donde se puso al mando del comandante Pérez Garmendia, que había entrado en la ciudad el día anterior al frente de una fuerte columna que traía de Éibar, colaborando al cerco de los cuarteles. Más tarde el batallón «Garellano» fue disuelto por el gobierno vasco.

En 1944, el Regimiento de Infantería 54, creado en base al batallón de Montaña «Arapiles» 7, y con acuartelamiento en Bilbao desde el fin de la guerra, recibió el nombre de «Garellano». Luego contaremos algo más de él.

Por otra parte, el envío por parte del gobierno de la escuadra «republicana» (la única en esa fecha) a Vascongadas facilitó mucho el paso del estrecho de Gibraltar por las fuerzas del ejército de África, lo que fue decisivo para los nacionales. Ese error monumental, sumado a que las escuadrillas de aviones torpederos fueron empleadas por el gobierno «republicano» para bombardear ciudades nacionales en vez de estar vigilando en el Estrecho, hizo que en mercantes y faluchos cruzaran abundantes tropas.

Aunque el paso del Ejército de África se había iniciado con algún avión de las Líneas Aéreas Postales Españolas (LAPE), luego reforzado con otros de ayuda alemana, el convoy llamado de la Victoria, y los faluchos del marino falangista Mora-Figueroa aceleraron mucho el cruce.

Sí sirvió la presencia de la escuadra «republicana» en el Cantábrico para dar más seguridad a la llegada de los buques soviéticos con armas para los batallones milicianos de Vascongadas, y para efectuar bombardeos sobre las poblaciones que caían en manos nacionales.

5-16 EL EJÉRCITO VASCO

El 1 de octubre el gobierno de la república concede el Estatuto Vasco, creándose el día 7 un gobierno vasco, presidido por el industrial chocolatero y ex jugador del Atlético de Bilbao, José Antonio Aguirre. Inmediatamente el «lendakari» ordena la organización de Ejército de Euzcadi, Eusko Godarostea, la disolución de las fuerzas de orden público españolas en Vascongadas, y la creación de la Ertzaina, aunque solo pueden aplicarlo a Vizcaya, única provincia que controló el gobierno vasco.

Poco después, con la movilización de las quintas –desde la del 22 a la del 39–, van creando progresivamente hasta 50 batallones, organizados por partidos políticos, siendo 28 de ellos del PNV, los demás de PSOE-UGT, CNT, ANV, PCE, más uno de IR. Además existen tres llamados batallones de montaña 71, 72 y 73. Este ejército estuvo ampliamente dotado pues, aparte de las armas de las diferentes unidades militares, de la Guardia Civil, y de las de las diversas policías de esa zona, de las producidas en la abundante industria armera local, de las enviadas por el gobierno del Frente Popular, el Parque de Artillería de Bilbao, consigna la entrada de las siguientes partidas procedentes de fuera de España, mayoritariamente de la URSS:

61.725 fusiles, 1.098 ametralladoras, 445 fusiles ametralladores, 462 subfusiles, 138 morteros, 90 piezas de artillería, 15 cazas I-15, 30 blindados, 1.050.000 granadas de mano, 113.729 proyectiles de artillería y 91.608.000 cartuchos de fusil, según informa Artemio Mortera en sus trabajos. Esto es solo lo consignado como entradas del extranjero en ese parque, pero indudablemente llegó más material que no pasó por el citado registro. Hay que añadir que los primeros carros de combate extranjeros llegados a España lo son para los frentepopulistas del norte, consistiendo en tres Renault FT-17, con cañón de 37 mm, suministrados por Francia en 29 de julio. El 29 de agosto se les sumaban otros tres desembarcados en Santander, mientras los nacionales de la columna Iruretagoyena incorporan el 12 de septiembre cinco tanquetas italianas Fiat CV 33/35, solo armadas con ametralladoras.

6-16 EL BATALLÓN DE MONTAÑA «FLANDES»

El 23 de septiembre de 1633 se crea en Navarra un Tercio de Infantería que toma el nombre de su primer maestre José García Salcedo. En 1667 es enviado a Flandes y allí, por su buena instrucción, tras el nombre que sigue siendo el de sus maestres, se le añade el apodo «Escuela de Flandes». En 1715 se reorganiza como Regimiento de «Cuenca», que alternará con los de «Orán» y «África». En 1931 es transformado en Batallón de Montaña, instalándose en Vitoria. En 1935 recibe el nombre de Batallón de Montaña «Flandes» nº 5.

Interviene notablemente en todas la campañas de esos siglos y, en el año 1939, se crea como regimiento incorporando los cuatro primeros batallones «Flandes», el octavo de «Burgos», el 129 de Regimiento «Aragón» 17 y la 5ª Bandera de FET JONS, formando parte de la División de Montaña «Navarra» 62. Después fue Regimiento de Infantería, Agrupación de Infantería, Plana Mayor reducida, reorganizándose en 1979 como Regimiento «Flandes» 30 y, en 1985, Regimiento de Infantería Mixto «Flandes» 30, adscrito siempre a la División de Montaña «Navarra» mientras esta existió. Sus batallón motorizado se llamará «Cuenca» y el acorazado «Burgos». Al disolverse ésta en 1996 pasó a ser el 2º Batallón (primero de carros de combate, ahora de Infantería) del Regimiento de Infantería Mixto «Garellano», hoy de Infantería Ligera.

En 1936 este batallón, con su teniente coronel Camilo Alonso Vega al frente, se suma decididamente al Alzamiento el 18 de julio. Triunfará en Vitoria con el apoyo de falangistas, requetés, miembros de Renovación Española, etc., mientras el Jelkide del PNV alavés, Javier Landaburu manifiesta (igual que su homologo de Navarra, Arturo Campión) que:

«El PNV no se ha unido ni se une al gobierno en la lucha actual».

Durante la guerra será nodriza de muchos batallones, siendo condecorado con la Medalla Militar por la defensa de Villareal de Álava todo el batallón, los batallones 1º,2º y 3º por su campaña en la 4ª División de «Navarra», el 4º por la suya en la 12 División y las compañías 8ª y 9ª junto con la sección de ametralladoras también por la defensa de Villareal.

Pero antes, al amanecer del 22 de septiembre de 1936, la 1ª Compañía de «Flandes», tras cortar silenciosamente las alambradas, lanza un ataque con el que ocupa las posiciones enemigas del monte Isusquiza. Hecho esto el Batallón de Montaña «Flandes» continúa su avance hacia Mondragón, dejando una compañía del requeté de Álava defendiendo el monte. El día 3 de octubre el batallón «Garellano», el de milicias «Perézagua», y compañías de la Guardia de Asalto, conscientes de que pueden copar a la columna de Camilo Alonso Vega, atacan el monte Isuquiza. Pese al valor en la defensa de los requetés, no pueden, sin ametralladoras ni bombas de mano y solo cien hombres, detener el asalto de más de mil enemigos. Pero sabiendo el riesgo que supone para la columna que avanza, el día 8 fuerzas del Regimiento «San Marcial» junto con la 9ª Compañía de Requetés de Álava lanzan un furioso ataque. Los carlistas trepan por la ladera del monte cantando *«cálzame las alpargatas, ponme la boina, dame el fusil...»;* los de «San Marcial» también trepan firmes bajo el fuego entre vivas y arribas a España; con muchas bajas llegan a la cima donde combaten cuerpo a cuerpo, pero son rechazados. La compañía de requetés tiene treinta y ocho muertos, quedando casi todos los demás hombres heridos. «San Marcial» también más de cien bajas, cuarenta y cuatro de ellas muertos. Diez días más tarde se ocupará en monte sin resistencia por haber huido el enemigo.

El presidente del gobierno vasco Aguirre es enseguida apodado «Napoleonchu», por su gusto por dejarse ver uniformado y armado sobre blanco corcel, pero carece por completo de conocimientos militares. Por ello, en 1937, el ejército vasco que lanza una ofensiva para ocupar Vitoria con total supremacía de fuerzas, fracasa rotundamente. El 20 de noviembre ataca con veintinueve batallones más cinco compañías de Ingenieros, veinticinco cañones, ocho tanques, que en los próximos días irán aumentando, en dirección a Villarreal. A pesar de que los defensores son solo seiscientos hombres (del batallón «Flandes» y algunas compañías de voluntarios requetés, con cinco cañones) la defensa es tenaz, pasando los defensores el día 12 de diciembre al contraataque. El Ejército Vasco no consigue ni el más modesto de sus objetivos y tienen que retirarse, dejando más de mil muertos en el campo. Éstos, además, aumentan por la imprevisión de no haber dispuesto ningún equipo sanitario de campaña, por lo que la gangrena hace estragos. Se le capturan trescientos veinticinco fusiles, veinticinco ametralladoras, dos morteros, un blindado, mil granadas de mortero, dos mil de mano, cientos de miles de cartuchos y muchos otros materiales. El batallón de Montaña «Flandes» ha obtenido una gran victoria.

7-16 EL EJÉRCITO NORTE

El general Llano de la Encomienda, enviado por el gobierno republicano como jefe del Ejército Norte, se desespera pues el Ejército Vasco va a su aire, y no le hace caso ni coordina con él. Dolores Ibárruri cuenta que nada más ser nombrado el citado general recibió una nota de Aguirre diciéndole que:

«Todas las cuestiones vinculadas con la guerra, relativas a la utilización de los efectivos humanos de los recursos materiales en el territorio de Euzkadi, a excepción de la dirección de las operaciones militares, son competencia directa del Gobierno de Euzkadi y de su ministro de la Guerra».

El 7 de marzo de 1937, Luis Arana y Goiri, quien había atraído al nacionalismo a su hermano Sabino (ambos eran rentistas de familia carlista), y que había sido cofundador del PNV y diseñador de la bandera de ese partido, la Ikurriña, escribe al presidente, del Euzkadi Buru Batzar, Doroteo de Ciáurriz:

«Mi protesta de hoy es, pues, por un hecho derivado de aquella raíz de muchos males de principios de octubre de 1936, bochornoso pacto de nuestros diputados en el Parlamento español, Agire (sic) e Iruxo(sic) con Prieto y Largo Caballero, pacto realizado con el consentimiento de ustedes y firmado por ustedes en la continuada supeditación al llamado Gobierno Vasco de Euzkadi, sucursal del gobierno de Madrid.

Hoy miles de vascos, miles de nacionalistas vascos, han traspasado la frontera vasca para ir a España, a Asturias, a entrometerse sacrificándose en tierra española y en una contienda de la familia española, contienda de amarillos y rojos, todos opresores, todos enemigos de nuestra nación vasca, con odio español que Calvo Sotelo esculpió con imborrable frase, «Antes España roja que España rota». Pues contra esa intromisión protesto con toda mi alma de nacionalista vasco».

Poco después Luis Arana y Goiri abandona el Partido Nacionalista Vasco, mientras el diputado por el mismo, Manuel Irujo, consigue ser dos veces ministro del Gobierno Español.

Aguirre, que tiene de jefe de Estado Mayor al teniente coronel de Ingenieros Montaud y Noguerol, tras decir de él: *«Es la máxima capacidad militar que he conocido y tiene una preparación universal»*, lo cesa el 9 de mayo de 1937.

Tal vez por que Montaud le dijo:

«Nuestros campesinos, si quiere usted oír la verdad, están más con el enemigo que con nosotros».

Y era verdad; muchos nacionalistas moderados no entendieron la alianza con los marxistas revolucionarios que quemaban iglesias y asesinaban religiosos. Además mucha gente se había alistado para protegerse de ser detenidos y asesinados en un registro de las patrullas milicianas y lo habían hecho mayoritaria-mente en batallones del PNV, donde se sentían más cómodos que en las unidades marxistas o anarquistas. Ambas cuestiones hicieron que abundaran las deserciones, y hasta el chaqueteo de unidades enteras.

Terminada la campaña de Guipúzcoa las columnas navarras emplearon unas semanas en descansar y reorganizarse en las luego famosísimas Brigadas de Navarra.

CAPITULO 17

LAS BRIGADAS DE NAVARRA, LAS GRANDES MANIOBRERAS DEL LOS MONTES

1-17 Origen y composición

Las Brigadas de Navarra fueron creadas por orden del general Mola de 30 de diciembre de 1936. Encuadraron en aquella fecha trece tercios requetés, siete banderas de Falange y doce batallones del Ejército surgidos de aquellas primeras columnas salidas de Pamplona y Estella en julio. Después llegarían a sesenta batallones. Fueron unas unidades maniobreras, sólidas y con un gran prestigio. Rafael García Serrano indica que *«se decía Las Brigadas y todo el mundo entendía las Brigadas de Navarra»*, aunque hubiera muchas otras.

Fueron inicialmente cuatro: La primera, estructurada en torno a la columna del coronel Los Arcos; la segunda, mandada por el teniente coronel Cayuela (quien sustituía al coronel Iruretagoyena, quien había sido enviado al frente de Madrid); la tercera, con el coronel La Torre y la cuarta, con el coronel Alonso Vega. Cubrían en ese momento todo el frente vascongado, desde Ondárroa a Orduña. En primavera de 1937 se les unieron otras dos: la quinta, del coronel Juan Bautista Sánchez, y la sexta, de Bartomeu. Llevaron el esfuerzo principal de las campañas de Vizcaya, Asturias y Santander, donde se fueron endureciendo, siendo las mejores unidades de maniobra del Ejército Nacional. Todas estas fuerzas, en noviembre de 1937, constituirían las divisiones 1, 3, 4, 5, 61 62 y 63, divisiones llamadas, todas y cada, una «de Navarra».

Además de las unidades de milicias iniciales, muchos otros voluntarios fueron integrados en los batallones del ejército regular, lo que les dio una gran moral de combate y fiabilidad. Y en los combates que fueron venciendo por los montes y valles guipuzcoanos se forjaron como brillantes unidades militares.

La primera columna sale de Pamplona al mando del coronel Beorlegui, formada inicialmente por un centenar de requetés, sesenta falangistas y algunos guardias de asalto. Avanza primero hacia Irún, por el puente de Endarlaza que encuentra volado. Decide entonces dirigirse a San Sebastián tomando Oyarzun, dejando la liberación de Irún a la segunda columna, mandada por Ortiz de Zárate. Ambas han recibido algunos refuerzos de compañías del Regimiento «América» y más requetés y falangistas; también de un par de baterías de montaña. Mientras tanto los «republicanos» han recibido el refuerzo de grupos de comunistas franceses y belgas con ametralladoras.

2-17 Comienza la batalla

La columna Beorlegui atraviesa los difíciles pasos laterales de la Peña de Aya y del macizo de Las Tres Coronas y el día 27 de julio sus hombres han dominado el monte Articuza, donde se hallan los manantiales que dotan de agua a San Sebastián. Han recibido el refuerzo de otras dos compañías de «América» al mando del capitán Tejero, mientras el coronel Ortiz de Zárate apoya desde la cresta del collado de Irulegui. Pero también la resistencia enemiga crece. Y, el día 28, cuando las columnas navarras están a solo cinco kilómetros de San Sebastián, reciben la noticia de la rendición de los cuarteles de Loyola, por lo que deciden atacar hacia Irún.

Entre tanto el teniente coronel Cayuela, que ha salido de Estella con tropas del batallón de montaña «Arapiles» más requetés y falangistas, ha entrado en Guipúzcoa por el Puerto de Echegárate, y ha ocupado Beasain. Allí se le unen las columnas de milicias voluntarias de los coroneles Latorre y Alonso Vega, que han avanzado mientras por la carretera de Huici, Lecumberri, Betelu. Juntas estas tropas, toman Tolosa el día 11, asumiendo poco después su mando el coronel Iruretagoyena. El coronel Ortiz de Zárate había desalojado al enemigo del alto Picoqueta, continuando su avance hasta plantarse el día 15 ante las fuertes posiciones de Pagogaña y Erlaiz.

Eran estos dos montes, de unos quinientos metros de cota, con mucha pendiente, recordemos que estamos cerca del mar, y muy bien defendidos, cuya toma era necesaria para abrir el camino hacia Irún y San Sebastián.

«Es difícil trepar hasta allá arriba. Los requetés marchan por unos senderos que solo suelen recorrer ágiles piernas de contrabandistas. No son posibles los despliegues. El terreno los anula. La artillería bate los objetivos con escasa eficacia».

Efectivamente es muy difícil llegar hasta ellas, pero los requetés suben durante horas impertérritos a pesar del fuego enemigo. Poco antes de las cinco de la tarde se ordena calar bayonetas y preparar las bombas de mano para saltar sobre las trincheras enemigas. La escasa y ligera artillería nacional nada puede hacer contra las bien guarnecidas posiciones de aquellas alturas, así que será un asalto de infantería cuesta arriba y a pecho descubierto el que decida el combate.

«Es necesario salir a campo raso, calar el machete, tener listas las bombas de mano y saltar sobre los enemigos. En ese instante se les ve levantarse de sus puestos, erguirse, vitorear a España y lanzarse al combate directo, al cuerpo a cuerpo, con esa gallardía que encuentra su expresión más emocionante en el soldado español. El resultado fue fulminante. A pleno sol de la tarde veraniega, las crestas de Erlaiz y Pagogaña aparecían coronadas por banderas españolas: las banderas de los requetés de Navarra.»

Entre los muertos, el bravo coronel Ortiz de Zárate que encabezaba el asalto.

En ese momento se incorporó a la columna, y asumió su mando, Rafael García Valiño, que huyendo del campo «republicano» había llegado a Pamplona, saliendo inmediatamente para el frente al mando del tercio requeté «Montejurra», que luego daría lugar al batallón de montaña de mismo nombre. Así mismo asumía el mando de todas las columnas que operaban en Guipúzcoa el coronel navarro Solchaga, mientras Beórlegui lo hacía de las del Bidasoa.

El 26 de agosto comenzaron los ataques sobre el monte San Marcial, que defiende Irún. Tres sistemas escalonados con profusión de búnkeres de cemento armado, trincheras y alambradas, además del fuerte de mismo nombre que el monte, se oponían a los voluntarios nacionales, que además no podían bombardear con libertad por temor a que algún cañonazo cayera en la próxima Francia. En ella se alquilaban balcones para que la «gauche divine» asistiera a la guerra en palco, y tomara *champagne* presenciando la derrota de los «facciosos» a manos de los marxistas. No fue así y los voluntarios navarros aguaron la fiesta a la izquierda caviar.

Tras varios días de ataques los nacionales lanzaron un nuevo asalto el día 2 de septiembre:

«Se dirigieron sobre San Marcial con el machete calado en sus fusiles. Igual que en Lácar, en Abárzuza o en Montejurra. Asombraba la impavidez de aquellos hombres bajo el fuego....Abajo veían a los milicianos correr por el puente internacional... A la izquierda los voluntarios falangistas y legionarios sujetaban al enemigo en Zubelzu y desbarataban la organización defensiva. –¡Adelante !–se gritó en el centro–; y como impulsados por un viento mágico los requetés aparecieron dentro de San Marcial, levantando sus boinas rojas en las puntas de los fusiles, vitoreando sin cesar a España y tomando posesión del fuerte y del sistema atrincherado, donde se acababa de decidir la campaña de Guipúzcoa» dice la Historia de la Cruzada Española.

Inmediatamente se ocupaban los montes Zubelzu y Elatzeta cortando las comunicaciones de San Sebastián con Francia.

Los «republicanos» huyeron de sus posiciones pero, aprovechando la segura retirada que les daba el puente fronterizo, se detuvieron para incendiar Irún, que quedó arrasado. Cuando poco más tarde cincuenta falangistas detrás de un blindado ligero entraban en la ciudad, tras vencer la resistencia de los últimos parapetos, ya solo quedaban las brasas y algunos vecinos muertos al intentar salvar sus enseres.

Una de las últimas balas que dispararon los incendiarios en fuga, ya casi desde Francia, causó al valiente coronel Beorlegui la herida que más tarde le provocaría la muerte. Al día siguiente caía en manos nacionales el fuerte de Guadalupe, en el monte Jaizquibel, sobre Fuenterrabía. Los «republicanos» huyeron sin defenderlo, aunque tras un lamentable crimen. Enarbolaron una bandera blanca y, cuando el capitán Galván se aproximó, le hicieron una descarga cerrada matándolo. Cuando los nacionales entraron en el fuerte se encontraron numerosos cadáveres de asesinados por los gubernamentales. Tirados por allí encuentran los cuerpos del intelectual Víctor Pradera y su hijo y el diputado tradicionalista Joaquín Beunza, los tres navarros; los de varios tolosarras, entre los que se hallaba Elósegui, el fabricante de las famosas boinas; y también el del párroco de Irún, el del madrileño Maura, autor teatral que se encontraba veraneando en San Sebastián cuando fue apresado, así como los de varias personas más.

En los días sucesivos las columnas navarras tomaron Rentería, los tres Pasajes, el monte Santa Bárbara, y el 3 de septiembre cuarenta requetés de Artajona, al mando del capitán Ureta, entraban en San Sebastián. Los republicanos habían huido llevándose los presos de la cárcel de Ondarreta, que luego serían espantosamente sacrificados en las prisiones vizcaínas. Durante los próximos meses se irían reorganizando las columnas en Brigadas. Para el ataque a Vizcaya se crearon cuatro: La 1ª mandada por García Valiño, la 2ª por el coronel Cayuela, la 3ª por Latorre y la 4ª por Alonso Vega. Además había otras unidades como la de «Flechas Negras», unas cincuenta baterías entre 7,5, 10,5 y 15,5 cm y servicios. En total unos cincuenta mil hombres, siendo el jefe de aquel Ejército Norte el general Mola, 2ª jefe el general Solchaga, jefe de Estado Mayor el general Juan Vigón, jefe de Artillería general Martínez Campos y jefe de Ingenieros el coronel La Llave.

3-17 POR LOS MONTES DE VIZCAYA

Por su parte, el Frente Popular había cesado al general Llano de la Encomienda y nombrado para sustituirle en la jefatura del Ejército del Norte al general Martínez Cabrera, y después al de igual graduación Gamír Ulibarri, con la esperanza de que, siendo vasco este general, y tras los desastres sufridos por él «ejército de Euzkadi», pudiera conseguir mayor coordinación con las unidades separatistas.

Éste, asesorado por varios mandos soviéticos, prepara la defensa de Vizcaya sobre dos líneas fortificadas en las que se construyeron numerosos búnkeres, trincheras, nidos de ametralladoras, asentamientos artilleros, sin escatimar materiales. La interior será llamada el Cinturón de Hierro de Bilbao, pero ahora la que tienen ante sí las fuerzas nacionales es la exterior.

Se apoyaba esta línea sobre una serie de moles montañosas como el monte Calmúa, entre Marquina y Eibar, los tres Inchortas, sobre Vergara y Mondragón, la peña Amboto, en la divisoria con Álava, y los altos de Arlabán, en el ángulo próximo a Villarreal. Defendían el frente sesenta mil soldados «republicanos». Habían recibido abundante material. Pese a ello, no pudieron detener a las Brigadas de Navarra que demostraron ser unas unidades muy eficaces destacando sobre aquel escarpado terreno vizcaíno.

La mayor batalla de montaña de la campaña de Vizcaya fue la toma de los montes Inchortas, que relatamos a continuación. Tras los avances, que habían dejado prácticamente todo Guipúzcoa en manos de las columnas procedentes de Navarra y Álava durante el invierno de 1936/37, éstas habían tenido un bien ganado descanso. Ahora, en abril de 1937, las ya Brigadas de Navarra se ponían de nuevo en marcha.

Una de las posiciones clave para el avance eran las tres cumbres de los Inchortas, de algo más de setecientos metros de altitud sobre el cercano nivel del mar y muy bien fortificadas. Un batallón nacionalista vasco defendía el monte Udala, con un batallón de la CNT a la derecha, y uno de UGT a la izquierda.

Fijado el enemigo por la 4ª de Navarra de Alonso Vega, García Valiño con su 1ª de flanquea el Udala, plantándose detrás del enemigo, que comienza a huir en pequeños grupos. Entonces Alonso Vega asalta las cumbres de los Inchortas. El 20 de abril comenzaba el ataque nacional y el 24 estaban tomadas las posiciones clave en el dispositivo enemigo por una maniobra de gran estilo, que requería de unidades hábiles en el movimiento en terreno montañoso. Inmediatamente cayó Elgueta, el monte Gorbea y la Peña Lemona.

En mayo se dio el ataque sobre el monte Bizcartegui. Mientras el Batallón «San Marcial» trepaba hacia las trincheras enemigas, al cabo Anfiloquio González un proyectil le arranco desde el hombro el brazo izquierdo. Este hombre, negándose a ser evacuado y enarbolando el miembro amputado con la otra mano, animó el avance de sus hombres hasta la toma de la posición; recibirá la Cruz Laureada de San Fernando por ello.

Los batallones nacionalistas vascos combaten en la defensa de Bilbao, pero a la caída de la ciudad, literalmente se esfuman; de los veinte mil soldados que tenía el Ejército Norte, al día siguiente de la entrada de los nacionales en la capital vizcaína, le quedan a Ulibarri solamente seis mil. Además la mayoría de estos, en cuanto cruzan la muga con Santander, se rinden en Santoña, pues no quieren combatir fuera de su territorio.

Las Brigadas de Navarra crecerían hasta convertirse en divisiones, siendo ésta su situación hacia el final de la campaña: Cubrían dos tercios del Cuerpo de Ejército de Urgel, que mandaba el general Agustín Muñoz Grandes, con dos divisiones navarras, 61º y 62º, mandadas respectivamente por los coroneles Rodrigo y Sagardía, junto con otra unidad, la 150 división del coronel Siro Alonso.

Formaban la totalidad del Cuerpo de Ejército de Navarra, que mandaba el general José Solchaga Zala (4ª División, del general Camilo Alonso Vega, 5ª del general Juan Bautista Sánchez González, y 63º del general Heli Rolando Tella). Además la 3ª de Navarra, al mando del general Iruretagoyena, luchaba con el Cuerpo de Ejército de Castilla, del general José Enrique Varela; y la famosísima 1ª de Navarra, del coronel Mohamed Ben Mizzian, lo hacía en el Cuerpo de Ejército del Maestrazgo, del general Rafael García Valiño.

Las Brigadas de Navarra tuvieron jefes brillantes, como García Valiño, Solchaga, Alonso Vega, Cayuela, Muñoz Grandes; murieron heroicamente Beorlegui, Ortiz de Zárate y Tejero. Después de la Guerra, los cuerpos de ejército «Navarra» y «Urgel» formaron las divisiones de montaña de esos nombres.

CAPITULO 18
ESQUIADORES EN LA GUERRA 36/39

1-18 LAS «MILICIES PIRENAIQUES» CATALANAS

La Generalidad Catalana ordenó organizar una fuerza de montaña, llamada «Regiment Pirinenc nº 1 de Catalunya», incluyendo un «Batallón Alpino», una de cuyas compañías debía ser de esquiadores.

La organización de esta última unidad se encargó al comandante de Caballería de la escala de complemento José María Benet Caparró. La tropa procedía de militantes de Esquerra Republicana de Cataluña y Estat Catalá, de clase acomodada, pertenecientes al Centro Excursionista de Cataluña y al Grupo Alpinista de Sabadell para la compañía de esquiadores; y de las Milicias Alpinas Antifascistas», la «Columna de Montaña Ferrer Guardia y el Grupo de Montaña del POUM para el resto de compañías. Utilizaron como centro de instrucción militar el colegio de religiosos de la calle Balmes, incautado por la Generalidad tras el asesinato de aquellos, y rebautizado cuartel Carlos Marx.

El capitán Carles Balaguer mandaba la Compañía de Esquiadores, siendo jefes de sus tres secciones los tenientes Xandri, Altaba y Nicolau Gausset. En invierno de 1936 la compañía continuó su entrenamiento en el Chalet del Centro Excursionista, en La Molina.

En enero de 1937 la ya denominada Agrupación Alpina Independiente constaba de dos batallones y una batería de montaña de 105 mm y su compañía de esquiadores continuaba en La Molina, muy lejos del frente, alternando sus miembros la práctica del esquí con los permisos a Barcelona. Uno de ellos además les deleitaba en el cuartel con conciertos de violín. Pronto comienzan a ser destino de las puyas de los combatientes de frentes activos quienes les llaman «compañía maisortim» (nunca salimos) y «las margaritas de Companys», por el edelweiss que portan estos esquiadores.

Tras varios incidentes con los milicianos anarquistas que encabezaba Antonio Martin, «El Cojo de Málaga», este ocupó el acuartelamiento de los esquiadores, desarmando a la sección que allí se hallaba. Enterado el capitán Balaguer reunió a los hombres de permiso en Barcelona y, con fusiles y una ametralladora, partieron para La Molina. Una vez allí «El Cojo» los desarmó sin pegar un tiro, siendo encerrados los soldados junto a los de su rango previamente capturados, y enviados el capitán y el teniente Altaba presos a Puigcerdá. Al mismo tiempo los hombres de la FAI avisaron al teniente Xandri, que se hallaba en Bellver, esperando precisamente un ataque de los anarquistas, para que regresaran a rescatar a sus compañeros cercados en el cuartel. También esta sección fue capturada sin un disparo. Tras una gestión de la Generalidad, el «Cojo de Málaga» accedió a montar en un tren a toda la compañía de esquiadores y enviarla a Barcelona. Curiosamente «El Cojo» resultó muerto por los vecinos de Bellver cuando intentaba asaltar ese pueblo, de zona «roja», que se negaba a que le requisasen sus bienes y a pagar las cantidades que el líder frentepopulista les exigía.

Después de un tiempo de inactividad en Barcelona, algunos de los esquiadores fueron incorporados a la llamada columna «Pau Claris», y enviados a desarmar controles de carreteras de la CNT; pero resultaron nuevamente apresados sin combate por aquellos. Otra vez la Generalidad tuvo que gestionar su liberación.

Tras la reforma del Ejército Popular, la Agrupación Alpina pasó a ser la 130 Brigada Mixta, incorporando la recién recreada compañía de esquiadores. Esta unidad fue destinada a cubrir el frente desde Torla a la frontera francesa, con el mando en Bujaruelo. En ese tiempo solo tuvieron un herido, el sargento Mullor, al recibir fuego de los esquiadores «nacionales», retirándose la escuadra «republicana» sin responder al mismo. De esta manera tan poco brillante llegó la compañía a junio de 1937 sin haber disparado un tiro en combate.

En esa fecha, dentro de la ofensiva contra Huesca, el Batallón Alpino recibió la orden de atacar las centrales eléctricas de Panticosa y Brazaro. El primer ataque lo suspendieron tras intercambiar fuego a gran distancia con los esquiadores nacionales, retirándose los del Ejército Popular. El segundo ataque no lo realizaron aduciendo no haber recibido explosivos para volar la central.

Tras estos hechos el Batallón Alpino fue disuelto, siendo condenado a muerte tras un juicio realizado por instigación comunista, el capitán Millet. Los esquiadores fueron repartidos entre diferentes unidades de la Brigada 72, pero luego se les fueron aceptando las bajas que estos solicitaban, permitiéndoles marcharse a Barcelona.

En la ciudad Condal se estaba encuadrando el llamado Batallón Pirenaico en base a fuerzas huidas del caído Frente Norte. Estaba al mando el mayor de milicias vascas José Cosgaya. Ocupaba el cuartel «Carlos Marx», antes del Partido Obrero de Unificación Marxista hasta la represión de éste, donde permanecieron de instrucción hasta inicios del invierno 37/38. Contaba el batallón con una compañía de esquiadores que disponía de numeroso material de la mejor calidad adquirido en Chamonix pagado por el Gobierno Vasco.

A esa compañía se incorporaron varios de los esquiadores catalanes, tomando el mando el capitán Balaguer. Tras estar unos días en Benasque fueron enviados al pueblo de Barluega, donde al recibir fuego nacional se desbandaron, huyendo vergonzosamente primero hasta Benasque, donde se encontraron todos (menos un sargento y un sanitario, que habían caído prisioneros) y de allí a Francia. Al batallón, que había retornado a España por Gerona, se le ordenó relevar a otras agotadas fuerzas en Piedras de Aolo y continuar los ataques contra esa posición nacional, pero sus componentes se negaron a obedecer. Después el Batallón Alpino pasó el tiempo atrincherado en Trivia, sin combates y esquiando en sus ratos de ocio, hasta que fue reclamado para relevar a una unidad de Guardias de Asalto en la línea de frente. Otra vez el batallón se negó, permaneciendo en la tranquilidad de la frontera francesa.

Poco más tarde decidieron huir a Francia. En su fuga no quisieron ni proteger el pueblo de Benasque (que tanto tiempo les había acogido) contra los anarquistas que lo incendiaban, ni siquiera auxiliar a algunos civiles, que cruzaban también el Pirineo entre grandes penalidades. Se internaron en Francia con su armamento prácticamente nuevo y sus uniformes impolutos. Debió impresionar a los gendarmes franceses el aspecto impecable de aquella tropa.

2.18 El Batallón de Esquiadores del Ejército Nacional

En septiembre de 1936 se crea la Compañía de Voluntarios de Valle de Tena apodada «Los panteras del Valle de Tena». Está formada por ciento cuarenta voluntarios, falangistas y requetés, originarios tanto de la zona aragonesa como navarra del Pirineo, y no cuenta con materiales específicos de montaña.

El 12 de noviembre de 1936 el mando de la 5ª División Orgánica, de quien depende el frente del Pirineo, ordena crear una compañía de esquiadores para la que se requieren voluntarios *sanos, fuertes y duros ante el esfuerzo*. Son reclutados entre aficionados al montañismo y esquí, sobre todo de los clubs Montañeros de Aragón, de Zaragoza, y Peña Guara de Huesca.

Para conseguir el material necesario el capitán de Infantería, del cuerpo de Inválidos, José Rodríguez Pérez, y los alféreces Santiago Clavero, de Intendencia, y Luis Gómez Laguna, de Infantería, hablaron con Miguel Rábanos García, presidente de la asociación Montañeros de Aragón.

Los uniformes hubo que hacerlos de piel (las cazadoras) y lanas y paños (las demás prendas) blancas sin teñir, pues no disponían de buenos tintes. Esto funcionaba unos meses, pero después amarilleaban. Jerséis, medias y calcetines fueron confeccionados por familiares y voluntarias colaboradoras. Las botas se encargaron a una fábrica de Tafalla, en Navarra, las mochilas al guarnicionero Sebastián Gimeno, y los esquíes al carpintero Elvira, ambos de Zaragoza.

El 28 de diciembre estaba ya en Candanchú la 1ª sección de la compañía con un material escaso, casi en su totalidad aportado por los propios soldados y por la sociedad Montañeros de Aragón, pero con mucho entusiasmo y dispuesta a su instrucción, siendo Carlos Ituarte el encargado de la formación en esquí. Un mes más tarde ya patrullaba el frente con su Plana Mayor instalada en Panticosa.

En diciembre llegaba destinado a la compañía de esquiadores Tomás Pallás Sierra. El 21 de julio de 1936, con solo 15 años, se había presentado voluntario en Zaragoza. Destinado a la sección de asalto de la compañía, recibiría la Medalla Militar Individual por los combates de Yebra de Basa, con solo 16 años. Tomás, llamado «El Blindao», asciende a cabo y a sargento por elección, siendo destinado a otras unidades y pasando por la Academia de Alféreces Provisionales. Terminada la guerra alcanza el grado de teniente efectivo tras pasar por la Academia de Transformación de Infantería.

Ya de capitán, por su experiencia, es reclamado como profesor para la recién creada Escuela Militar de Montaña, en Jaca, donde permanece hasta 1950. En esa fecha pasa a la Legión y en 1954 funda la 1º Bandera Paracaidista del Ejército de Tierra. Participa en la guerra de Ifni, y continúa desempeñando diversos mandos en La Legión y la Brigada Paracaidista incluyendo, ya de general, la Subinspección de la primera y la Jefatura de la segunda. Otro famoso soldado de la compañía de esquiadores fue el novelista José María Gironella, quien en sus obras contará algunos sucesos del servicio prestado.

Después se le fueron incorporando voluntarios catalanes, del Tercio requeté de Monserrat así como algunos canarios.

La compañía tuvo una incesante labor de patrullas y descubiertas frente al enemigo, donde sufrió varias bajas, especialmente por aludes y despeñamientos. El primer muerto en combate será Manuel Marraco, hijo del que fuera ministro del Partido Radical Republicano. Sucedió el 24 de abril de 1937, al atacar el enemigo la posición Bratazo defendida por cinco esquiadores, resultando herido también Arnaldo Haering, español de padre suizo; a los dos días es recuperada la posición perdida.

También prestó la compañía auxilio médico a la población, sobre todo a través del teniente médico Enrique Armisen y José María Serrano Vicens, apodado «el Sarrio», quien luego, enrolado en la División Azul, dirigió un hospital en Riga. Todos esos servicios prestados bajo unas condiciones durísimas, entre dos mil y dos mil quinientos metros de altura, con nieve casi todo el año y temperatura de hasta 20 bajo cero, hicieron que la compañía recibiera la Medalla Militar el 16 de julio de 1938.

Esta unidad de esquiadores junto a la de Voluntarios del Valle de Tena, la 2ª Bandera de Falange de Sabiñánigo, una compañía de carabineros, y una sección de ametralladoras y morteros del Batallón de Montaña «Galicia» 19, forman el Batallón Mixto de Montaña, siendo su jefe, en 1938, el coronel García Polo

3-18 EL BATALLÓN ALPINO DEL EJÉRCITO POPULAR

En septiembre de 1936 las Juventudes Socialistas Unificadas (en realidad nacidas del paso de las Juventudes Socialistas al Partido Comunista por parte Santiago Carrillo, traicionando a su padre, Wenceslao) deciden crear un batallón alpino. Lo llaman Batallón Alpino «Juventud» e instalan su cuartel en un Palacio de la Calle Velázquez, en el madrileño barrio de Salamanca. Su primera actuación es organizar una presentación pública en el cine Coliseo Pardiñas con discursos y la proyección de la película propagandística soviética «Los marineros del Kronstad».

A pesar de ser el esquí entonces un deporte elitista al alcance de unos pocos, consiguen rápidamente reclutar dos compañías de expertos esquiadores entre sus jóvenes militantes comunistas, instalando su puesto de mando en el restaurante Casa Cirilo, de Cercedilla. Su jefe es el comandante Raimundo Calvo, siendo su comisario político Eduardo Muñoz.

Por su parte la 1ª Compañía tiene al frente al capitán Miguel Condés, uno de los asesinos de Joaquín Calvo Sotelo (portavoz de la oposición en las Cortes y presidente del partido Renovación Española) quién fue secuestrado y ejecutado antes de la guerra por una unidad mixta de Guardias de Asalto de la Dirección General de Seguridad, y de escoltas de dirigentes del PSOE. La 2ª Compañía está mandada por el capitán Jesús Velázquez.

Simultáneamente el también comunista 5º Regimiento ha creado su Batallón Alpino. Instala su sede en un palacio de la calle Gaztambide de Madrid, siendo nombrado jefe el capitán de milicias Joaquín Rodríguez López, de la UGT y montañero. Su comisario político será Teógenes Díaz Gabin, del PCE y también aficionado a la montaña. La 1ª Compañía está mandada por el capitán Luis Balaguer, teniendo como comisario político a Vicente Olmos, también del PCE como todos los del 5ª Regimiento. Reclutará rápidamente sus hombres entre miembros de los elitistas socios del Club Alpino Español y la Sociedad Alpinista Peñalara. Las tropas se instalarán en los chalets de estas sociedades, en Cotos el primero, y el segundo donde su nombre indica, y el puesto de mando en el hotel Vitoria de Navacerrada. En estas posiciones, a las que llegan en septiembre de 1936, pasan un año de tranquilidad. La 2ª Compañía sin embargo, cuando se está formando en Madrid, tiene que acudir a la Ciudad Universitaria donde tiene sus primeras bajas; el 17 de noviembre al mando del capitán Santiago Aguado, se instala en el Centro Militar de Montaña.

En diciembre de 1936 se fusionan las unidades de montaña del 5º Regimiento y de las JSU bajo en nombre de Batallón Alpino. Los primeros forman las compañías 1ª y 2ª y los segundos 3ª y 4ª asumiendo el mando Raimundo Calvo. En enero de 1937 se suma la 5ª compañía, que tiene como jefe al capitán Alejandro Gutiérrez. En septiembre de ese año se incorpora la 6ª, que tiene como capitán a Ambrosio Tiedras.

Con el recién estrenado nombre de Batallón de Montaña del Ejército Centro, el 1 de septiembre de 1937 forman para revista en el Monasterio del Paular seis compañías de esquiadores más la unidad sanitaria, cuerpo de tren y combate, unidad de transmisiones y plana mayor. Son treinta y cinco oficiales, cincuenta y ocho suboficiales, y setecientos setenta y cuatro de tropa, armados con quinientos sesenta y cinco fusiles, diecinueve fusiles ametralladores, diez ametralladoras, veinticinco pistolas, y doce morteros. Poco más adelante incorporarán una compañía de ametralladoras, superando con ello los mil hombres.

Han recibido un excelente material procedente de los clubs de esquí citados anteriormente, más el existente en todas las tiendas de deportes de Madrid. La uniformidad la aporta la Unión Soviética y está formada por anoraks con capucha, y pantalones, ambos blancos, recios y elaborados en lona de vela impermeabilizada. También llevan gorro con protección para frente y orejas, guantes de lana y manoplas de tres dediles, prendas también blancas y botas impermeables. Para verano reciben gorra chaquetón y pantalón en color verde infantería, además de unas botas más ligeras.

En las prendas blancas llama mucho la atención, rompiendo en parte el mimetizaje, la presencia de estrellas rojas de cinco puntas. Es el emblema del Ejército Rojo soviético, que ha sido adoptado por el gobierno «republicano» español para sus tropas.

El tener sus plantillas al completo, nada habitual a esas alturas de la guerra, y estar muy bien pertrechado, hacen de este batallón una poderosa unidad, pero adolece de algunos defectos: Por una parte su poderío le da un exceso de autoconfianza; saben más débil a su enemigo al que creen a la defensiva. Además muy pocos de sus mil hombres tienen experiencia en combate.

Por su parte los «nacionales» de Guadarrama han creado unas pocas secciones de esquiadores. El siete de febrero de 1938, dos de estas secciones emboscan a una patrulla del Batallón Alpino «Guadarrama», que se dirige del Puerto de Malagosto al Pico Nevero. Los esquiadores frentepopulistas, tras tener un muerto y un herido, se retiran hacia Rascafría.

La noche del 8 al 9 marzo de 1938, tres compañías de requetés suben con gran sigilo hacia las posiciones enemigas en el puerto del Reventón. Han envuelto en trapos las pezuñas de los mulos que portan máquinas y municiones, para que no hagan ruido. De pronto una tormenta de fuego y un asalto a la bayoneta cae sobre los sorprendidos miembros de unas compañías del Batallón Alpino que huyen hacia Rascafría, dejando atrás doce muertos y llevándose numerosos heridos. Por su parte los requetés, que ocupan el terreno, han tenido un muerto y un herido. Acaba de comenzar la ofensiva que dejará la mayoría de Guadarrama en manos del Ejército Nacional. A partir de esa fecha el Batallón Alpino del Ejército Popular se instala en la zona de Valsaín-La Granja. En ese tranquilo frente permanecerán hasta que el 28 de marzo de 1939 reciben la orden de entregarse a las tropas nacionales, cosa que hacen a los defensores de la Granja.

4-18 BATALLÓN DE ESQUIADORES «GUADARRAMA-SOMOSIERRA»

Hacia 1937 las tropas nacionales del frente de Guadarrama ya habían organizado dos secciones de esquiadores a fin de patrullar las cumbres nevadas. Una tiene su base en Navafría y la otra en al Alto de los Leones. Enseguida se pasa a llamar Grupo de Esquiadores «Guadarrama-Somosierra», teniendo a su frente al capitán Francisco Trapiella González.

En mayo de 1938 estas fuerzas participan en el ataque al macizo del Reventón y el collado de La Flecha. En esas fechas son 200 hombres, con poco armamento, contando con tres oficiales y ocho suboficiales.

En septiembre de 1938 la compañía de esquiadores ha crecido hasta contar con un capitán, dos tenientes, seis alféreces, un teniente médico, catorce sargentos y doscientos cincuenta y dos de tropa; y pasa a llamarse Batallón «Guadarrama». Su armamento consiste en doscientos treinta y nueve fusiles, cuatro ametralladoras, doce fusiles ametralladores, cuatro morteros de 45 mm y cuatro morteros de 81 mm, teniendo además un caballo. Pasa entonces a llamarse Batallón de Esquiadores «Guadarrama-Somosierra». Está encuadrado en la División 72.

Su bandera lleva una trompa de caza, sobre piolet y esquís, con empuñadura de espada cruzados; todo en oro, ante fondo verde ribeteado con flecos también en dorado.

Esta unidad participó en el Desfile de la Victoria de Madrid, el 19 de mayo de 1939, luciendo un tres cuartos blanco, con capucha, sobre pantalón verde, gorra verde y correajes negros.

5.18 COMPAÑÍA DE ESQUIADORES DE SIERRA NEVADA

Al ser Sierra Nevada zona de frente, también existió una unidad de esquiadores nacional en esas alturas con el nombre de Grupo Alpino de Artillería, o Patrulla de Esquiadores «Sierra Nevada». Se organizó en 1936, y estaba compuesta por algo más de cincuenta jóvenes aficionados al alpinismo y al esquí de la zona, miembros de los clubs Sociedad Sierra Nevada, Club Penibético y Asociación Alpina Granadina. Entre ellos encontramos algún famoso esquiador como Manuel Fernández del Moral. Fue organizada y adiestrada por Artillería, al ser el presidente de Sociedad Sierra Nevada el comandante de dicha arma Rafael Lacal Pérez de Ayala, luego gobernador militar de la provincia, y dotada de material por diversas asociaciones patrióticas. La mandaba Baldomero Martín, propietario de una óptica granadina. Se llamó Grupo Alpino de Sierra Nevada.

Sus miembros vistieron prendas blancas así como capotes verdes, uniformes de artillería. Tuvieron como cuartel el Albergue Universitario, en los peñones de San Francisco, a dos mil quinientos metros, con un destacamento en el Hotel Sierra Nevada, a mil quinientos. El otro refugio de la zona, el de Campo de Otero, había estado ocupado por los frente populistas, quienes lo abandonaron, el 8 de marzo de 1938, ante el avance de Esquiadores de Sierra Nevada, dejando una bomba. Cuando fue a reconocerlo una patrulla mandada por el sargento Castro Burgos, estallo la trampa, matando a los voluntarios José Martínez Ahija y Enrique Medina, y destruyendo completamente el edificio.

CAPITULO 19

RAMÓN CORPAS, VICTORIA EN LOS PIRINEOS

1.19 LOS TERCIOS REQUETÉS

Los tercios requetés fueron unidades que combatieron en la guerra civil española en el bando Nacional. Eran equivalentes a un batallón de Infantería, es decir cuatro compañías de tres secciones cada una, unos setecientos hombres. Cada sección, mandada por un alférez o teniente, estaba formada por tres pelotones mandados por sargentos. Cada pelotón constaba de dos escuadras de cuatro soldados mandados por un cabo. Esta organización era igual para las banderas de Falange y de la Legión Española y los tabores de Regulares Indígenas.

Estaban integrados mayoritariamente con voluntarios carlistas, aunque también lucharon en sus filas falangistas y, en menor número, miembros de Renovación Española, Acción Popular y albiñanistas. Sus jefes y oficiales fueron tanto militares profesionales, como «Provisionales» y procedentes de las milicias del requeté. Su prenda característica era la boina roja, siendo uniforme y correajes los del Ejército Español. Los oficiales llevaban el uniforme M-26 reglamentario. Todo esto siempre contando con que la de los comienzos de la guerra era una «uniformidad multiforme», mezclada la tendencia a la fantasía del combatiente español con la escasez de material, Es decir, los falangistas solían asomar por encima de la guerrera la camisa azul y llevar gorra isabelina, los militares profesionales podían llevar todo el uniforme reglamentario o bien boina roja, camisa azul y así mil variantes. Cascos, se usaron los disponibles, viéndose tercios con modelos checos, con el Adrian francés en su versión italiana, con el español Trubia etc. El armamento más habitual eran fusiles Mauser, ametralladoras Hotchkis, morteros Valero, granadas Laffite, pistolas Astra, más todo tipo de capturas hechas al enemigo.

El tercio de «Oriamendi» tomó el nombre de la victoria obtenida en dicho monte por el ejército de Don Carlos, el 16 de marzo de 1837, sobre la Legión Británica que mandaba Evans, en la primera guerra carlista. El día 27 de julio de 1936 se creó en Beasain una compañía de requetés, mandada por el teniente Epifanio Arguiñano Arzoz. Esta unidad, el día 15 de septiembre, se integró en el recién creado Tercio formando su 4ª Compañía. La 1ª estaba compuesta mayoritariamente por voluntarios donostiarras, la 2ª por tolosanos y la 3ª por requetés de Ordicia, a las que reforzaron algunos voluntarios de Orense y navarros. A pesar de los numerosos requetés guipuzcoanos encarcelados o asesinados, estos llegaron a formar tres tercios de Guipúzcoa, «Oriamendi» el 1º, «San Ignacio» el 2º y «Zumalacárregui» el 3º.

2.19 LA 1ª COMPAÑÍA DE ORIAMENDI

La 1ª Compañía la mandaba el capitán de requetés Eduardo Bustinduy Gutiérrez de la Solana, donostiarra y hermano del tercer muerto del encierro de Pamplona. Este carlista había sido encerrado en el fuerte de Guadalupe de Fuenterrabía donde fue testigo de algunas de las masacres en las que los gubernamentales guipuzcoanos mataron al párroco de Fuenterrabía, al diputado carlista navarro Beunza, a Elósegui, fundador de la famosa fábrica de boinas y muchos más. Intentaron asesinarlo a él mismo junto con muchos compañeros, pero pudo evadirse, en medio del ametrallamiento, y pasarse a los nacionales.

Esta compañía tuvo treinta y un muertos en combate (dos oficiales, cuatro suboficiales y veinticinco requetés) y fue propuesta dos veces para la Medalla Militar. Su primera sección la mandaba el alférez Ramón Corpas de Vicente.

La compañía se dividía en cuatro secciones de unos treinta y cinco hombres cada una. Cada sección, al mando de un alférez o teniente, contaba con tres pelotones al mando de sargentos. El pelotón se dividía a su vez en dos escuadras al mando de cabos.

El 1 de noviembre «Oriamendi» se trasladó a Mondragón. Allí tuvo su bautismo de fuego el día de San Andrés, organizando un contraataque para rechazar al enemigo, que se había infiltrado aprovechando una densa niebla. En la batalla sufrió sus dos primeros muertos, los voluntarios de Tolosa Ignacio Irazusta Gaztañaga y Rafael Esnaola Orbaiceta. Este tercio requeté permaneció en esa misma posición hasta el 31 de marzo de 1937, cuando se efectuó la ruptura de frente de Vizcaya por el sector de Uncilla y Olaeta, ya encuadrado en la 2ª Brigada de Navarra al mando del teniente coronel Cayuela.

«Oriamendi», el 2 de abril, ocupa Escoriaza, aún en Guipúzcoa, donde continúa en operaciones hasta el día 28 cuando conquista Urquiola-Mendi, ya en Vizcaya. Allí queda de posición hasta que el 16 de mayo comienza a maniobrar para tomar Amorebieta, lo que logra el día 18. El tres de junio conquista peñas de Lemona, el 13 los pinares de Burruzuagaya –a la vista de Galdácano–, desde donde inicia el ataque al Cinturón de Hierro de Bilbao. El día 19 entra en esta ciudad, ocupando la parte oeste y la margen izquierda de la ría. Ya en agosto se rompió el frente de Santander, participando el Tercio de Oriamendi en la toma del monte Ontañes, Peña Maraña y Canto del Oso; y el 21 de octubre ocupaba Carballín, el último pueblo de Asturias ocupado por «Oriamendi». Después el tercio fue enviado a la localidad navarra de Mañeru para descansar unas semanas.

El 5 de noviembre se integra en la recién creada división 61º de Navarra, bajo el mando de Agustín Muñoz Grandes. Queda encuadrado en su 1º Brigada junto con la 27ª Bandera de Falange de Navarra, el 3º y 5º Batallones del Regimiento «América» 23, el tercio de requetés alavés «Virgen Blanca», y el grupo de escuadrones a pie de Regimiento «Numancia» 6. La 2ª Brigada la integran la 4ª Bandera de Falange de Navarra, los tercios requetés «Nuestra Señora del Camino» y «Virgen de Begoña», los batallones de Montaña 1º, 3º y 7º del estellés «Arapiles», y el 138 batallón de infantería. Además, cuenta la División con la 11ª Batería de artillería de Montaña con cañones de 65 mm y un grupo de cañones de 75 mm del Regimiento de Artillería Ligero 11, las Compañías de Zapadores 12ª y 13ª, la 4ª Compañía de Automovilismo, y secciones de evacuación veterinaria, guerra química, intendencia, sanidad y correos.

Si analizamos los catorce batallones que constituyen su masa de maniobra nos sale una composición típica de una división navarra: ocho batallones del Ejército, donde también se integraban voluntarios, cuatro tercios de requetés y dos banderas de Falange.

A finales de diciembre «Oriamendi», junto con toda la División 61, participó en la batalla de Teruel, tomando la Muela el día 31. Los días 7, 8 y 11 de enero rechazó ataques intensos tras terribles bombardeos artilleros. El 20 de ese mes cayó herido el capitán Bustinduy, jefe de la 1ª Compañía, sustituyéndole en el mando Adolfo Esteban Ascensión. La división tuvo en esa dura batalla dos mil noventa y cinco bajas y dos mil enfermos entre sus quince mil hombres. El 4 de marzo fue nombrado jefe de la División el coronel Antonio García Navarro. El 15 de ese mes el Tercio de «Oriamendi», junto con los otros tercios y las banderas de Falange de la División, fueron enviados a Molina de Aragón para reducir al 8º Tabor de Regulares Indígenas de Larache que se había insubordinado. Incorporada la división al Cuerpo de Ejército de Navarra, el «Oriamendi» participó en la liberación de Huesca, el paso del Cinca y una profunda progresión posterior. En Cataluña vencieron en dos de los combates más épicos de la Guerra, la batalla de Piedras de Aolo, y la toma del paso del Desfarrador y la posición Roca Alta.

El Tercio de Oriamendi tuvo ciento cuarenta y seis muertos y más de mil heridos durante la guerra. Como curiosidad contaremos que voluntarios desde el primer día fueron los miembros del requeté de Azcoitia Felipe y Jesús Arzalluz, padre y tío del líder del Partido Nacionalista Vasco, Javier Arzalluz. Ambos sublevaron el cuartel de la Guardia Civil se su localidad, teniendo que huir después a Navarra al fracasar el Alzamiento en la provincia.

3.19 LA FORJA DE UN «PROVISIONAL»

Durante el verano de 1936, decenas de miles de jóvenes (entre ellos los hermanos Corpas) acuden voluntarios a alistarse en las unidades de milicias o del ejército que luchan contra el Frente Popular y sus aliados extranjeros. El estudiante Ramón Corpas de Vicente, tras ser rechazado dos veces por hallarse enfermo, consigue incorporarse voluntario al cuartel de milicias de FET JONS de Pamplona, a primeros de julio de 1937. Tras veinticinco días de instrucción, es destinado el 25 de julio a la 3ª Compañía del tercio de requetés de «Cristo Rey», en el frente de Madrid. Enseguida, será nombrado cabo y trasladado, el 23 de agosto, al frente de Extremadura con su unidad, para integrarse en la División 152 Marroquí, que se está formando al mando del general Ricardo Rada. Va a participar allí en algunos ataques para rectificar el frente, ocupando Sierra Carbonera, el puerto del Hospital y la carretera de Guadalupe a Navalmoral de la Mata. El 20 de septiembre, se traslada el tercio al frente de Guadalajara, y el 10 de noviembre, de nuevo al frente de Madrid, sector Cuesta de La Reina.

El 20 de enero de 1938, por haber sido admitido para los cursos de Alférez Provisional de Infantería, hace su incorporación a la Academia ubicada en la Cartuja Alta de Granada. Los requisitos de ingreso son: tener experiencia de campaña de al menos seis meses en unidades de primera línea y tener estudios como mínimo de Bachiller Superior. Van a ser dos meses de largas jornadas, con diana a las 5 de la mañana y clases: armamento, instrucción, marchas, supuestos tácticos y orden de combate hasta el anochecer. Bajo la dirección del coronel mutilado de guerra Emilio Izquierdo, son sus instructores el comandante retirado Antonio de Fuentes, el capitán mutilado José Arteaga, el capitán de Infantería y jesuita Justo Pérez de León, junto con los tenientes alemanes Otón Fleiter y Karl Ganzenmuller.

El Boletín Oficial del Ejército dice:

«...los alféreces provisionales han de servir únicamente en unidades armadas con preferencia en las que forman parte en las columnas en operaciones».

Las gentes ya bromean: *«alférez provisional, cadáver efectivo»* y: *«Primera paga para el uniforme y segunda para la mortaja».* Por eso, durante las comidas, en el refectorio, el comandante director desde el púlpito de lector se dirige a ellos para que moderen su heroísmo. Tras aprobar el curso, la promoción realiza su ofrenda a la Virgen de las Angustias, patrona de Granada, que concluye así:

«...si en esta guerra que por ti sostenemos quisieras elegir alguno de nosotros como víctima que con su sangre compre la paz y la prosperidad de nuestra España, ampáralo Señor con el manto bendito de tu Madre, y únelo para siempre en dulce abrazo a tu Sagrado Corazón».

Posteriormente, van a regalar un manto con 537 estrellas con los nombres de cada uno de los alféreces de dicha academia muertos en combate (Exactamente, el 10% de los diplomados; otro 40%, caerían heridos, un 50% de bajas).

La jura y el desfile, el 20 de marzo, constituyen el cierre de la presencia de la 8ª promoción en la Academia. Ya son Provisionales. Lucen orgullosos la gloriosa «estampilla» negra con la estrella de alférez que ya nunca faltará en sus solapas, independientemente del grado alcanzado. Así lo va a hacer el coronel Corpas, igual que el general Atarés, el coronel Prieto, el comandante Alcocer (vilmente asesinados por separatistas vascos de ETA), el teniente general Campano, el comandante Rodríguez Villacorta, los escritores García Serrano, Ángel Palomino, Giménez Caballero, el dibujante Mingote, y la práctica totalidad de quienes fueron «provisionales». Es tal su fama que José María Pemán les dedica una obra de teatro titulada *¡De ellos es el mundo!*

Dos citas sobre aquellos alféreces; Víctor de la Serna escribe:

«Algo que no se ha dado, me parece, jamás en ningún ejército del mundo. Se han tenido que tomar medidas para la represión del heroísmo. El desprecio del alférez provisional por la muerte es tal que se han tenido que dar instrucciones muy severas que llegan incluso a la desposesión del empleo, aunque se premie el acto heroico, cuando éste se juzgue excesivo por el mando»

Y Ruíz de Ayucar:

«Aquellos jóvenes oficiales competían en el número de ángulos de herido (distintivo que los miembros del ejército nacional lucían sobre el brazo izquierdo de su uniforme por cada herida recibida en combate) o en el de citaciones en la orden, o de acciones más arriesgadas. Era la juventud universitaria, con sus virtudes y sus

defectos, trasplantada en pleno a los cuadros de mando de las unidades combatientes. Audaces, intuitivos, pendencieros, románticos, sufridos y vanidosos. Con una inclinación excesiva a la acción espectacular de la que, con frecuencia, la muerte era el mejor adorno... Ante el fenómeno de los oficiales provisionales, pensaba que en ellos radicaba en gran parte la diferencia de eficacia de los dos ejércitos en lucha. Carentes ambos de oficiales subalternos, los nacionales los habían sustituido con universitarios que a su preparación cultural unían una fe inquebrantable en la causa que defendían.»

4.19 EL CRUCE DEL RÍO CINCA

Corre el día 28 de marzo de 1938, mientras el tercio de requetés Oriamendi ha entrado en Barbastro, sintiendo el entusiasmo de la población que les recibe como liberadores tras la brutal represión roja que ha asesinado a casi ochocientos vecinos. Entre abrazos, besos y vivas a España y a las Brigadas de Navarra, efectúa su incorporación Ramón, tomando el mando de la primera sección de la primera compañía.

El alférez Corpas, ha sido destinado a esa unidad por el general Muñoz Grandes, jefe del Cuerpo de Ejército Norte, al que pertenece la 61 División de Navarra. Y de inmediato, el mismo día 29, ha de encabezar su primera acción de combate como oficial.

Ese día, sobre las tres de la tarde, el tercio se despliega en las proximidades de la orilla del río Cinca. A su derecha, hace lo mismo el tercio vizcaíno Virgen de Begoña. El vitoriano de la Virgen Blanca realiza idéntica maniobra a la izquierda de Oriamendi. Ramón Corpas ordena a su sección calar bayonetas e inician el paso del río, de la misma manera que lo van a hacer todas las secciones de los tres tercios. Avanzan por el agua entre los disparos y las explosiones del fuego que les hace el enemigo desde la otra orilla. Cuando están todavía cruzando, con el equipo sobre la cabeza, escuchan potentes explosiones lejanas. Finalmente, abandonan el helado cauce del Cinca y toman al asalto la orilla contraria y, en ese momento, pueden contemplar una montaña de agua que avanza con enorme violencia y se enfrentan no ya al fuego de sus rivales sino a la dramática visión de muchos compañeros arrastrados por la fuerza de la corriente. El enemigo ha volado las presas de Barassona con el propósito de detener su avance. La acción culmina con la huída de sus oponentes abandonado armas y pertrechos, aunque en el curso de esta operación los voluntarios van a quedar aislados del resto del Ejército Nacional.

Sigamos los escritos de Álvarez Limia, requeté de «Oriamendi» y testigo directo, rememorar estos sucesos:

«Y en medio de aquel infierno, pude ver una montaña de agua que avanzaba sobre nosotros. Había que salir de allí a toda velocidad para alcanzar la colina. El arenal se me hizo interminable, pero llegué al segundo canal, algo más profundo y algo más estrecho. Salí del agua y vuelta a correr, casi a volar. Me parecía que no era yo el que iba en busca de las alturas, sino que era la tierra la que se me acercaba para ofrecerme la salvación. Alcancé los primeros metros de subida mientras mis compañeros me gritaban: ¡Arriba!, ¡Arriba! Por un momento volví la vista atrás y

fue una imagen dantesca: un mar de aguas revueltas contra el que luchaban entre remolinos muchos compañeros...»

Conscientes de su situación, al día siguiente ocupan la población de Estadilla, para, desde ella, poder adoptar una mejor posición defensiva durante el tiempo –finalmente, dos días– que van a permanecer solos. En tanto, las unidades de Ingenieros habilitan los accesos entre las dos orillas para que pueda unírseles el resto del ejército.

Durante los primeros días de abril, «Oriamendi» continúa su avance y ocupa las poblaciones de Calasanz, Gabasa, Estopiñán, además de algunas alturas estratégicas sobre el cauce del Noguera-Ribagorzana. Atraviesan el río Guart y alcanzan el lugar de Fert. Y más tarde, el día 11, tras cruzar el Noguera, ya en la provincia de Lérida, conquistan la posición de Angulló. Todavía va a continuar su avance hasta tomar sucesivamente los pueblos de Mata-Solana, San Miguel de la Valla y San Martín.

El día 5 de mayo, el tercio es trasladado a Salas de Pallars, como reserva del sector.

5.19 ÉPICOS COMBATES A 1.742 METROS DE ALTURA

Mientras tanto, con total secreto, el Ejército Popular prepara en ese sector una de las más violentas ofensivas de la guerra. Para ello, acumula poderosas unidades con gran cantidad de medios de combate. El objetivo es conseguir resultados de primer orden, tanto desde el punto de vista militar como propagandístico. Entre las diversas fuerzas de que dispone listas para ello, se cuentan las divisiones 18, 26, 150 y 143, además de cincuenta carros de combate rusos T-26, de cuarenta baterías de artillería y de un centenar de modernos aviones soviéticos. Una vez iniciado el ataque, está previsto que se les unan más tropas, especialmente una división de guardias de asalto, considerada de élite (cada uno de sus componentes cobra quince pesetas diarias, en vez de las diez que percibe un miliciano normal o de las tres de un soldado nacional).

El plan –bien estudiado por los cuadros del Estado Mayor republicano– tiene la pretensión de apoderarse de la cabeza de puente que el ejército nacional ha establecido en Balaguer y, de este modo, amenazar Lérida desde ella, ocupar la población de Sort, aislar con ello el Valle de Arán y las tropas en la frontera francesa y, a continuación, reconquistar Tremp para recuperar así las centrales eléctricas que abastecen Barcelona y su industria de guerra. Con esta ofensiva inesperada, además de conseguir un sorprendente golpe de efecto ante la opinión pública, confían en obligar a desplazar reservas deteniendo así las operaciones nacionales en Levante y Teruel.

Piedras de Aolo es una montaña del Pirineo leridano con laderas de fuerte pendiente, pobladas de pinos y rocas. Cercana a la estación de esquí de Anie, su cima está a casi mil ochocientos metros de altitud; La población más cercana es la aldea de Rialp. El Ejército Nacional tenía allí unas posiciones que el Ejército Popular necesitaba ocupar para el posterior avance hacia Sort.

En la noche del 22 al 23 de mayo, una intensa preparación artillera pulveriza las trincheras nacionales. Al amanecer, aparecen los aviones rusos que lanzan sucesivas oleadas de violentos bombardeos.

El primer ataque lo sufrió la cota 1.119, defendida por el 8º de «San Marcial», y fracasó, viéndose al enemigo retirar unas cien bajas. En esa defensa murió el alférez provisional Augusto Zapatero. A las doce treinta horas el asalto fue contra el Collado de Sereles, siendo también rechazado. A las ocho de la noche, cuatro batallones de la 19 Brigada Mixta se abalanzan contra la posición defendida por la 1ª Compañía de la 1ª Bandera de la Falange de Burgos. Son más de dos mil hombres contra poco más de cien. Pero los nacionales plantan cara: Cae herido su jefe, el teniente provisional José María Rabago, y con él el alférez provisional Ramón Llanos Gaiburu, y el teniente de Ingenieros Luis de la Lama Noriega. El alférez provisional Arsenio Gento López continúa luchando hasta que tiene que retirarse a la cota 1.560 con los pocos falangistas que le quedan. La compañía ha tenido un 50% de bajas, la sección de Gento más. Álvarez Limia, voluntario de Oriamendi, cuenta como cuando este llega como refuerzo ve lo siguiente:

«Una ermita o capilla bastante grande. Vi que la puerta estaba abierta; el espectáculo que presencié fue terrorífico; La capilla estaba totalmente desnuda, pero el suelo estaba lleno de cadáveres, calculo yo que cerca de un centenar, colocados en perfectas hileras». Eran los caídos defendiendo las posiciones el primer día de combate.

Gento, burgalés de Villahoz, pide al mando ir en vanguardia de un contraataque con los falangistas que le quedan, voluntarios de la plana mayor y algún herido útil. Y se lo conceden. Esta operación se realiza por el Tercio de «Oriamendi», la 15ª Bandera de la Legión, la 1ª y 5ª Compañías del 5º Batallón del «América», la 5ª Bandera de Falange de Burgos y los restos de la 1ª Centuria del alférez Gento, junto con las demás de la 1ª Bandera de Burgos. A las dos de la tarde parten en dos columnas, una desde la cota 1.560 y el otro desde Colladas. El jefe del subsector es el teniente coronel Luis de la Puente y el de las columnas el comandante del Cuerpo de Inválidos Rafael Montero Bochs. La lucha es tan encarnizada que en un momento la posición de Piedras de Aolo queda la mitad para cada bando. Pero los nacionales continúan atacando.

«En punta de triángulo, entre las guerrillas de vanguardia de los legionarios de la 15 Bandera y las de América iba Gento con los supervivientes falangistas, erguido, mirando al enemigo» cuenta el alférez Dou.

Una vez recuperada la posición preparan un centro de resistencia en la cima, a mil setecientos cuarenta y dos metros de altura. El día siguiente, 24 de mayo, atacan las Brigadas Mixtas 133ª, 68ª, de la 24 División, y 19 y 94ª, de la 68, que suman un contingente compuesto por más del triple de los efectivos nacionales, pero éstos resisten con insólita tenacidad.

En ese momento se reincorpora a la unidad el voluntario Manuel Sánchez Vázquez, de diecisiete años. Este requeté de Orense se había incorporado al Tercio de «Oriamendi» en la batalla de Teruel, cayendo gravemente enfermo sin haber llegado a entrar en combate. Ahora estaba contento de reintegrarse con sus compañeros. Apenas llevaba cuatro o cinco minutos en la posición cuando una bala lo mató. No había llegado a disparar contra el enemigo en lo que había durado su guerra.

El día 25, continúan los ataques que son rechazados una y otra vez, entre vivas y arribas a España y gritos de ¡otro toro!, ¡otro toro! En esos días se rechazan cuarenta y tres ataques, todos de gran violencia; en la mayoría de ellos se llega al combate al cuerpo a cuerpo.

El alférez Corpas anima a sus hombres entre las explosiones de las bombas enemigas y auxilia, entre otros, a un soldado que corre abrazando un amasijo de vísceras sangrantes contra su abdomen, creyéndolas suyas, sin percatarse de que el bombazo que le ha dejado conmocionado ha lanzado hacia su cuerpo el paquete abdominal de un compañero. Su sección se defiende con bombas de mano, fuego y bayoneta. El ambiente que se vive en estas jornadas queda gráficamente descrito en las palabras del voluntario y compañero de Ramón Corpas, José Álvarez Limia:

«...*fueron unos días y noches de auténtico infierno. Los ataques de las tropas rojas se sucedían de manera constante; No había horas para mal comer, ni para dormir, acurrucados al amparo y abrigo de una roca. Y entre uno y otro ataque eran las granadas de los morteros las que nos causaban bajas*» y nos habla de una ermita donde los nacionales alinean sus cadáveres mientras no pueden evacuarlos en artolas a lomos de los mulos. También de los ayes de los heridos.

Y Gárate Córdoba, en su magnífico libro *Mil días de Fuego*, lo relata del modo siguiente:

«*Pues ese día contraatacaron cinco veces Piedras de Aolo. La primera a las seis y media de la mañana. Tuvimos 139 bajas en total, pero era emocionante oír los gritos ¡Viva España! ¡Arriba España! ¡Viva la Falange! Y cantar el himno de Legión.*»... «*La proximidad de la base de ataque y la espesura del bosque les impedían descansar por la rapidez y violencia con que se desarrollaba el combate*»... «*Los ataques rojos estuvieron apoyados por su aviación de caza y bombardeo. El 25 hubo otros envites a las Piedras y el Collado de Sereles. Ya se había hecho clásico gritar ¡Otro toro! ¡Otro toro! después de rechazar cada ataque. Los dos últimos asaltos de ese día, a las diez y media y a las once de la noche, los daban unidades de refresco con armamento nuevo y flamante*»... «*El 26 los ataques fueron continuados y por varios puntos a la vez. Muy violentos, sobre todo nocturnos, con derroche de bombas de mano: unos a cortar la carretera, otros a Piedra de Aolo y otros a la cota 1.119 y a Esplá. Ese día hirieron al alférez Ramón Corpas de Vicente*».

El 27 nuevos ataques contra Aolo, rechazados con más de un 50% de bajas entre los más de tres batallones «republicanos». Pero el record lo batieron el día 28 atacando desde el amanecer:

«*Fracasaron dos batallones de Infantería de Marina de la 94 Brigada. Pero a la media hora lanzaron otro asalto, con un batallón de refresco, y después el tercero y el cuarto. A las cinco de la tarde se iniciaba el último con batallones de la 84 Brigada Mixta. La aviación roja se confundió y tiró a la caseta que ocupaban los suyos. Allí debió de hacer mucha carne, porque salió una sección nuestra de descubierta y solo en La Collada contó 83 cadáveres. Cuando habían sepultado a treinta empezaron a tirarles los rojos y tuvieron que suspender los enterramientos.* El 29 hubo nueve ataques a partir de las diez y media de la noche y el 30 los cuatro últimos, también nocturnos.

Por su parte, el Ministerio del Ejército lo narra como sigue:

«El alférez Ramón Corpas toma una posición con el fin de proteger las Peñas de Aolo que el enemigo ataca fuertemente con el fin de recuperarlas de nuevo. La madrugada del día 26 del mismo mes, al rechazar un fuerte ataque del enemigo resultó herido de metralla con varias heridas en cabeza y cara».

La Historia de la Cruzada Española cita:

«El despliegue de la artillería, aviación y tanques es muy fuerte; se ve que los rojos pretenden encontrar un punto débil entre las divisiones 62 y 63 (navarras), pero éstas resisten con una maravillosa fiereza sin ceder el terreno».

Y Manuel Aznar lo cuenta así:

«Durante seis días el combate será muy encarnizado; pero al final, agotados los ánimos de los atacantes y sembrada la tierra de cadáveres los rojos ponen punto final a la ofensiva que les ha traído una nueva desilusión».

El día 30, fracasan los últimos intentos frentepopulistas. Tras cuarenta y tres ataques consecutivos en tan sólo nueve días, los voluntarios nacionales quedan victoriosos. Han tenido novecientas diecisiete bajas (entre ellas, treinta y tres de oficiales y sesenta y seis de suboficiales), en tanto que son más de cinco mil las de los atacantes del Ejército Popular, claro que:

«...el espíritu elevadísimo de nuestras tropas y la firmeza del mando hacían que se contestase con inusitada energía. Hasta el punto que hubo combate en que no se disparó ni un solo tiro y como la posición carecía de alambradas, cadáveres del adversario quedaban dentro de ella y soldados nuestros caían en salidas heroicas»... «derroche de valor, serenidad y pericia tal que hicieron inútiles los 43 ataques que el enemigo desarrolló en aquellos días luchándose cuerpo a cuerpo y de noche» dice *Galería Militar Contemporánea.*

Rafael García Serrano, en su *«Diccionario para un macuto»,* cita la defensa de Piedras de Aolo como uno de los momentos más sublimes de la guerra, junto con las defensas del Alcázar o Simancas.

El jefe de la defensa, comandante del cuerpo de inválidos Rafael Montero Bochs, va a recibir la Laureada de San Fernando por estos combates. Ramón Corpas, por su parte, se hace merecedor de la Medalla de Sufrimientos por la Patria con pasador 26/5/38 Aolo. La 1ª y 5ª Compañías del 5º Batallón del Regimiento «América», la 1ª y 5ª Banderas de Falange de Burgos y la 15 Bandera de La Legión recibirán la Cruz Laureada de San Fernando colectiva. También van a ser concedidas diez Medallas Militares colectivas.

Merece la pena reseñar el estado de ánimo que compartían estas tropas en plena contienda. Nada mejor para ello que recurrir a un testimonio directo y recuperar de nuevo la voz y la memoria de Álvarez Limia:

«Recuerdo la vida en el Tercio de Oriamendi, de gran armonía y compañerismo. Combatíamos con un profundo espíritu religioso. Ese espíritu y las ansias de ver llegar pronto el final de la guerra hacían que, a pesar de las adversidades, mantuviéramos siempre alta la moral. Siempre respetábamos y amparábamos a los prisioneros, compartíamos con ellos nuestra comida y no conocí entre mis compañeros ningún acto de venganza».

6.19 TODOS LOS HERMANOS ERAN VALIENTES

Tras cuarenta y cinco días de convalecencia y después de un proceso de recuperación que le lleva por los Hospitales de Sangre de Sort, el de Deusto y el Militar de Pamplona, Corpas se incorpora a su unidad el 22 de julio, a tiempo para participar en la defensa del Coll de la Bena (mil cuatrocientos cincuenta metros de altura), entre Lérida y Barcelona. Allí, al mando de su sección, participa en el rechazo de una serie de ataques con fusilería y bombas de mano.

Por estas fechas, cuatro hermanos Corpas, todos ellos voluntarios, están combatiendo en el bando nacional en unidades muy diversas.

Además de Ramón, Pedro combate desde el Alzamiento con la 5ª Bandera Falange de la 1ª Brigada de Navarra. Ha participado en las campañas de Guipúzcoa, Vizcaya, Santander, Asturias, Alfambra y Teruel, habiendo sido herido en esta última el 31 de diciembre y reincorporándose al frente tras el alta del 21 de febrero. Antonio es sargento de artillería por méritos de guerra y, tras haber servido en una batería del 13 Regimiento ligero en San Ildefonso (Segovia) durante los primeros días de la guerra, y de obuses 10,5 Vickers en el Frente de Madrid (Ciempozuelos, Retamares, Pozuelo y Las Rozas), ahora manda un grupo de diez tractores de piezas de artillería. El más joven de los cuatro, Manolo, de 17 años, presta servicio en la 4ª Centuria motorizada del Servicio de Trabajo de Falange. Su hermana María también contribuye con la aportación de su trabajo de enfermera voluntaria en el Hospital de Sangre de Salvatierra de Santiago, en Cáceres; su novio Faustino Delgado, también está combatiendo voluntario.

El 19 de septiembre, Ramón recibe la noticia de la muerte en combate de su hermano Pedro. Luchaba desde el primer día en la 5ª Bandera de Falange Española de Navarra, de la 1ª Brigada y 1ª División de Navarra. Cayó en la Sierra de Caballs, en el contraataque nacional de la Batalla del Ebro.

7.19 BATALLA DEL PASO DEL DESFARRADOR Y ROCA ALTA

El 23 de diciembre de 1938, el alférez Corpas participa al mando de su sección en la ruptura del frente de Cataluña, atacando en el lector de Mata-Solana y ocupando el escarpado paso del Desfarrador y la posición Roca Alta, tras durísimos asaltos. Su oponente, el general Sanz, jefe de la 26 División del Ejército Popular Republicano que defiende esas posiciones, las describe así:

«En altísimas montañas fortificaciones formidables con decenas de nidos de hormigón a prueba de disparos hasta de 15,5 (...) se desarrollaron combates de gran intensidad y de una notable relevancia estratégica. (...) El principal objetivo de las fuerzas invasoras era apoderarse de las posiciones de Mont Repós y Roca Alta desde las cuales se bate el paso de El Desfarrador. (...) La infantería enemiga avanza deci-

dida al asalto. (...) Se suceden los combates. Las bajas causadas al enemigo son considerables pero las propias ascienden también en calidad».

Por su parte, el teniente de la artillería de aquel mismo ejército, Pere Carbonell, nos cuenta:

«De res no había de servit el cost i el trabaill de numbers d'obres durant mesos per a construir centenars de quilometres de trinxera, millers de refugis, nins de ametralladors, centenars de quilómetres de fillferrats i numeroses emplacamentes artillers» (De nada nos habrían de servir el trabajo de miles de obreros durante meses para construir centenares de kilómetros de trincheras, millares de refugios y nidos de ametralladoras, centenares de kilómetros de alambre de espino, numerosos emplazamientos artilleros).

Veamos con que laconismo nos cuenta Ramón Corpas la toma de aquellas formidables posiciones:

«Las operaciones comenzaron a las 8 de la mañana del mismo día. Para las dos de la tarde, tomábamos Roca Alta. En días sucesivos tomamos el pueblo de Santa María de Meyá y las cotas 916-914 y 883, en la cual merecimos la compañía una felicitación del mando el 28 del mismo mes y día en el cual también el coronel El Mizzián propuso a mi compañía 1ª para la Medalla Militar. Hoy, hirieron a mi lado a mi asistente». Su Hoja de Servicios del Ejército nos lo cuenta así: *«El alférez Ramón Corpas comienza el año 39 sosteniendo durísimos combates por Aubas, sierra Grossa, Llusos Boada, paso del Segre, Grau y Ceco, actuando también con su unidad en las rápidas marchas desde Camps de Lima a Solsona y Seo de Urgel».* Mientras él, anota: *«1939 ¡Feliz Año Nuevo!»... El primer día del año lo pasamos en Sierra Grossa. Jamás olvidaré este principio de año. ¡Que no se repita!».*

El día dos de enero, escribe:

«Pasado el día en S. Grossa, salimos de noche hacia el pueblo de Uña acampando a orillas del Segre, donde se había establecido una cabeza de puente. Terrible noche de estruendos y sobresaltos. (...) En días sucesivos tomamos Castillo de Brialó-Collfret y las cotas 420-320-660-730-739-800 y 882, llegando a la frontera francesa. (...) Pasamos el día en Solsona, tomada por la 62. Las fábricas estaban ardiendo y la ciudad en bastante mal estado», dice el 5 de febrero, y el 6, añade: *«Salimos en coches a las 10 de la mañana, acampando al anochecer en las cercanías de Ongaña porque teníamos que ir continuamente dando rodeos debido a la barbarie destructora roja».*

Así continúa su testimonio de esos primeros días de enero de 1939: *«7, martes, llegamos a... Poco tiempo estuvimos en este pueblecito pero para ser franco diré que no me gustaron nada sus habitantes. (...) 8, Miércoles. Pasada la noche en Plá partimos para la frontera de Andorra, donde relevamos a las fuerzas de la 62 División, después de una marcha de no muchos kilómetros. (...) 9/10 Muy bien lo pasé en este pueblo (gracias a la rubia M. que me acompañó hasta Seo de Urgel el día de la partida). La verdad es que sentí marchar por su buena gente y por ser el emplazamiento de la artillería que nos bombardeaba cuando defendíamos Piedras de Aolo. (...) 11, Sábado. Salimos después de comer de Ballestas, pasamos por Seo de Urgel y pernoctamos en Alás. ¡Buena gente! Aquí recibimos la noticia de la terminación de la campaña de Cataluña. (...) 12. A las 6 de la madrugada, montamos en los coches en Alás para llegar a comer opíparamente en Balaguer. Entramos bajo los acordes del himno de ¡Auxilio Social!. (...) 13, ¡Balaguer, Balaguer, quién te ha visto y quién te ve! Verdaderas montañas de cerveza refrescaron nuestras sedientas fauces para celebrar la tan áspera y dura por demás campaña de Cataluña. ¡Por fin!! Franco, Franco, Franco ¡Arriba España!».*

Y en su diario de campaña, sigue anotando las circunstancias y vicisitudes de este tramo final de la guerra civil:

«14. Marcha triunfal desde Balaguer para sentar base en... ¡Si esto es un pueblo, que venga Dios y lo vea! La mañana la he pasado toda reposando, la tarde, absorto en la lectura, solución inevitable al aburrimiento. ¡Señores, qué pueblecitos hay en nuestra España!. (...) 15. Solamente diferencio este día del anterior en que las judías estaban socarradas. ¡Esto sí que es comer y dormir a la sopa boba! ¡Pobres militares, qué vida!». Y en días sucesivos:

«Salgo para casa con el único y exclusivo fin de disfrutar del permiso extraordinario concedido por la superioridad. (...) A las doce de la noche, llegué a Zaragoza. Cenamos opíparamente en el Salduba, consumiendo a continuación humeante café y sendas copas de coñac en el famoso Alaska. (...) A las tres, estaba en Tudela. Por no encontrar cama, tuve que hacer de Sereno. La primera vez en mis largos años de vida que pasé la noche contando las estrellas. ¡Sereno...!».

El día 21 de enero, ya en casa, anota:

«Encontrábame disfrutando de la comodidad y alegría de la Patria chica. Desde aquí sí que se puede gritar «viva la guerra...»

Poco después es enviado con su división a Guadalajara, donde rompe el frente por el sector de Brihuega, avanzando luego, en continuas marchas de ocupación, hasta Carrascosa del Campo (Cuenca).

El 28 de marzo, anota:

«Salimos a las siete de la mañana, llegando a Brihuega a las doce de la noche. Total, cincuenta kilómetros al día. Nunca olvidarán mis pies crimen tal. ¡Pobrecillos! No podían con mi cuerpo». Y el 29, «Salimos de Brihuega y pernoctamos en Romanones, a petición del pueblo. ¡Buena gente! ¡Recibimiento y despedida apoteósicos! Día 30, «Salida de Romanones y pernoctación en Loranca de Tajuña. Pero qué marcha, señores, de agua y granizo ¡Nunca había visto sopa de soldados!»

Aquí se interrumpe el diario de campaña. Sin duda, por las alegres celebraciones de la victoria. Pero todavía quedan muchas etapas que cubrir en la dilatada vida profesional del todavía alférez Ramón Corpas de Vicente.

8.19 CON EL «AMÉRICA» CONTRA EL MAQUIS

Tras cursar sus estudios en la Academia de Infantería y recibir su despacho de teniente profesional, se incorpora al Batallón de Cazadores de Montaña «Montejurra», en el que se va a hacer cargo, primero, del mando accidental de la 2ª Compañía, para incorporarse después a la compañía de Armas. Con él interviene en la lucha contra el maquis

Ese mismo día 4, sale Ramón con sus tropas para el Pirineo y sostiene un vivo combate en el monte San Fernando, en Vidángoz. Mueren algunos maquis, siendo capturados doce. Al día siguiente, un nuevo choque se cierra con otros cinco guerrilleros muertos y treinta apresados, por dos soldados muertos y un teniente herido en el Ejército. Todavía va a darse otro choque importante, en Navascués. Y el día 18, van a ser capturados varios prisioneros más, en el alto de Velate.

El día 27, el Batallón del «América» tiene que enfrentarse con fuerzas guerrilleras muy numerosas, que son derrotadas sufriendo gran cantidad de bajas; al coste de tres soldados muertos y un teniente, un guía civil y cinco soldados heridos. En todos los casos, la población civil se muestra claramente hostil a los maquis y en actitud de franca colaboración con el Ejército.

A pesar de que Santiago Carrillo ha dado ya la orden definitiva del cese de operaciones, el día 28, todavía, el 30 de octubre, se va a producir una nueva escaramuza contra un contingente de trescientos guerrilleros que han cruzado la frontera por Bentartea, en el collado de Orbaiceta, y que se ven obligados a huir a Francia, dejando varios prisioneros y numeroso y moderno material de guerra. Ésta va a ser la acción final de esta última secuela militar de la guerra civil.

En Navarra, la invasión ha dejado cincuenta maquis muertos y más de doscientos cincuenta prisioneros. Estos, a su vez, han acabado con la vida de diecisiete militares, diez guardias civiles y tres policías; además de haber asesinado a siete ciudadanos civiles.

El 14 de noviembre, con un desfile en San Sebastián, ante el capitán general de la Sexta Región Militar, general Yagüe, se celebra la victoria sobre la invasión. Yagüe felicita a las unidades que han combatido así:

«Es para mí una gran alegría transmitiros esta felicitación de nuestro Ministerio; y el haceros saber la satisfacción que me ha producido el magnífico comportamiento de todas las divisiones desplegadas en la frontera que, sin reparar en sacrificios, con lluvia y nieve, en terrenos difíciles y ásperos, no han descansado hasta aplastar la rebelión. Habéis enseñado a los que han tratado de perturbar el honrado e intenso trabajo que España necesita, para reconstruir lo que ellos destruyeron; la decisión de que os anima. Habéis enseñado a los que pasaron la frontera en plan de rebeldía, el portazgo que estáis decidios a cobrar a los que pisen de la misma forma los umbrales sagrados de la Patria. Y por fin les habéis enseñado el valor y la hidalguía con que proceden los soldados de España al luchar y al tratar al vencido. Con mi felicitación os mando mi agradecimiento y mis saludos mas cariñosos».

9.19 La paz

En los años 46/47, ya con el empleo de capitán desde el 19 de mayo de 1945, realiza los estudios de Mando de Tropas de Esquiadores Escaladores, en la Escuela de Alta Montaña de Jaca y, con ese diploma, es destinado al Batallón de Cazadores de Montaña «Estella» XXI, donde toma el mando de la recién creada Compañía de Esquiadores Escaladores. Dirigirá los cursos de esquí y escalada de la división, siendo felicitado varias veces y citado en la Orden General de la División; patrullas entrenadas por él ganan el concurso de España de Escalada, en 1951, y el de la VI Región Militar de esquí en 1952. Ramón Corpas de Vicente se casa en la hermosa ciudad navarra de Estella, el 15 de octubre de 1949, con Celia Mauleón Osés,(Licenciada en Filología Hispánica, diplomada en Magisterio con el nº 1 de las oposiciones, titulada superior de Idioma Francés) con quien va a compartir treinta y ocho años de matrimonio y cuatro hijos.

En 1960, supera el curso de aptitud para jefe, ascendiendo a comandante el día 18 de febrero del 61, así como también realiza el curso de Información de jefes en 1962. Tras disolverse el regimiento, queda en la plaza de Estella el Batallón de Cazadores Motorizado «Guipúzcoa» 62, del que es comandante mayor, y último comandante jefe accidental hasta su disolución definitiva, en octubre de 1966.Desempeña después los mandos de Protección Civil de Alfaro y de La Rioja, ascendiendo a teniente coronel en 1972, y a coronel en 1977. Ramón Corpas de Vicente fallece en su casa, en Estella, su ciudad de adopción, el día 27 de febrero de 1987, a los 69 años.

Estaba en posesión de las siguientes recompensas:

Sufrimientos por la Patria, cinta Fuego Enemigo, Gran Cruz de Guerra al Mérito en Campaña, dos Cruces al Mérito Militar con distintivo rojo, Medalla de los Voluntarios de Navarra, Medalla del Alzamiento y Victoria, Medalla de la Campaña, Cruz y Gran Cruz de la Orden de San Hermenegildo a la Constancia en el Servicio, Medalla Militar colectiva, Medalla de la Diputación Foral de Navarra 25 Años de Paz, Medalla de 20 años de Falange, Medalla de Protección Civil, Cruz del Mérito Militar con distintivo blanco y distintivo de Esquiadores Escaladores con cinco barras doradas

La Hoja de Servicios destaca, por otra parte, su valor acreditado, junto con sus grandes dotes de mando, tácticas y espíritu militar. Significando que: «*este jefe se ha distinguido por su espíritu de servicio y lealtad*». Cuenta además con numerosas felicitaciones por dirección de ejercicios tácticos y cursos de escalada y esquí.

Ha sido un «provisional» con más de 43 años de servicio activo, un oficial respetado tanto por sus superiores como por sus subordinados, un ciudadano ejemplar y un hombre de destacada calidad humana. Muy querido por sus compañeros y las tropas a su mando. Además de por todos los que hemos tenido el privilegio de conocerle.

Del coronel Ramón Corpas se habla en los libros «*1.000 días de Fuego*», «*Guerreros, historias de mil años*», «*De Estella a Santiago*» e «*Historias de la ciudad de Estella*», en varios artículos de las revistas *SERGA historia militar del siglo XX, Española de Historia Militar y Razón Histórica*, así como en «*Diario de Navarra*», donde Juan Ramón Corpas, en su columna «*Al hilo*» y con el título «*Homenaje*», escribe:

«*...Mi padre, que era gente valiente, ha preferido morirse deprisa y de una vez, por no molestar. Él era así.*

Ahora estará sin duda, disfrutando de aquellos otros mundos en que él siempre esperó. Y es que en el momento definitivo cada cual siempre alcanza lo que se merece.

(...) Queda de él lo que nosotros somos. Y, a nosotros, nos queda ese insidioso cosquilleo de no poder volver devolverle –ya nunca, nunca ya– todo lo que nos dio. También, el desasosiego de no alcanzar a saber lo que le dimos. Si es que le dimos algo. (...) Recuerdo sí, su pausado magisterio de ternuras, su escuela de tolerancia y de silencio, su erudición en sonrisas. Su bondad. Y, sobre todas las cosas, su elegante manera de ejercer el arte de la ironía. Eso y su inacabable concepto de la dignidad. Era –creo que ya lo he dicho– un hombre cabal y, por lo tanto, poco amigo de estas letrillas y estas zarandajas. De modo que ahora, allá donde esté, me estará mirando detrás de sus eternas gafas oscuras con un gesto desaprobador. A él no le hubiera gustado sentirse sujeto de artificio, de palabra literada y engañadora, de trivialidad. Yo lo sé. Pese a ello –y con lo que me duele– no puedo evitarle esta breve referencia, este mínimo homenaje. No traerlo hoy a esta columna que yo siento tan mía me parecería una traición. Estoy seguro que me lo perdonará. Como siempre.»
(Marzo de 1987)

CAPITULO 20

LA GUERRA DE INVIERNO

1-20 EL ORIGEN

Los esquiadores finlandeses realizaron una gran hazaña en el comienzo de la II Guerra Mundial aunque motivos políticos hicieron que se tapasen bastante aquellos hechos. Por aquellas fechas, y durante varios años más Stalin, el mayor criminal de la Historia, era aliado de Francia, Inglaterra y USA, y presentado en esos países como el «padrecito» Josef, un paternal señor de grandes bigotes. A tal punto que Georges Orwell denunció en su prólogo, titulado «La libertad de expresión», que no pudo publicar esos años su novela «Rebelión en la Granja» en Inglaterra por que, aunque ya eran conocidos sus crímenes, no se podía criticar al tirano comunista.

Stalin estaba envalentonado pues, tras repartirse Polonia con Alemania, los aliados habían declarado la guerra sólo a esta última; así que planeaba lanzar sus ejércitos a invadir Finlandia.

Esta nación, tras su independencia, había tenido una guerra civil entre «rojos» y «blancos» precursora de la española. Los estalinistas, apoyados por la URSS, habían perdido, obteniendo la victoria los anticomunistas, capitaneados por el mariscal Mannerheim, y ayudados por Alemania. Con el tratado de Tartu, en 1920, el Kremlim reconocía la independencia y soberanía de Finlandia, pero Stalin no pensaba respetar el acuerdo firmado.

Stalin creía que la poderosa máquina de guerra de un imperio, la URSS, de ciento ochenta millones de habitantes se iba a comer de un plumazo a una nación de solo cuatro millones, con menos población que Madrid, por poner un ejemplo. Con esa seguridad, el 1 de diciembre de 1939, los ejércitos del tirano soviético comenzaron a invadir Finlandia a las nueve horas y quince minutos; a esa hora veintitrés divisiones soviéticas con más de dos mil tanques iniciaban la ofensiva a los largo de los mil doscientos kilómetros de frontera.

2-20 LA BRAVOS ESQUIADORES FINLANDESES

Pero allí les esperaban los finlandeses. Éstos tenían un ejército pequeño, en el que destacaba la Guardia de Fronteras, fuerza considerada de élite. Además movilizaron a una población muy motivada, y toda ella experta esquiadora, lo que sería muy importante para la guerra que se iba a librar.

El parlamento aprobó, en 1922, el Servicio Militar Obligatorio, que duraba un año, tras el cual los veteranos estaban dos más en la Reserva Activa integrados en las Unidades de Defensa. Estas mantenían los cuadros y el armamento para una rápida integración de los reservistas, quienes además se movilizaban periódicamente para realizar ejercicios. Al terminar ese periodo se pasaba durante veinticuatro años a la reserva propiamente dicha. Gracias a este sistema en el momento de la agresión soviética se pudieron movilizar rápidamente cien mil reservistas, a sumar a otros cien mil miembros de la Guardia Cívica (formada por civiles que practicaban entrenamiento militar). Absolutamente todos eran esquiadores.

Además existía la *Lovta Svard*, fuerza auxiliar femenina que asumía todo los puestos de cocina, enfermería, oficinas, liberando todo el contingente para el frente de batalla. De esta forma, un país con menos población que Madrid, puso en el frente un ejército más de cuatro veces más numeroso que el español actual, por ejemplo. Todo ello salvó a Finlandia de ser uno más de los países tiranizados tras el Telón de Acero comunista.

En 1931, el mariscal Carl Gustaf Emil Mannerheim, vencedor de la guerra civil que confirmó la independencia frente a la URSS, fue nombrado por el gobierno presidente del Consejo de Defensa Nacional. A pesar de que la Dieta (parlamento finés) no le aprobó las partidas para armamento que tanto echarían en falta durante la guerra, el mariscal aplicó con tesón inteligentes medidas para la defensa. Así, fue mandando numerosos oficiales a formarse en academias alemanas, mientras ordenaba realizar numerosos ejercicios tácticos a tropas y reservistas. También consiguió que varios cientos de miles de parados, estudiantes y otros ciudadanos voluntarios acudieran, entre 1931 y 1939, a construir defensas en la frontera con la URSS.

El ejército así compuesto, con total conocimiento del terreno y una gran movilidad en las nieves de la zona, acosó a los soviéticos causándoles importantísimas bajas. A pesar de la desproporción de fuerzas los finlandeses aguantaron ciento cuatro días, teniendo que emplear la URSS un millón cuatrocientos mil soldados, tres mil doscientos tanques, y tres mil aviones. Tuvo Finlandia la ayuda de algunos miles de voluntarios suecos y algunos cientos de daneses. Los niños finlandeses fueron evacuados a Suecia.

La URSS atacó con sesenta divisiones y un gran arsenal blindado y de aviación. Los finlandeses sólo pudieron armar nueve divisiones, aunque tenían bastante más soldados, incluidos algunos noruegos, porque les faltaban armas por la ceguera del parlamento.

Los finlandeses en su totalidad estaban dotados de esquíes y conocían perfectamente el terreno. Éste, con numerosos bosques y lagos, obligaba a las columnas rusas a tener poco frente y mucho fondo al moverse por vías estrechas. Allí eran atacados por patrullas de esquiadores que aparecían de la nada. La estrategia finlandesa era dividir las fuerzas soviéticas en varias bolsas, denominadas «mottis» e ir acabando con ellas una a una. Además, consiguiendo que los rusos pasaran la noche al raso, sabían que muchos perecían o eran bajas por congelación.

Allí también se bautizó el coctel «Molotov», inventado en la Guerra de España para detener los tanques soviéticos T-26B del bando «republicano», y con el que los finlandeses hicieron estragos a esos mismos blindados rusos.

El nombre vino dado por que el cínico ministro de asuntos exteriores soviético Molotov, cuando le preguntaron en la Sociedad de Naciones por las toneladas de bombas que estaban lanzando sobre la población civil finlandesa, dijo que eran alimentos de ayuda solidaria. Los finlandeses le respondieron que ya que él ponía la comida ellos iban a darle la bebida a base de cócteles.

Mientras, en los mil trescientos kilómetros de frente los finlandeses habían detenido el ataque soviético causándoles además grandes bajas. En el mar, la flota rusa del báltico había sido rechazada por las baterías costeras, y en el aire también estaban recibiendo los comunistas un fenomenal baño.

Los soviéticos enviaron como refuerzo una brigada de esquiadores que, según Nikita Khrusev, eran los mejores de la Unión Soviética; pero fueron aplastados por fuerzas también de esquiadores finlandesas, mucho menores en número y que, sin embargo, les causaron más de mil ochocientos muertos. Los testigos finlandeses manifestaron que los esquís de sus enemigos eran tan malos que solo podían servir para leña; también que los rusos no habían limpiado bien la grasa de sus armas por lo que muchas de ellas no funcionaron al congelarse.

Cuando el 13 de marzo de 1940 se firmaba el armisticio. Los soviéticos habían tenido doscientos mil muertos, por veinticinco mil finlandeses, y habían perdido mil seiscientos carros y novecientos aviones, a cambio de noventa aparatos de los defensores; muchos soviéticos perecieron congelados. Finlandia perdía un 10% de su territorio, pero conservaba su independencia.

3-20 CONCLUSIONES DE UNA GUERRA

La mediocre actuación del Ejército Rojo se debió fundamentalmente a las siguientes razones:

1.-Convencidos de que su inmensa superioridad aplastaría cualquier resistencia, que tampoco esperaban, no habían preparado bien sus planes de ataque, además de permanecer aferrados a ellos sin saber adaptarlos.

2.-Los comandantes de unidad estaban supeditados a los comisarios políticos comunistas

3.-Las tropas rusas no habían sido adiestradas para combatir en bosques y, además, sus uniformes verdes eran muy llamativos sobre la nieve, mientras que los finlandeses estaban perfectamente adaptados y, vestidos de blanco sobre sus esquíes, eran invisibles y gozaban de mayor movilidad.

La URSS tenía mucho que mejorar en sus unidades, pero empezó poco a poco a hacerlo. Por su parte Alemania quedó convencida de la incompetencia del Ejército Rojo y subestimó el potencial de la URSS.

Al romper Hitler el pacto germano-soviético, que le aliaba con Stalin desde 1939, e invadir la URSS, Finlandia atacó de nuevo para recuperar los terrenos ocupados por aquella; era el 1 de junio de 1941. Al finalizar la II Guerra Mundial fueron de nuevo invadidos por los soviéticos, triunfadores del conflicto, pero los esquiadores finlandeses demostraron ser una fuerza temible.

Los uniformes del ejército finlandés se introdujeron en 1936. Estaban influidos en el corte por los del Ejército Alemán, que había ayudado a la naciente Finlandia en 1918, aunque en color gris y no verdoso. El traje de campaña era igual para el ejército y fuerza aérea, diferenciándose solo por el color de los distintivos de cuello. El de paseo llevaba en las hombreras una chapa de latón con el león finlandés, y otra al lado con el arma. El uniforme de camuflaje blanco, con gorro de tipo ruso, se utilizó durante toda la Guerra de Invierno y durante muchos meses al año en la II Guerra Mundial, pero sólo por una pequeña parte de las tropas; la mayoría lo único que llevaban en común eran los colores nacionales en la gorra, combatiendo incluso muchos con sus ropas civiles. A ésto llamaron los finlandeses «uniforme Cajander», por el apellido del primer ministro que tan poco equipo les dio.

Cascos, emplearon de diferentes modelos y procedencias, con cierto predominio de alemanes M1935. En diversas fotos se ve a unidades con una calavera pintada sobre ellos. El armamento individual también era muy diverso, siendo habitual el subfusil Suomi, que dio muy buen resultado.

4-20 LA GUERRA DE CONTINUACIÓN

Cuando Alemania rompió el pacto que durante dos años mantuvo con la URSS y la atacó, en 1941, los finlandeses también lo hicieron hasta recuperar sus fronteras de 1939.

A pesar de que sus aliados les pedían que continuaran la campaña hasta cercar Leningrado, los finlandeses se negaron a hacerlo, por lo que esa ciudad nunca estuvo rodeada por completo. A pesar de ello, Stalin prohibió la evacuación de los civiles, dejándolos como escudos humanos y sin apenas comida, ya que ésta se mandaba prioritariamente para el ejército. Murieron cientos de miles, condenados por el dictador soviético a la primera línea de frente y bajo el fuego.

El 9 de junio de 1944, un experimentado Ejército Rojo, potentemente armado por EEUU, atacó de nuevo Finlandia y de nuevo esta pequeña nación se defendió heroicamente. Aunque en esta ocasión no pudo contar con su gran aliada, la nieve, también causó las suficientes bajas a la URSS para obtener un armisticio que, aunque le hizo perder aún más territorio que el arrebatado en 1939, le salvó de ser uno de tantos países europeos que fueron entregados a la sangrienta tiranía comunista al final de la II Guerra Mundial.

En total, las guerras con la URSS habían costado a la pequeña Finlandia noventa y cinco mil muertos y la pérdida de un 10% de su territorio con quinientos mil desplazados. Por su parte los soviéticos habían tenido más de trescientos cincuenta mil muertos en esos combates. Para hacernos idea de intensidad de la Guerra de Invierno y la de Continuación, los norteamericanos en el tan filmado «Día D» tuvieron dos mil quinientos muertos.

El mariscal Mannerheim, que tan brillantemente había luchado por su país y era un héroe popular, tuvo que exiliarse a Suiza por las presiones soviéticas, donde falleció en Lausana el 27 de enero de 1951.

CAPITULO 21

ESQUIADORES ESPAÑOLES EN EL ÁRTICO

1-21 La División Azul

En ese mismo «Frente Norte», de clima ártico, combatió la 250 División de Voluntarios Española, más conocida por los alemanes como «Blau División», por el color de las camisas azules que solía asomar del uniforme sus miembros, en un gran porcentaje voluntarios falangistas. Cubría un sector de cincuenta kilómetros dentro del XXXVIII Cuerpo del 18 Grupo de Ejércitos.

La división constaba de una plantilla de más de dieciocho mil hombres, pero sumando los diferentes relevos pasaron por ella casi cincuenta mil voluntarios. Alcanzó una gran reputación, siendo alabada por los alemanes y sus aliados, y temida por los militares soviéticos, además de ser querida por la población civil, tanto polaca como rusa.

A diferencia de la 9ª Compañía del Regimiento de Marcha del Chad, de 2ª la Semibrigada de la 2ª DB de De Gaulle, donde combatieron obligados[1] algunas decenas de republicanos españoles exiliados en Francia, para la División Azul se presentaron en seis días más de doscientos mil jóvenes, por lo que se cerraron los banderines de enganche. Numerosos oficiales aceptaron alistarse de soldados al estar completas también las plazas de oficial. Además, estos voluntarios acudían desde una España en paz y, en muchos casos, abandonando altos cargos. Por ejemplo se alistaron siete gobernadores civiles, muchos alcaldes, varios directores de periódicos o los Delegados Nacionales de Sanidad, Sindicato Español Universitario, y el de Prensa y Propaganda, Dionisio Ridruejo, (quien allí escribiría una gran obra de poemas, «Cuadernos de Rusia»). Lucharon bajo bandera española, y encuadrados en una gran unidad totalmente española, con mandos también españoles.

La 9ª, en cambio, era una pequeña compañía con mandos y bandera francesa que no tuvo ninguna trascendencia en combate, mientras que la División Azul se cubrió de gloria en importantes batallas.

La 9ª, por poner un ejemplo, llegó a Normandía dos meses más tarde del desembarco, siendo usada como propaganda, pues De Gaulle quería que entrase en Paris (declarada Ciudad Abierta por los alemanes, que se retiraban sin defenderla) una unidad que pudiera dar aspecto europeo, dado que la mayoría de los miembros de su pequeño ejército eran senegaleses o cameruneses de las colonias. Unos ataques de maquis comunistas de la FTP a oficinistas alemanes en repliegue dieron al general francés la escusa para mandar sus tropas a París, con gran disgusto del general Patton, que sabía que esa semana de detención y celebracio-

---

1 A los miembros del Ejército Popular los franceses los internaron en campos de concentración al raso, sin espacio para moverse, tumbarse, o para hacer sus necesidades y vigilados por senegaleses que les trataban duramente y disparaban a la mínima; muchos murieron. Para salir de allí les obligaban a alistarse en la Legión Extranjera. En ella les sorprendió la II Guerra Mundial.

nes venía muy bien a los alemanes para reorganizarse, y que la patochada de la «Leclerc» costaría luego decenas de miles de bajas, como así fue.

La *250 Spaniche Division* formó parte del sitio de Leningrado, y de la reducción de la bolsa del Volchov, donde se destruyó a los ejércitos soviéticos 2º de Choque, 52º y 59º, causando cien mil bajas a los rusos y capturando treinta y tres mil prisioneros, incluyendo a su general Vlasov, quien luego mandaría el Ejército Rusia Libre contra Stalin siendo fusilado con sus hombres, entregados por los aliados al genocida soviético en cumplimiento de los acuerdos de Yalta. También enero de 1943 fue importante en la detención de la operación soviética «Inkra» lanzada por el 67 Ejército de Gorogov y el 2ª de Asalto. Allí el II Batallón del 269 Regimiento acudió en ayuda de los alemanes combatiendo en la batalla de Posselok con gran coraje y acierto. De sus 586 hombres quedaron ilesos 25. El general Lindeman, jefe del 18 Ejército de la *Wehrmacht* diría «*Se han arrojado con verdadero heroísmo contra un enemigo numéricamente muy superior*» y el general Hühmer, jefe de la 61 División «*...dicho batallón ha contribuido a retener el torrente rojo en este sector de frente. No puedo menos que expresar al II Batallón del Regimiento de Granaderos 269 mi gratitud y reconocimiento...*»

En febrero de 1943 la División Azul detuvo en Krasny Bor la ofensiva de las Divisiones 65º y 43º de la Guardia, las 72º y 43º de infantería, las Brigadas de Esquiadores 34º y 250º, y la Brigada Motorizada 35º, más un batallón de carros con los poderosos T-34 y los enormes KV-1.

Así que, cuando el inefable ministro socialista[2] Bono (quién retirara el segundo lema[3] del monte de la Academia General Básica de Suboficiales «A España servir hasta morir», para no herir a los independentistas, y que por cierto, nunca se ha repuesto) intentó equiparar ambas unidades, intentaba de nuevo confundir, minusvalorando la 250ª y dando a una anécdota como la 9ª una relevancia totalmente falsa.

Entre los voluntarios de la División Azul famosos en el ámbito civil hay que citar a Álvaro de La Iglesia, fundador y director de «La Codorniz»; el poeta y entonces Director Nacional de Prensa y Propaganda, Dionisio Ridruejo; el director de cine Luis García Berlanga, entonces miembro del Sindicato Español Universitario, SEU, falangista; el camisa vieja Dr. Iglesias Puga, padre de Julio Iglesias; Miguel Javier Urmeneta, voluntario del 18 de julio, luego comandante de Estado Mayor y después alcalde de Pamplona, presidente de Caja Municipal, y diputado Foral de Navarra, todo ello con el general Francisco Franco como Jefe de Estado.

También casi todos los que llegarían a tenientes generales hasta los años 70 habían participado en la División Azul, como Mariano Gómez Zamalloa, Carlos Iniesta Cano, Quintana Laccaci, Ángel Campano, Jaime Milans del Bosch, Aramburu Topete, Pedro Merry Gordon, Amado Lóriga, González del Yerro; o en las escuadrillas azules, como Salas Larrazábal o Lacalle Leloup.

---

2 El que se autoconcedió la Gran Cruz del Mérito Militar.
3 El que tuvo anteriormente, desde su inauguración, fue «¡Franco! ¡Franco! ¡Franco!»

Su mítico primer general, el falangista Agustín Muñoz Grandes, llegó a capitán general y fue ministro de Defensa, Secretario General del Movimiento y vicepresidente del gobierno. El segundo jefe de la 250ª División, también buen mando, fue Emilio Esteban Infantes, quien se retiraría con el empleo de teniente general.

Toda la unidad combatió en un clima ártico, y de sus duras experiencias se sacaron buenas enseñanzas para el combate de esas características, similar al de la alta montaña. Además la División creó una compañía de esquiadores que pasó a la fama por una hazaña singular.

2-20 HAZAÑA EN EL HIELO RUSO

La División Azul había creado una compañía de esquiadores. Contaba con seis secciones y plana mayor, y estaba al mando del teniente José Otero de Arce. En la madrugada del 10 de enero, en Spass, en la ribera norte del lago Ilmen forma esta unidad con sus secciones mandadas por los tenientes Vicente Castañer Enseñat, Antonio García Porta y Jacinto del Val, y los alféreces Germán Bernabeu del Amo, Joaquín García Lario y Alfonso López Santiago. A estas fuerzas se habían agregado del grupo de Exploración los tenientes Bernardino Domínguez Díaz, al mando, Pedro Sánchez Bejarano, médico, y Constantino Alejandrovich, ruso anticomunista que había combatido en la Guerra de España, interprete, más un sargento y tres guripas. Además un cabo y doce soldados del Batallón de Depósito 250,«La Tía Bernarda», siete soldados del grupo de veterinaria y dos sargentos, dos cabos y cinco guripas de la plana mayor de la 5ª Compañía divisionaria de Antitanques cuyo jefe, el capitán Ordás, tomaba el mando de la agrupación de fuerzas. En total doscientos seis hombres, siendo ciento cincuenta y cuatro de la compañía de esquiadores. Además se les agregaron setenta paisanos rusos con sus trineos para llevar impedimenta, víveres, radio, municiones y evacuar heridos en su caso. El capitán de corbeta y jefe de la Falange gaditana, Manuel Mora Figueroa les pasó revista en la plaza de Spasspiskopez y les dirigió las siguientes palabras:

«Vais a liberar un batallón de camaradas alemanes cercados por el enemigo. Atravesareis el lago. La marcha será dura. Y tendréis que luchar contra contingentes soviéticos numéricamente superiores. Si alguien de vosotros se encuentra mal que lo diga ahora».

Nadie salió de la fila. Al otro lado del lago Ilmen, en una aldea llamada Vsad, el capitán Pröhl manda a sus soldados, más diversos grupos de otras unidades dispersadas por la gran ofensiva soviética que los ha cercado. En total quinientos cuarenta hombres. Este capitán hace saber por radio que *«no se rendirá jamás».*

Los españoles han recibido un gran lote de prendas de abrigo civiles enviadas por los alemanes, lo que les da un aspecto pintoresco. Dice el francés Sait Loup:

«El que perdía un guante al contado perdía la mano a plazos. Para evitar esta terrible perspectiva le quedaba el recurso de recubrirlas con un jersey «Belle Epoque» y a los disfraces ya puestos de chófer de 1.900, boyardos rusos o elegantes berlinesas, la compañía añadía ahora los de boxeadores provistos de enormes guantes».

Por su parte el teniente Otero de Arce ha dicho a sus hombres:

«Vamos a liberar Vsad que está cercada. Vsad resiste, pero numerosas unidades enemigas se han introducido por todas partes y no sabemos exactamente dónde. La situación es muy confusa. No hay tiempo que perder y desgraciadamente no podremos alcanzar nuestro objetivo por el camino más corto. ¿Habéis visto el estado del lago? Es muy profundo en su parte central y como el hielo tiene un peso específico inferior al del agua, tiende a elevarse continuamente y es esto lo que produce las grietas. Será largo y duro. ¡Valor!».

Los más viejos de la zona no recuerdan un invierno como ese. Durante la travesía por el lago se alcanzarán los 53 grados bajo cero, provocando numerosas bajas por congelación. Las barreras de hielo les obligan a avanzar en zigzag y muchos trineos se pierden, con su carga, en las grietas.*«Halt, halt! ¿Wer ist da? ¡España! ¡Blau División!»*

«Gut Spaniem», responden siempre los alemanes. Se alegran de tenerlos cerca, pues dan seguridad y solidez al frente. Han llegado a Ustrika, y quienes les hablan son parte de un pequeño destacamento de la 290 división motorizada de Alemania del Norte. El capitán Ordás radia, a las 10,10 horas al general Muñoz Grandes:

«Tras haber franqueado seis enormes murallas de hielo y numerosas grietas, llegamos ahora a Ustrike a pesar del frío, la radio averiada y de las brújulas descompuestas. Ciento dos hombres han sufrido congelaciones, de ellos dieciocho muy graves. Durante la travesía del lago perdimos muchos trineos. La moral es muy elevada.»

Esta fue la respuesta:

«Conozco los esfuerzos que habéis realizado durante esa terrible marcha. Solamente la mala suerte os ha impedido alcanzar vuestro objetivo. La guarnición de Vsad se defiende todavía con gran valor y hay que socorrerla cueste lo que cueste, aunque los nuestros queden en el hielo, incluso si ninguno sobrevive, tú comprendido. Seguid adelante hasta la muerte. Todo por los heroicos defensores de Vsad. Hay que salvarlos o morir con ellos. Gracias en nombre de la Patria. No desfallezcáis. Tengo confianza en vosotros»

A las nueve de la mañana parte la unidad española hacia Vsad. Las borrascas de nieve borran el paisaje pero los soviéticos abandonan una aldea ante la presencia de los divisionarios a los que temen. Dejan en ella numerosos heridos, haciendo además los españoles prisionero a un soldado ruso dormido. Sin duda por los 55° bajo cero los rusos deciden volver a tomar el poblado, pero los divisionarios los rechazan a la bayoneta. A las 5 de la tarde volverán a atacar con tanques. Tras rechazar ese ataque quedan cincuenta españoles y catorce letones que se les han unido. Los atacantes eran tres batallones rusos con dos compañías de antitanques, seis carros de combate y numerosos pelotones de esquiadores siberianos.

El capitán Ordás lleva cuatro días sin dormir cuando escucha el estruendo de una gran batalla al sur. A las 7,15 de la mañana les tocará a los españoles. A esa hora un batallón soviético con los seis tanques y varias baterías de 74 mm barren al grupo de letones que protege el flanco norte (catorce hombres). El teniente, camisa vieja falangista, García Lario, sin medios para destruirlo, ataca un carro enemigo lanzándole numerosas granadas hasta que lo hace huir.

El 20 de enero los treinta y tres españoles supervivientes, apoyados por un Panzer IV alemán, presionan hacia Vsad a fin de que puedan unírseles los cercados. El capitán Pröhl ha organizado una columna, con el teniente Beisnigholf en retaguardia y los heridos sobre los trineos; espera la señal con bengalas de los españoles para iniciar la salida. Lleva con él la cruz de caballero que le ha enviado el Führer en un paquete de suministros lanzado en paracaídas.

El capitán Ordás manda a las 8,15 el siguiente radio: «*Efectivos de la compañía, doce combatientes*».

Muñoz Grande le contesta:

«*Sobre las aguas heladas del lago Ilmen, gracias a la bravura y el espíritu de sacrificio de que habéis dado muestra para liberar a los héroes de Vsad, el león español rugió. En nombre del Caudillo, le otorgo la Medalla Militar Individual, capitán Ordás, así como la colectiva a todos los camaradas que le han acompañado. Gracias en nombre de la Patria. Un abrazo.*»

Los divisionarios recibieron treinta y dos cruces de Hierro por aquella hazaña.

El general al mando del XVI Ejército del frente norte envió el siguiente mensaje al general Muñoz Grandes:

«*Le expreso mis más sinceras felicitaciones y el deseo de verles obtener nuevos éxitos a la cabeza de su soberbia división en nuestra lucha común. Aprovecho la ocasión para mostrarle mi agradecimiento hacia sus bravos combatientes que, para liberar la posición de Vsad, atravesaron el lago Ilmen y después, unidos por un espíritu de fiel camaradería hacia las tropas de la 81ª División, realizaron, tanto en la defensa como en el ataque, tantas acciones excepcionales. Hago votos, mi general, para que con su brava decisión, la suerte le acompañe en numerosas victorias y quedo respetuosamente suyo. Büsch*».

La División luego transformaría también en compañía de esquiadores a la 2ª del Grupo de Zapadores Divisionario, la 2/250. Esta empleó los esquíes en patrullas y desplazamientos a sus propias misiones aunque el día que se cubrió de más gloria, el 10 de febrero de 1943 en Krasny Bor, cuando la «Blau» detuvo la ofensiva soviética, no los llevaban puestos.

3-21 UNIFORMIDAD Y CONCLUSIÓN.

La división vestía uniformes del *Heer* alemán con un escudo de España en la manga derecha y, en muchos casos, camisa azul asomando por el cuello. En invierno prendas blancas y, en ambos casos, era usual llevar distintivos falangistas como Yugos y Flechas o Cisnes del Sindicato Español Universitario. Continuó combatiendo con su reconocido valor y pronto el mando alemán le cambió su denominación por el de División de Granaderos 250, (Los granaderos eran la élite de la infantería germana), pero todo el mundo la siguió llamando «Blau División», y recibió numerosa felicitaciones más.

Por petición de Inglaterra y Estados Unidos la División Azul fue retirada en octubre de 1943, y sustituida por una unidad de menor tamaño, la Legión Azul. Esta estuvo formada por mil quinientos voluntarios hasta que finalmente también fue repatriada en 1944. Algunos cientos de voluntarios españoles no obstante continuaron luchando enrolados en las Waffen SS hasta los últimos combates en defensa de Berlín.

La División Azul tuvo cinco mil muertos, ocho mil heridos en Rusia y solo trescientos setenta y dos prisioneros, que los soviéticos no liberaron al terminar la guerra. Noventa y cuatro de ellos morirán por las inhumanas condiciones del cautiverio. En marzo de 1953, tras once años de gulag, doscientos veinte regresaran a España. Su odisea en los campos de concentración soviéticos quedó reflejada por Torcuato Luca de Tena en el libro «Embajador en el Infierno».

Además de la división, lucharon en Rusia cinco Escuadrillas Azules que realizaron misiones de caza, además de escoltas de bombarderos y ataques a tierra en apoyo de la infantería. Por ellas pasaron ochenta y ocho pilotos en total, que sobre Meserschmit 109 F primero, después G, y más tarde Focke Wulf 190, destruyeron más de ciento setenta aviones soviéticos a cambio de diecinueve muertos, cinco heridos y un prisionero. Vestían uniforme de los pilotos de la *Lutwaffe* con el escudo de España cosido a su manga.

Una docena de marinos españoles también se embarcaron en buques alemanes en el mar Báltico, a fin de aprender su manejo. Estos llevaban uniforme de la *Kriesgmarine*, también con escudo de España y, curiosamente, un galón más, con una estrella, de las que correspondía a su grado en España.

Los españoles en la URSS contaron con el apoyo de un servicio de sanidad militar español que organizó toda una red de atención, desde los puestos de primera línea, para estabilización o primeras curas, y los segundos escalones, hasta hospitales y casas de reposo. Pasaron por él más de quinientas personas entre médicos y enfermeras. Sus experiencias tratando congelaciones y heridas de guerra con los más modernos equipos médicos del momento también fue de una gran importancia.

CAPITULO 22
LA GUARDIA CIVIL EN CLIMAS EXTREMOS

1.22 LA GUARDIA CIVIL EN CLIMA ÁRTICO

Hemos dejado para este capítulo estudiar el servicio de policía militar de la División Azul. Estas funciones las realizaron voluntarios de la Guardia Civil, e incluían el control de tráfico y la información interior de las unidades, participando también en acciones de combate cuando hizo falta, como en Possad y Schevelenko, en noviembre-diciembre de 1941.

Cinco capitanes, dieciséis tenientes y unos trescientos veinte hombres entre sargentos, cabos y guardias, fue la contribución de la Benemérita a la lucha contra el comunismo soviético en aquel clima ártico.

La Benemérita tuvo en la URSS algunos heridos en combate, siendo además premiados con la Cruz de Hierro de 2ª clase el capitán Pedro Martínez García, el brigada Eugenio Sáez Jiménez, y el cabo Florencio Cortijo Marín. También resultó alcanzada por un bombardeo anglo-norteamericano la jefatura del destacamento de la Guardia Civil en Berlín, el 1 de marzo de 1943; a pesar de las bombas y el incendio producido no hubo que lamentar bajas.

Sus mandos fueron, ordenados cronológicamente, el capitán Enrique Serra Algarra, que había obtenido la Laureada al frente de una compañía de la Legión en el frente de Teruel y la Medalla Militar Individual por la defensa del puesto de Llerena durante la revolución de 1934; sucediéndole el capitán Pedro Martínez García, para, el 9 de abril de 1943 asumir el mando el capitán Francisco García Alted. El uniforme era, como en toda la División Azul, el de la *Heer* con la bandera de España en el hombro derecho y el distintivo de la policía militar alemana en el izquierdo, portando además los guardias que actuaban como gendarmes una tira bordada sobre la manga izquierda con la inscripción «*Feldgendarmerie*» y, en servicio, una gola metálica al cuello con el mismo texto. Los guardias sin graduación estaban asimilados, igual que en España, a suboficiales (*Feldwebel*) y fueron muy estimados por el mando alemán.

Los guardias civiles se fueron retirando de Rusia progresivamente a la par que la División y la Legión Azul.

2-22 NACE LA GUARDIA CIVIL

Pero no es sólo por su participación en campañas en clima ártico por lo que escribimos aquí de la Benemérita.

Este cuerpo militar fue creado por el pamplonés Francisco Javier Girón y Ezpeleta, segundo duque de Ahumada y marqués de las Amarillas, en 1844.

Nacía para luchar contra la delincuencia y el bandolerismo, formado por tres mil doscientos cinco militares seleccionados entre las armas de Infantería y Caballería. Todos debían llevar bigote según el reglamento que decía:

«..que se observe en todo la mayor uniformidad, cuidará usted escrupulosamente que, tanto los señores jefes y oficiales, como las clases de tropa que tiene a sus órdenes, usen bigote en todo lo largo del labio, sin permitir ninguna clase de perilla ni patilla, y que el pelo se lleve siempre cortado a cepillo».

La R.O. de 14 de agosto de 1847 autoriza a los oficiales de todo el Ejército, incluyendo la Guardia Civil a:

«...llevar perilla corta, entendiéndose bajo el labio inferior, permitiendo a los mismos jefes y oficiales usar patillas, pero moderadas y rectas y sin unirlas ni a bigote ni perilla.»

Como uniforme se eligió la levita azul; y como prenda de cabeza el sombrero de tres picos, que poco después redujo el delantero, quedando recto. Como este gorro se deterioraba mucho con el uso diario, se empezó a cubrir con una funda de hule negro. Al tiempo se decidió fabricar el tricornio también directamente en hule negro, con armazón de cartón, y guardar el de tela sólo para gala. Desde los años cincuenta del siglo XX es de vinilo, habiendo variado también a tamaño más reducido.

A la vez que este gorro se iba convirtiendo en un símbolo, crecía el prestigio de la Guardia Civil de la que Benito Pérez Galdós decía *«es un ser grande, eficaz y de robusta vida».* Luego la gente la bautizaría como «La Benemérita».

3-22 EN LA SELVA TROPICAL

La Guardia Civil desplegó en las posesiones españolas de ultramar, por lo que tuvo muchas intervenciones en selvas, tanto en América como en Asia y África. Aquí vamos a hablar sólo de su misión en ese ambiente que creemos más desconocida, la de Guinea Ecuatorial.

Las posesiones españolas en esa zona sumaban unos 28.000 Kilómetros cuadrados que incluían un territorio continental y diversas islas, siendo las principales Annobón (descubierta el 1 de enero 1472, Anno Bon, año nuevo) y Fernando Poó (por su descubridor). Pasaron a ser de España el 1 de octubre de 1777 por acuerdo con Portugal. Los ingleses ocuparon en 1827 Fernando Poó, siendo desalojados por el bergantín *Nervión* de la Armada española, al mando de José Lerena.

4-22 EL ÚLTIMO CONQUISTADOR ESPAÑOL

El último, y desconocido, conquistador español fue Juan Manuel Huete Aguilar, Alférez Provisional durante la Guerra 36/39 y que, tras pasar por la Academia de Transformación, luchó contra el maquis como teniente. Con ese grado fue destinado en 1948 a los territorios de Guinea Española.

Al sur de la isla de Corisco, entonces España, y frente a la entonces colonia francesa Gabón, se halla la pequeña isla de N'Bañe. Ésta correspondía a España pero, pese a ello, y por estar desguarnecida, fue ocupada a finales de 1948 por tropas francesas. El teniente Huete recibió orden de reconquistar el citado islote, para lo que dispondría a sus órdenes de un sargento y seis guardias coloniales. En un viejo y pequeño barco se dirigió la fuerza a N'Bañe y, una vez allí, *«con cuatro tiros» (sic),* pusieron en fuga a los franceses. Después dejó un destacamento para afirmar la pertenencia a España de la isla. Posteriormente, siendo capitán, Huete fue nombrado administrador de Rio Bonito, en Rio Muni, y después de la isla de Fernando Poó.

En la actualidad N'Bañe, donde se ha descubierto petróleo, es compartido entre Gabón y Guinea Ecuatorial.

5.22 LA GUARDIA COLONIAL Y TERRITORIAL

En 1858 se estableció una compañía de Infantería como primera guarnición fija en Guinea Española, siendo sustituida al año siguiente por dos compañías de Infantería de Marina al mando de un comandante. Por fin, el año 1904 se decide encuadrar tropa indígena al mando de guardias civiles.

Los primeros en ir a Guinea son los oficiales José de la Torre y César González Miguel, y los sargentos Cipriano Hortigüela y Vicente Santos. Posteriormente acuden hasta ciento doce hombres para completar la plantilla de la que se llamó Guardia Civil del Golfo de Guinea. Por fin en 1908 se sustituye los infantes de marina que guarnecen aquellas tierras por la recién creada Guardia Colonial. Ésta dependía del Gobernador de Guinea, siendo sus oficiales y clases procedentes de la Guardia Civil, y la tropa indígena. A su frente estaba un capitán, siendo sus componentes sesenta y nueve europeos y trescientos cincuenta y ocho africanos. En sus comienzos utilizaron el uniforme de rayadillo, similar al empleado por todo el Ejército Español en zonas tropicales.

El primer combate lo sostuvieron el 23 de marzo de 1911 contra la belicosa tribu de los pamúes. Y ese día, además de mucha bajas entre los insurrectos, la Guardia tuvo su primer herido grave, el guardia civil Serafín Zuazo. Los primeros guardias coloniales indígenas en resultar heridos fueron Manuel Benalúa Monrobia, Inocencio Yemi Madrid y José Ubedé Yonsin, el 12 de septiembre de ese año.

Para 1930 la Guardia Colonial había crecido hasta ochenta europeos y seiscientos cincuenta y cinco indígenas, abriéndose ese año las plazas también para oficiales del Ejército, aunque teniendo prioridad los procedentes de la Guardia Civil. Los capitanes debían tener menos de cuarenta años y los tenientes y alféreces no haber cumplido los treinta y cinco. En esas fechas el uniforme era caqui, igual que el del Ejército Español, llevando los europeos gorra de plato o salacot, también caqui, y los indígenas tarbouch rojo.

En 1956, con motivo de convertir España todas sus colonias en provincias, la Guardia pasa a llamarse Territorial. Cuando se preparaba la independencia, doce guineanos se formaron en academias militares españolas para hacerse cargo de dicha unidad. Uno de ellos, compañero en la Academia General Militar de Juan Carlos de Borbón, sería Teodoro Obiang Nguema, futuro presidente tras derrocar con un golpe de estado a su tío, Francisco Macías.

6-22 LAS COMPAÑÍAS MÓVILES

El 27 de julio de 1959 se crean las Compañías Móviles de la Guardia Civil de Guinea Española; fueron dos, dotadas con vehículos Land Rover. Su plantilla teórica era de quinientos sesenta y nueve guardias al mando de un comandante. Su armamento consistió en subfusiles Star Z-45 de 9 mm PB, fusiles de asalto CETME de 7,62 mm, ametralladoras Alfa 7,92 mm, lanzagranadas Instalaza 58 de 88,9 mm, y morteros Ecia de 81mm, además de granadas POII y machetes bayoneta, pues siempre se quiso que tuvieran superior potencia de fuego que la Guardia Territorial, dotada con fusiles Mauser 1943 de 7,92 mm y granadas.

La uniformidad era verde, más claro y en tejido más fresco que el de la Guardia Civil de la Península, con camisa abierta y teresiana, reservando el tricornio para gala; y para servicio, botas tipo chiruca, y gorro montañero o salacot. En las patrullas de comando solían llevar capa impermeable de camuflaje y pantalones cortos. Porque las compañías móviles, haciendo honor a su nombre, organizaban continuamente patrullas llamadas «de comando». Estaban formadas por un oficial, un suboficial, y unos diez guardias civiles, con su armamento individual y un par de granadas cada uno. Salían al anochecer y, con una duración entre cuatro y siete días, recorrían distancias entre cuarenta y cien kilómetros de selva. Llevaban su comida en las mochilas y se alojaban en los poblados a su paso.

Las Compañías Móviles tuvieron que actuar, en julio de 1960, contra unos setenta braceros nigerianos que, de noche y armados de machetes, querían asesinar al encargado de una finca y su familia. El incidente se solucionó con dos de los asaltantes heridos por disparos de los guardias y los demás en fuga. Mandaban la fuerza los tenientes Manuel Campos Pérez y Antonio Pérez Mercadal.

La madrugada del 11 de enero de 1964, un grupo de pamúes incendió la casa en que se alojaban dos guardias civiles. Al abandonarla fue herido por un disparo en la espalda el guardia Aurelio Campos. Su compañero Juan Díaz saltó por la ventana disparando ráfagas de su subfusil poniendo en fuga a los asaltantes.

El 12 de octubre de 1968 se proclamó la independencia de Guinea, siendo su primer presidente Francisco Macías y convirtiéndose, desde esa misma fecha, la Guardia Territorial en Guardia Nacional. A partir de ese día se sucedieron los incidentes contra españoles instigados por el gobierno de Macías, lo que motivó que el 1 de octubre de 1969, por orden del embajador español, las Compañías Móviles ocuparan los aeropuertos y otros puntos estratégicos.

En marzo de 1969 abandonaron Guinea unos tres mil quinientos españoles y el 5 de abril partían los componentes de las Compañías Móviles, junto con los oficiales del Ejército de Tierra y Aire así como de la Armada.

«La última bandera española en Guinea, arriada con honor por la Guardia Civil» escribió Antonio Herrero sobre aquel día.

7-22 EL GRUPO DE RESCATE EN MONTAÑA DE LA GUARDIA CIVIL

La Guardia Civil, además de que sus competencias sobre la seguridad rural la hacen presente en muchas montañas españolas, el quince de marzo de 1940 asumió la custodia de fronteras, al incorporar las tareas del disuelto cuerpo de Carabineros. Ello hizo que se desplegase por todo el Pirineo, aumentando sus puestos, y que se hiciera cargo de los rescates en montaña.

De 1944 a 1952 los guardias se forman como esquiadores escaladores en el campamento militar de Rioseta, en Candanchú. Desde su despliegue, la Guardia Civil interviene en los rescates de montaña, por lo que se piensa en crear una escuela específica para ello.

En 1953 se edifica el acuartelamiento de fronteras de Coll de Ladrones, donde se dan cursos, de dos meses de duración, hasta 1966. Al año siguiente, por la orden general 5, del 11 de marzo de 1967, se crea la especialidad de escalador y unidades de esquiadores-escaladores de la Guardia Civil con sedes en Jaca, Boltaña, Granada, Reinosa y Navacerrada. El 5 de mayo de 1981 nace la Inspección del Servicio de Montaña al mando de un comandante.

Por fin, el 10 de agosto de 1981 se crea el Grupo Especial de Intervención en Montaña, GREIM, con las siguientes cabeceras: Jaca, Cangas de Onis, Granada, Navacerrada y Viella. Se forma también un equipo de competición con base en Candanchu.

Para ingresar en el GREIM, una vez que se ha superado la Academia de la Guardia Civil y siendo menor de treinta y dos años, debe conseguir plaza en la Escuela de Montaña tras pasar unas duras pruebas físicas en las que entran los, más o menos, veinticinco de mejor puntuación (según plazas) de entre ochenta o noventa aspirantes. De estos, dieciocho o diecinueve suelen ser los que logran superar el curso de nueve meses, quienes luego deberán solicitar alguna de las vacantes cuando se produzcan.

La gran preparación y el espíritu de servicio de la Benemérita hace que estos guardias logren salvar muchas vidas en un entorno de gran dureza. En el momento de cerrar estás líneas hemos conocido en terrible accidente en que, rescatando a un montañero herido, han perdido la vida tres miembros de la Guardia Civil. El capitán Emilio Pérez Peláez, el teniente Marcos Antonio Benito Rodríguez y el guardia José Martínez Cornejo, del GREIM de Sabero, en León, dieron su vida por los demás, sumando ya veintitrés los agentes de rescate en montaña de la Guardia Civil caídos en acto de servicio ¡Presentes!

8.22 Tragedias en la montaña

Los soldados de las Unidades de Montaña desarrollan su actividad cotidiana en un entorno peligroso. Eso quiere decir que, aun en tiempo de paz, están expuestos a la fatalidad, que habitualmente pueden conjurar con su preparación, pero no siempre es así. Veamos algún ejemplo.

El 21 de octubre de 1964 salía la Compañía de Esquiadores Escaladores Paracaidistas de la División de Montaña «Navarra» hacia Izalzu para iniciar unas prácticas. El 23 el viento, la niebla y la lluvia les obligaron a pernoctar en el refugio de Larrau, en Francia. El 24 por la mañana lo abandonaron y comenzaron la ascensión para pasar a la vertiente española del Pirineo. Entonces se desató el temporal. Dejemos la narración al testigo:

«Cuando se marcha en condiciones adversas, si éstas se complican con una nieve envuelta y proyectada con fuerza por un viento helador, parece que la respiración abandona, que el ahogo se presenta, que la vista no permite contemplar este espec-

táculo espantoso, a la vez que admirable, de los elementos desencadenados, porque hay que cerrarlos. Todos los signos que facilitan el reconocimiento desaparecen, se borran, y en estas condiciones, aumentadas con el frío helador, se tuvo que enfrentar la compañía, que había partido el día anterior alegre y confiada.

Las escenas que allí se desarrollaron fueron indescriptibles. Todos lucharon con una fe y un tesón grandes. Ellos sabían que eran superiores, pues tenían a su favor la razón y el pensamiento de seres superiores a la piedra.

Pero esa montaña, que había dispuesto que tenía que cobrar un estipendio por haber invadido su señorial propiedad, no iba a salir sin su ganancia.

Los soldados se unieron en sus esfuerzos para buscar un lugar donde refugiarse y esperar que el furor de los elementos se calmase. Aquí caía uno; Enseguida unos brazos amigos le ayudaban, le animaban con palabras de cariño; incluso se le llevaba a hombros para que no sufriera tanto.

Unos cuantos, con un oficial, consiguieron en un esfuerzo extraordinario y con un valor rayano a la heroicidad, volver al pueblecito francés y dar la voz de alarma. Se dispusieron los equipos de socorro de la nación amiga y empezó entonces uno de los momentos más dolorosos: el recuento. Faltaba uno…aparecía otro…se encontraba el anterior…seguía la cuenta…Por fin el balance trágico: cuatro compañeros que no respondían…Cuatro compañeros que habían sido presa de aquellos aliados de la montaña y ella se los había llevado. Pero además coincidía un hecho singular: los cuatro habían sido de los que con más ardor, con más tesón, con mayor espíritu, sacrificio y compañerismo habían trabajado para conseguir que los demás pudieran salvarse.

Los oficiales franceses, gendarmes y personal sanitario de la vecina nación quedaron impresionados al ver aquella energía, aquel esfuerzo por zafarse de aquella climatología adversa e inopinada. Además quedaron también maravillados de la conexión, disciplina y valor de aquellos hombres que con riesgo de sus vidas se esforzaron en no disgregarse y permanecer unidos a sus mandos».

Los caídos fueron el cabo Carlos Izquierdo Balsategui, y los soldados Jesús Santamaría Barbero, Benicio Sanz Gómez y Manuel Pérez Pérez que «*Se portaron como verdaderos Cazadores de Montaña, como verdaderos hijos de España, y que murieron sacrificándose por salvar a sus compañeros, en síntesis cuatro magníficos soldados*» añaden las crónicas.

En el homenaje que, después del funeral, se celebró en el Cuartel de Artillería de Pamplona. El Capitán General de la VI Región dijo:

«*Mi general: Por delegación de nuestro ministro tengo el honor de testimoniarle el agradecimiento al Ejército Francés, a la población civil, a la gendarmería y a cuantos intervinieron, por la ayuda y colaboración prestada en aquella brutal tempestad de nieve y niebla.*

Gracias por su recuerdo y homenaje a los cuatro soldados muertos en cumplimiento de su deber y que perdieron la vida en beneficio de los demás.

Desde el fondo de mi corazón y haciendo patente el sentimiento de todo el Ejército ¡Gracias!

¡Viva Francia!».

El General Sarazac, jefe del Grupo de Subdivisión Militar de Pau respondió:

«Gracias mi general por vuestras palabras.

Lo que hemos hecho nosotros no merece las gracias. Sabemos que ustedes hubieran hecho lo mismo.

Con ello hemos asegurado la solidaridad de los dos Ejércitos.

Sus muertos son los nuestros. Compartimos su pena y lamentamos la crueldad de aquellas circunstancias adversas.

El más sentido pésame del Ejército Francés y principalmente de las fuerzas a mi mando que, por su proximidad, han experimentado más de cerca la fatalidad.

¡Arriba España!».

La última víctima de la montaña del Regimiento «América» fue Juan Blas García Redondo, cabo 1º de veintiséis años, destinado en la 2ª Compañía del Batallón de Cazadores de Montaña «Montejurra» XX. El accidente ocurrió el 30 de enero de 1999. Blas, mientras esquiaba en acto de servicio, cayó por una sima tapada por la nieve, cerca de la Piedra de San Martín en Belagua, Navarra.

El cadáver se halló a ciento cincuenta metros de profundidad, tuvo que ser rescatado por el Grupo de Rescate e Intervención de Montaña de la Guardia Civil, con la colaboración de los bomberos de Navascués. El joven era natural de Miájaras, en Cáceres.

Primera fotografía existente de un guardia civil, tomada en Reinosa entre 1855 y 57.

Unidad Indígena de Montaña del Ejército Español en el Rif. Fue disuelta en 1931 por Azaña.

Batallón de montaña «Arapiles», cuartel de Estella años 30. Primero por la izquierda, capitán Plácido Muñóz.

Formación de «Arapiles» en la plaza de San Juan de Estella en los años 30. A caballo, capitán Plácido Muñoz.

Liberación de Irún, 1936.

Voluntarios falangistas navarros, 1936.

Las Brigadas de Navarra liberan un pueblo de Guipúzcoa, 1936.

Bandera de Falange de Navarra desfilando por San Sebastián, 1936.

Milicianos «republicanos», 1936.

Camión capturado al Ejército Vasco.

Falangista Juan Atarés. Belchite, 1936.

1936. Luis Palacios convaleciente de sus heridas en Somosierra, en el hospital de Barrantes, Burgos.

1936. Luis Palacios, frente de Somosierra.

Ametralladoras del Ejército Vasco. (Archivo Vicente Talón).

Higinio de Miguel, voluntario de la Nuez d Arriba, 3ª Bandera de Falange de Burgos,1 Brigada de Navarra.

Requetés navarros en el recién conquistado Cinturón de Hierro de Bilbao, 1937.

Puño en alto y armados; milicianos «republicanos» y guardias de Asalto en San Sebastián.

Pedro Corpas de Vicente, voluntario en la 5ª Bandera de Falange de Navarra, muerto en combate.

Antonio, Ramón y Manolo Corpas de Vicente también fueron voluntarios. Aquí están todos en su casa de Corella,junto con el pequeños Jesús.

Tropas nacionales en la frontera de Irun, 1936.

Juan Atarés Peña, alferez provisional 1937.

Alféreces Provisionales Juan Luis Romero y Cosme Casas, junto con el de complemento, Ramón Varela Aravaca, el 30 de marzo de 1939.

Alférez Provisional Juan Jose Barrajón y Ana Piñuela.

Dos hermanos Corpas de Vicente, Ramón, Alferez Provisional y Antonio, sargento por méritos de guerra.

Coronel José Colubi con el Generalísimo y con quién Franco nombrara su sucesor, Príncipe Juan Carlos de Borbón, rey de España cuarenta y cuatro años más tarde de la huída del anterior monarca, Alfonso XIII.

Teniente Manuel Cabrerizo Martin, combatió en Krasny Bor.

Finlandeses II Guerra Mundial.

Ramón Corpas de Vicente.

Teniente Provisional Federico Nogueira Tuimil.

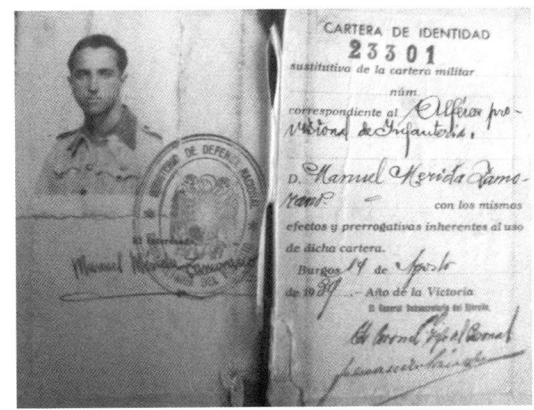

Carnet de Alférez Provisional de Manuel Mérida Zamorano.

Entierro del teniente falangista Miguel Nuño Villalobos, muerto en acto de servicio nada más terminar la guerra por la explosión accidental de un mortero. Voluntario de Infantería en Somosierra, había sido distinguido por derribar un avión enemigo. Pamplona.

Teniente José Rodriguez Colubi (2º por la derecha) jefe de la 1ª Sección del 3ª Escuadrón del Grupo de Exploración 250, Leningrado. Este oficial se hizo cargo del mando del escuadrón en la épica batalla de Krasny Bor, al caer herido el capitán Domínguez Manjón.

En primer plano comandan[...]
Juan Goñi Castejón, con otr[...]
miembros del América, 195[...]

Formación en el cuartel de Estella.
En primer plano, guión de la Compañía de Esquiadores-Escaladores. Detrás, de espaldas, su jefe, capitán
Corpas de Vicente. Hacia 1946.

Antonio Molina Roch en prácticas de
alférez, al mando de una sección de
ingenieros. Campamento Monte la
Reina, 1955.

Ramón Corpas sobre Moro.

Capitán Corpas, jefe de los cursos de esquí de la división.

Desfile de la Compañía de Esquiadores-Escaladores por Estella. Al frente su capitán, Ramón Corpas de Vicente.

Capitán Juan Atarés Peña. Jaca, febrero de 1953. Marcha con esquís por la Canal Roya.

Maniobras en Salas de los Infantes año 1957.
Ramón Corpas de pie en el jeep.

Comandante Corpas de Vicente en una procesión en Estella, 1961.

Capitán Atarés Ayuso,jefe de la Compañía de Esquiadores-Escaladores divisionaria el 29 de mayo de 1993. Cierre del cuartel de Estella.

Capitán Ángel Atarés Ayuso y Compañía de Esquiadores-Escaladores. 29-5-1993. Cierre del cuartel de Estella.

Coronel Atarés Peña sobre Jabito.

Chasseurs en la guerra de Argelia.

Militares españoles en la Guerra de Vietnam.

Palacios arría la bandera del cuartel «General Moriones» de Pamplona para el traslado del RCZM «América» al «General Mola» de Aizoain, 1968.

Nuño Idoate entrega el despacho a su hijo Nuño Artieda.

Acuartelamiento de Loyola. Coronel Sagardoy, teniente coronel Nuño, general Barra, jefe de la División de Montaña «Navarra» y con fajín, general Garrido, gobernador militar de Guipúzcoa, asesinado cobardemente por ETA junto con su mujer y su hijo.

188

Batallón «Colón»; reconocemos al entonces teniente Manuel Sierra Martín.

Coronel Jefe de «Arapiles» 62, Manuel Sierra, al mando de la ASPFOR XXIV en Afganistán.

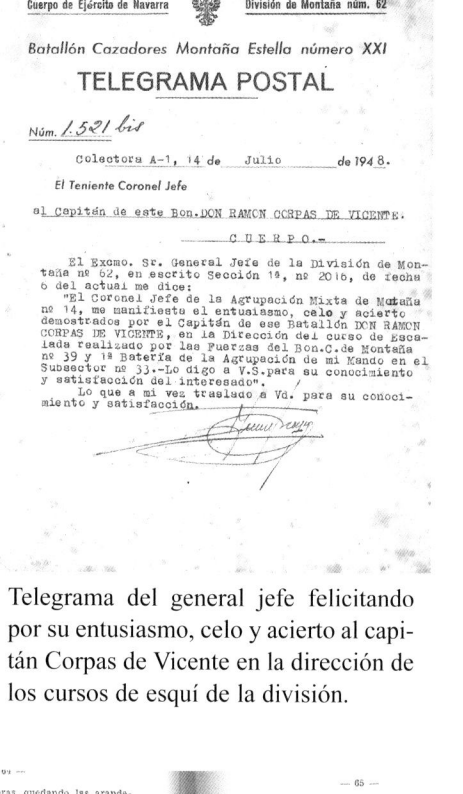

Telegrama del general jefe felicitando por su entusiasmo, celo y acierto al capitán Corpas de Vicente en la dirección de los cursos de esquí de la división.

Tarjetas de identidad militar.

Hoja del primer reglamento de esquiadores, años 40.

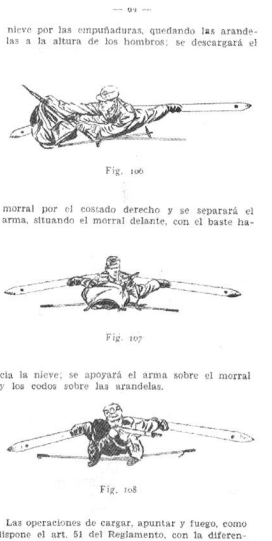

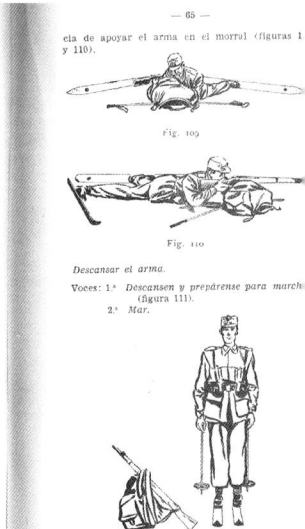

Coronel jefe Luis Palacios acude con la bandera del RCZM «América» al monumento a los caídos de Navarra en la Cruzada.

El general jefe de la División de Montaña «Navarra» saluda al coronel Pedro Manso, jefe del RCZM «América».

General Palacios Beltrán imponiendo la faja a su hijo, general Palacios Zuasti.

Teniente Alberto Blanco Arin, abanderado del RCZM «América» 66. Visita del Capitán General de la VI Región Militar, Juan Pablo de Vicente 10/12/1980.

Teniente Alberto Blanco Arin con ametralladoras MG-42.RCZM «América» 66. Carrascal, 1968.

Guerrero araucano. Dibujo del natural
tomado a comienzos del siglo XVIII.

Lámina con uniforme de los «cazadores alpinos»
españoles en los años 30 del siglo pasado.

Pistolas daga del general carlista Cabrera,
«Tigre del Maestrazgo». Colección Íñigo
Pérez de Rada.

Bandera de partida carlista de Palencia.
Colección Íñigo Pérez de Rada, siglo XIX.

Gebirgsjäger. I Guerra Mundial.

Chaseurss. I Guerra Mundial.

Base de tropas de montaña en Argentina.

Guardia Civil explicando el armamento que usa ET en este caso un fusil de asalto belga FAL, a los cazadores de montaña durante la operación «Alazán» de cobertura de fronteras

General Juan Atarés Peña.

Alpinis italianos en la actualidad.

Metopa del BCZM «Estella» II/66; escudo de la ciudad sobre esquí y piolet.

Patrulla de los cazadores de montaña españoles en Afganistán.

Soldado del Regimiento América, lámina de finales del siglo XVIII o inicios del XIX.

Helicóptero y guardias del GREIM.

Formación del «Galicia» 64 en la Ciudadela de Jaca.

Desfila el «América» en Aizoain ante el jefe de la Inspección Tropas de Montaña, Manuel J. Rodriguez Gil, el coronel jefe del regimiento, Ángel Atarés Ayuso, y el general comandante militar.

Sección del teniente Palacios de la compañía de Esquiadores-Escaladores Paracaidistas de la División de Montaña «Navarra». Estella 1968. Estas compañías fueron consideradas Fuerzas Especiales desde su creación.

Transporte Oruga de Montaña TOM en la expo de la Ciudadela de Pamplona.

La exposición por el 250 aniversario del «América» se llenó hasta la bandera

El coronel, Ángel Atarés, jefe del RCZM «América», explicando la exposición a las autoridades. A la izquierda, maniquí con el uniforme de rayadillo que se llevó en las provincias de Cuba, Filipinas y Puerto Rico en la guerra contra EEUU.

Laureada bandera del Batallón «Estella» en la exposición 250 aniversario del «América».

Fila de ametralladoras y al fondo, mapa del norte del continente americano dibujado por el ingeniero del «América» Urrutia a principios del siglo XVIII.

Subteniente Francisco Casanova, asesinado por ETA, entre los guiones de dos de las compañías del Batallón «Estella».

Bandera coronela y repostero del RCZM «América». Expo 250 aniversario.

Misiles filodirigidos.

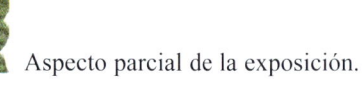

Aspecto parcial de la exposición.

CAPITULO 23

JUAN ATARÉS PEÑA, ENTRE TODOS EL MEJOR

1-23 DE VOLUNTARIO A OFICIAL DE INFANTERÍA

Juan Atarés Peña nace en Huesca el 11 de febrero de 1918. Aunque quiere ser militar es rechazado por «estrecho de pecho». Su doliente amor por una España en decadencia hace que entre en Falange Española, ilegalizada arbitrariamente en marzo de 1936 por el gobierno del Frente Popular. El 19 de julio de 1936 este «camisa vieja» se presenta voluntario en el Regimiento de Caballería «Cazadores de Castillejos» nº1 de Zaragoza, siendo encuadrado en la falange 18 de la 2ª Bandera de Aragón.

Tras un par de semanas en el Grupo de Defensa Contra Aeronaves 2, en San Gregorio, parte con su bandera hacia Codo y Belchite. El 12 de junio de 1937 se incorpora a la Academia de Alféreces Provisionales de Fuentecaliente, Burgos, jurando el 8 de agosto en el parque de La Florida de Vitoria y siendo promovido a alférez el 13 del mismo mes. Será destinado al mando de una sección de la 2ª compañía del XIV batallón con el que entra en combate el 8 de septiembre en la zona de San Pedro de Luna, en León.

En 1937 su batallón es trasladado al frente de Teruel, donde ocupa una posición en el cementerio. Allí Juan Atarés es herido de bala, el 5 de enero de 1938, en la región escapular derecha. El 19 de junio, ya teniente provisional, es destinado al Regimiento de Infantería «Argel» 27, haciéndose cargo de la 2ª Compañía, con la que operará en el frente de Castellón tomando parte en la toma de Nules. Él lo cuenta así:

«El 7 de noviembre el enemigo, con gran lujo de fuerzas y preparación artillera, atacó con 60 tanques pesados y 4 divisiones nuestras líneas sobre las siete de la mañana, consiguiendo abrir brecha por el sector de la 3ª compañía que se vio precisada a retirarse con el resto del Batallón, quedando las posiciones que guarnecía mi compañía envueltas por el enemigo que hacía fuerte fuego de flanco y de revés presionando fuertemente. Recibí órdenes y munición por conducto del VII Batallón del «Mérida».

Al mediodía se emprendió un contraataque con la Mehala y se volvieron a ocupar las posiciones perdidas excepto la «Casa de la Chimenea». El 8 por la tarde volvió a atacar el enemigo, logrando nuevamente romper nuestros dispositivos, obligando a retirarse desordenadamente a las demás compañías del batallón y quedando la 2ª, que yo mandaba, en idéntica situación al día anterior. La III Sección, mandada por el brigada PA se desmoralizó y replegó. Al ver las fuerzas del ala izquierda que se retiraban me vi obligado a hacer fuego sobre ellos para conseguir que volvieran a sus puestos. La compañía tuvo 32 bajas y varios desaparecidos del pelotón del sargento DPR, cuya posición fue asaltada por el enemigo. El 9, de madrugada, nos releva una centuria de la 3ª Bandera de Falange de Galicia.»

Por su actuación en los combates del 7-8 de noviembre es citado como «muy distinguido» en el parte de operaciones. Su jefe de Batallón se disculparía más tarde por no haber dado trámite a una solicitud de mayor recompensa, tal vez por no poner de manifiesto el dudoso comportamiento del resto del batallón.

El 11 de noviembre de 1938 el teniente Atarés es herido de nuevo, durante un bombardeo de la artillería enemiga. Los proyectiles del 12,40 le hieren en la región parietal derecha, pierna y espalda. Recibirá el alta el 13 de mayo de 1939 con una mutilación permanente calificada de 20 puntos. Se incorpora después a su batallón, destinado en Náquera.

Tras superar los cursos de la Academia de Transformación de Infantería de Guadalajara, en la II promoción, el 27 de febrero de 1944, recibe el despacho de teniente profesional. De inmediato es destinado al Batallón de Cazadores de Montaña «Galicia» 10, de guarnición en Jaca, con el que participa en la cobertura de fronteras en Tolosa, Elizondo y Arizcun.

2-23 UN GRAN GUARDIA CIVIL

El 28 de marzo de 1945 es admitido en la Guardia Civil y, tras pasar por el centro de instrucción, es nombrado teniente de este cuerpo el 14 de julio del mismo año. Tras las prácticas pasa a mandar la línea de Castro Urdiales, y participa en la lucha contra el maquis. Tras mandar posteriormente la línea de Santander, en 1949 es destinado al mando de la de Jaca. Ascendido a capitán, en 1950, se hace cargo de la 4ª Compañía de la 111 Comandancia, también en Jaca, hasta que es destinado al Centro de Instrucción de la Guardia Civil, como profesor de la Academia de Suboficiales.

Tras su ascenso a comandante, en 1953, es destinado a Santander como 2º jefe de la 142 Comandancia. A finales de 1955, se hará cargo del mando del «Primer sector de persecución de bandoleros», y por su actuación contra el maquis le será concedida la Cruz del Mérito Militar, con distintivo blanco, «*en atención a sus relevantes méritos y servicios, entre los que figura su extraordinario celo, excelentes dotes de mando y elevado espíritu militar en un servicio que el día 23 de enero, en la provincia de Santander, dio origen a la detención de dos peligrosos sujetos tras el encuentro sostenido con ellos, autores de agresión a fuerzas de la Policía Armada a las que causaron la muerte de un guardia e hirieron a otros dos*».

En 1957 es destinado a la Academia Especial de Oficiales de la Guardia Civil hasta su ascenso a teniente coronel en 1959. Tras estar dos meses como teniente coronel Mayor del 31º Tercio, en Barcelona, se hace cargo del mando de la 236 Comandancia, en Almería. Allí se gana el cariño de autoridades y gentes de a pie con el apoyo de su mujer, María Luisa Ayuso, con su implicación con las familias gitanas del barrio de La Charca. Antes de dejar aquel mando, en septiembre de 1965, recibe la Cruz del Mérito Naval por su participación en las primeras maniobras conjuntas de la Armada Española con la VI Flota USA.

Ascendido a coronel, regresa a la montaña como jefe del 23 Tercio de Fronteras, con sede en Pamplona. En 1967 se hace cargo del recién creado 52 Tercio, también de Pamplona, donde permanecerá hasta 1972. Durante su mando recibe la Bandera de Guerra del Tercio, de manos de la condesa de Toreno, el mismo día que solemnemente se inaugura el monumento al Duque de Ahumada.

3-23 GENERAL ATARES

Asciende a general de brigada en 1972 y se hace cargo de la VIª Zona de la Guardia Civil, con sede en León. En 1974 es destinado a la IVª Zona, Cataluña y Baleares, y ocho mese más tarde a la Vª Zona, que con cabecera en Logroño comprende La Rioja, Santander, Burgos, Navarra y las tres provincias vascongadas.

El que se le eligiera para la zona más conflictiva y con más efectivos indica el prestigio y la capacidad del general Atarés. Allí consigue capturar a veinticuatro de los veintinueve terroristas fugados de Segovia el 5 de abril de 1974, muriendo otro que había abierto fuego con un subfusil sobre los guardias. Fiel a sus principios y sus valores cristianos su primera preocupación es que se atienda adecuadamente a los detenidos que se encuentran en lastimosas condiciones.

4.23 SUS ENEMIGOS ATACAN POR LA ESPALDA

A finales de 1977 la eficacia y entrega de Juan Atarés comienza a ser incomoda, simplemente porque, desde la más estricta disciplina exige a sus jefes lo mismo que siempre ha ofrecido a sus subordinados: lealtad. Se producen momentos de tensión en algunas reuniones de altos mandos de la Guardia Civil con los ministros Martín Villa y, especialmente, Gutiérrez Mellado[1], motivados por la lealtad con la que Atarés les expone la situación y el sentir de la Guardia Civil a sus órdenes. Eso hace que no solo sea a ETA a quien es molesto. La consecuencia inmediata es su cese como jefe de la Vª Zona y su traslado a la IIIª, alegando la Dirección General el desgaste que produce el estar tres años al frente de la «Zona Norte». El general Atarés interpretará como la mayor de las sanciones que le alejen de sus guardias en el momento más duro.

En noviembre de ese año 1978 el vicepresidente del gobierno del partido UCD, Gutiérrez Mellado realiza una serie de visitas a diversas guarniciones para defender la política que estaban realizando, algo inaudito hasta la fecha, por que curiosamente su propio gobierno prohibía hablar de política en los cuarteles. En Valencia, ante las continuas muestras de preocupación por la grave situación que se vive en España con atentados y asesinatos casi diarios, no duda en despreciar la preparación de la Guardia Civil, y cuestionar la entrega y el espíritu de sacrificio de los guardias. Solo un profundo sentido de la disciplina mantiene callado a Juan Atarés Peña, el general que más guardias ha enterrado. Al día siguiente, 17 de noviembre, en el Arsenal de Cartagena, ante una heterogénea audiencia que va desde tenientes generales a cabos primeros, se repiten los desplantes del mi-

---

1 Aquel gobierno, amnistió en 1977 a todos los terroristas con delitos de sangre que se hallaban cumpliendo condena. Nada más salir de las cárceles en que tanto esfuerzo había costado a la Guardia Civil y a la Policía Armada meterlos, volvieron a matar, alcanzándose el record negro del terrorismo: varios años de más de cien asesinados. Además obligó a realizar los funerales a puerta cerrada dentro de los cuarteles, para evitar que la población honrase a los muertos, así como prohibió que se cantase el himno del cuerpo o arma del asesinado, o que sus compañeros lo llevasen a hombros; llegó a prohibir la exhibición de la bandera de España por los españoles (de noviembre 1978 a octubre de 1981).

nistro. El último, mandando callar a un oficial de la armada, quien le rebatía que se fuera acabar con el terrorismo rápidamente gracias a la acción política del Gobierno. En el momento que Gutiérrez Mellado grita que «La situación de España es la que quieren los españoles»; el general Atarés, con voz firme y clara, pero serena le indica:

«¡Mentira! ¡Mi general, eso es mentira!», respondido por una ovación general. El ministro, que ha perdido el control, grita que se arreste al general. Después lo acusa de insulto a un superior, lo aparta del mando y ordena reclusión en el modesto pabellón de la residencia de Atarés, en el cuartel de Benimaclet, en Valencia. Porque hay que destacar que una de las primeras medidas adoptadas por el general había sido renunciar a la lujosa residencia, en el centro de Valencia, que disfrutaba su antecesor, trasladarse a una casa cuartel, y reintegrar al servicio a los guardias que aquel empleaba para su servicio y el de su familia.

El 28 de mayo de 1979 se celebra, en el Centro de Instrucción de Reclutas de Marines, el primer Consejo de Guerra contra un oficial general desde el final de la Guerra Civil. Como parece lógico, al no haber pronunciado ningún insulto como se le acusa, y existir numerosos testigos, Juan Atarés es absuelto, para satisfacción de la mayoría de los hombres de uniforme. El gobierno ordena de inmediato a la Fiscalía Militar recurrir la sentencia, pero tampoco consigue la condena. Entonces, perdida la batalla judicial, el rencoroso vicepresidente del gobierno y ministro de Defensa, Manuel Gutiérrez, impone al general un arresto de seis meses. No satisfecho con el arresto, el general Atarés es separado de cualquier puesto de responsabilidad, pasando en 1980 a la situación de «Destino de Arma o Cuerpo» y en 1982 a la entonces denominada «Reserva Activa».

Desde la disponibilidad tras el consejo de Guerra, se trasladó a Pamplona a la casa que con enorme esfuerzo y en cooperación con antiguos compañeros alféreces provisionales estaba pagando. A escasos metros de la puerta de esta casa, en el parque de la Vuelta del Castillo, murió a manos de pistoleros de ETA asesinado por la espalda, el 23 de diciembre de 1985. Al momento bajó a abrazar su cuerpo aún caliente su mujer, María Luisa Ayuso Bovio, que asombraría a España entera dando un testimonio de fe heroico, al perdonar a los asesinos de su tan querido marido. Esta gran mujer no quiso que la capilla ardiente se pusiera en el Gobierno Civil, haciéndose en la Comandancia de la Guardia Civil igual que el funeral. En la calle aguardaba una multitud para dar el último homenaje al general, por lo que las autoridades optaron por acceder por una puerta lateral.

Juan Atarés Peña recordaba en 1972, en el acto de imposición de la Faja de General, en el Cuartel de la Avenida de Galicia en Pamplona, su falta de perímetro torácico para seguir la carrera militar cuando era un joven flaco y larguirucho. «Después llegó la Guerra y lo que importaba era el corazón». Corazón era lo que le sobraba. Los que le conocieron bien saben que los terroristas, tratando de infligirle el mayor de los castigos, le hicieron el enorme regalo de permitirle morir como tantos de sus soldados y sus guardias, tras 51 años, 11 meses y 28 días. (Con 2 años, 6 meses y 24 días de Abonos de Campaña) de entrega sin límite a España. El 18 de marzo de 2005 Juan Atarés Peña fue ascendido con carácter honorífico a título póstumo al empleo de general de división de la Guardia Civil.

Se encontraba en posesión de dos Cruces de Guerra, dos Cruces del Mérito Militar con Distintivo Rojo, Gran Cruz del Mérito Militar con Distintivo Blanco, dos Cruces del Mérito Militar con Distintivo Blanco, Cruz del Mérito Naval, Cruz, Placa y Gran Cruz de San Hermenegildo, dos medallas de Sufrimientos por la Patria en Campaña y dos en Paz, Medalla de Mutilado de Guerra y Medalla de la Vieja Guardia y Medalla de la Ciudad de Zaragoza. Juan Atarés era muy querido y admirado por sus guardias, que recuerdan lo atento que estaba a sus necesidades y su buen ejercicio del mando.

5.23 Testimonios de guardias civiles

Quiero añadir algunos testimonios de hombres a su mando, que nos indican en qué consideración lo tenían sus subordinados. Son referidas a su época de mando de la 5ª Zona de la Guardia Civil que incluía Vascongadas y Navarra y estaba ubicada en Logroño. El general ordenaba a los oficiales la máxima dedicación en instrucción, pues era una gran responsabilidad la de llevar a jóvenes sin experiencia alguna a zonas de máxima conflictividad. Aquellos manifestaban que les exigía mucho más que a los guardias, *«que son sus preferidos»*:

«El general siempre nos despedía cuando cada dos meses subíamos concentrados al norte, a pie de formación, y no subía a su despacho hasta que el último Land Rover salía por la puerta principal del acuartelamiento. Doña María Luisa, su esposa, siempre estaba en el balcón. Nos formaba en el patio central, hablaba con los oficiales, y después se dirigía a nosotros dándonos ánimos para cumplir con nuestro deber como buenos Guardias Civiles. Aquello nos confortaba enormemente, no porque no fuéramos a gusto para montar servicios en el norte pues la mayoría habíamos pedido voluntariamente ese destino, sino porque era un señor general de la Guardia Civil quién se dirigiera siempre en cada concentración aquel puñado de guardias civiles».

«Tres guardias le pedimos a nuestro capitán sí podíamos quedarnos en Logroño estudiando, pues estaba muy próximo el examen de ingreso a la AGM, al que concurríamos. No nos lo concedió. Uno de nosotros, aprovechando que en esas formaciones el general siempre les preguntaba si necesitaban algo, se lo comentó. El general inmediatamente ordenó que saliéramos de la formación y a continuación, dirigiéndose al capitán, le ordenó nos facilitara todo lo posible en nuestro estudio y que de ahora en adelante tuviese en cuenta que, si el servicio lo permitía, había que ayudar a quien quisiera progresar en esta carrera, bien para estudiar para cabo como para la Academia General. Nos dieron facilidades para el estudio y todos ingresamos».

En este testimonio cuenta como Atarés, montando en su querido caballo, Jabino, se puso en esa ocasión al frente de la sección de caballería, que él mismo había creado y que regresaba de un ejercicio:

«La sección de caballería siempre salíamos y entrábamos del acuartelamiento por la puerta falsa. El general se puso al frente de la sección y entramos por la calle Murrieta, es decir por la puerta principal. Para nosotros, los guardias era un orgullo desfilar por una de las calles principales de la ciudad y sobre todo de llevar al general a la cabeza. Llegamos a la puerta principal, el guardia abrió la puerta y dio la

voz de atención el general. Caía agua a cantaros. Íbamos empapados. El sargento de la guardia le dio novedades. El general le dijo que inmediatamente formase la guardia y que el cornetín tocase atención el General. Que él había dado orden de que no se le rindieran honores cuando entrase solo, pero que esta vez venía con fuerza, y solo por respeto a la unidad que venía formada detrás ya tenía que haber formado la guardia. Cuando el general ordenó al teniente dislocar la formación incluyó que se preocupase porque hubiera agua caliente en las duchas.»

«Un día estaba de cocina y llegó ella para recoger la comida. El cocinero normalmente el primer plato lo hacía en una olla más pequeña para el general. Doña MªLuisa se apercibió de ello y le dijo que nuca más hiciera eso, ya que si se enteraba el general la iba a liar gorda. El general quiere que su comida sea la misma y de la misma olla que la de los guardias. Es más ella venía a pagar a la oficina cada mes las raciones que se habían servido para el pabellón del general».

«Para todos era un militar, un Guardia Civil, que amaba su profesión, que ejercía las 24 horas al día, austero, religioso, serio, justo y a la vez bondadoso. No recuerdo otro general de esa categoría, un dechado de ejemplaridad y moralidad»«Un caballero, un militar de los pies a la cabeza» son otros de los testimonios de quienes fueran sus subordinados.

CAPITULO 24

EL MAQUIS

1-24 El entorno

En este capítulo, tras explicar qué era el maquis y las circunstancias de su nacimiento, hablaremos de la lucha contra él en las montañas españolas. También hubo operaciones en ciudades, pero eso queda para otros trabajos. Aquí seguimos con nuestras tropas de montaña. Estudiaremos primero el caldo de cultivo donde nació.

Maquis es una palabra francesa derivada a su vez del corso y del italiano «machia» que quiere decir monte bajo. Así se designaba popularmente en Francia a las FTP. El nombre de *Francs-tireux et Partisiens* fue adoptado a primeros de 1942 por las recién creadas partidas comunistas para hostigar a los franceses partidarios del gobierno, y a los alemanes, y para hacerse con el poder en una postguerra que veían próxima. Su enlace con la *Komintern* de Stalin era Jaques Duclos, dirigente del Partido Comunista Francés. Más adelante lanzarían la idea que unificarse en un «frente» con la demás oposición, que ya había permitido a los estalinistas controlar la España «republicana» a través del Frente Popular. Con esa táctica consiguieron absorver las poco activas FFI (*Forces Françaises d l'intérieur*), y la muy minoritaria entre los militares ORA (*Organisation de Résistance de l'Armée*), ambas gaullistas, poniendo a comunistas al mando; por ejemplo la zona de París quedó a las ordenes del FTP Henri Rol-Tanguy

Cuando Francia e Inglaterra declararon la guerra a Alemania, comenzando así la Segunda Guerra Mundial, Stalin tenía firmado un pacto con Hitler por el que ambos se repartieron Polonia. Por ello los comunistas, tanto franceses como exiliados españoles, no solo no colaboraron en la defensa de Francia sino que la sabotearon. Los galos, con su ejército destrozado y ofendidos por el abandono de Inglaterra que reembarcó sus tropas en Dunkerque, llamaron al prestigioso mariscal Philippe Petain, entonces embajador en España, para que asumiese la jefatura del ejército y alcanzase un armisticio. Acto seguido, al huir el presidente Reynaud, los diputados le pidieron al mariscal asumiese ese cargo. Después media Francia quedó ocupada por Alemania mientras la otra media quedó administrada por el gobierno del mariscal. A éste hay que agradecerle la devolución a España de la Dama de Elche y de varios cuadros de importancia.

Cuando De Gaulle huyó a Inglaterra y lanzó desde allí su proclama radiada, fue considerado un traidor por la mayoría de los franceses, y muy pocos militares le hicieron caso. Durante mucho tiempo su «Ejército de la Francia Libre» contó con apenas mil doscientos hombres reclutados entre los evacuados a Inglaterra en Dunkerke. De ellos, novecientos eran extranjeros alistados en la Legión.

2-24 Inglaterra contra Francia

Churchill dio enseguida órdenes para atacar a la Francia neutral. El 3 de junio se presentó una flota inglesa en Mers-el Kebir, que presionó a los antes aliados y ahora neutrales franceses, para que se pasasen a ellos con sus barcos. A las 5,50 horas, sin que los galos lo esperaran y sin declaración de guerra, la flota de los británicos abrió fuego a boca jarro hundiendo tres acorazados y un transporte, y matando a más de mil trescientos marinos franceses sin opción de defensa.

El general Wavell recibió órdenes de atacar la colonia francesa de Siria desde la inglesa de Iraq. Le pareció estratégicamente un error, pero se trataba de una decisión política para reforzar a De Gaulle y su insignificante fuerza frente al gobierno francés. Por ello la 7ª División australiana y la 1ª Motorizada inglesa, junto con algunas tropas indígenas africanas de obediencia gaullista, atacaron el 8 de junio.

Como preveía Wavell la defensa francesa fue tenaz y, tras muchas bajas por ambos bandos y más de un mes de combates, el 14 de julio se firmó el armisticio en San Juan de Acre. Pero De Gaulle manifestó su decepción porque, tras tanto muerto, cuando a los franceses vencidos se les ofreció sumarse a él o ser repatriados, todos optaron por seguir con el gobierno de Petain.

De Gaulle también sugirió a Churchill que una fuerza inglesa acudiera a Dakar e «invitara» a las tropas francesas a ponerse a las órdenes de la «Francia Libre», o sea de él. Inglaterra envió una flota al mando del almirante Cunningham, compuesta por dos acorazados, un portaaviones, cinco cruceros y dieciséis destructores británicos, más cuatro corbetas francesas «gaullistas». Se llamó «Operación Amenaza». Tras tres días de duros combates contra el acorazado *Richelieu*, dos cruceros, y tres destructores apoyados por las baterías de costa, la flota de Cunigham se retiró a Inglaterra sin poder desembarcar, con muchas bajas y abundantes averías, quedando Dakar para el gobierno de Francia. Para que los franceses rechazaran a los ingleses fueron decisivos los cañones de 406 mm del *Richelieu*.

El 5 de mayo de 1942 dos flotas británicas inician el ataque de la posesión francesa de Madagascar. Habían partido desde las colonias inglesas de Gibraltar y Sudáfrica y embarcaban una división de infantería de marina y un regimiento de comandos, unos veinte mil hombres. La flota inglesa estaba formada por los portaaviones *HMS Ilustrorius* y *HMS Indomitable*, el acorazado *HMS Ramillies*, dos cruceros, nueve destructores, seis corbetas, nueve barreminas y numerosos transportes, y sumaba varios miles de hombres más. Los franceses solo podían oponer ocho mil hombres, de los que seis mil eran indígenas, y dos mercantes armados, dos corbetas y dos submarinos. No obstante, nuevamente se defendieron con tenacidad y, rechazando dos ofertas de armisticio, combatieron cinco meses hasta el 1 de octubre. Los ingleses, además de muchas bajas de fuerzas de élite, perdieron el destructor *HMS Auricula* y el transporte *British Loyalty*, dejando inutilizado durante muchos meses por graves averías el portaaviones *Ilustrorius*. Los ingleses hundieron tres submarinos franceses.

Por fin, el 8 de noviembre de 1942 una gran flota anglo americana desembarcó setenta mil hombres en el África francesa, echando a pique el crucero *Primauguet*, dos contra torpederos, cuatro torpederos y ocho submarinos. A pesar de negociaciones y promesas de los agentes aliados, la resistencia fue en Argel moderada, en Orán más intensa y obstinada la del general Noguès en Argelia.

Como curiosidad se ordenó al 1º Ejército Británico sustituir sus cascos por el modelo USA, pues los franceses estaban muy resentidos tanto por la deserción de Dunkerke como por los ataques de Mes el Kebir, Dakar, Siria y Madagascar. Las bajas fueron de más de mil quinientos aliados, quinientos de ellos muertos, superando los tres mil los franceses, unos mil cuatrocientos muertos.

Capitulado el ejército galo de las colonias, parte de él se alió con los vencedores a las órdenes del general Juin, en nombre de De Gaulle. Mientras, otros militares galos constituyeron la Phalange Tunecina para continuar su lucha contra los invasores angloamericanos en esa tierra.

Algunos militares franceses que habían peleado contra Alemania, anticomunistas, se alistaron en diversas unidades que luchaban contra la URSS, como la Legión de Voluntarios Franceses o la División «Charlemagne». España por su parte ocupó Tánger, que mantuvo bajo su control hasta septiembre de 1945.

3-24 PIRINEOS ATLÁNTICOS, LA SITUACIÓN EN LA FRONTERA

En las últimas elecciones la jurisdicción de Mauleón había dado acta de diputado a Jean Ibarnegarai, por la derechista Federación Republicana. Era un simpatizante del PNV, fundador de la Federación Francesa de Pelota, y futuro ministro de Familia y Juventud del mariscal Petain. En la de Bayona también fue elegido un conservador de ese mismo partido, De Coral, y un izquierdista, Delzangles.

Además el mariscal tenía muy buena prensa en el departamento de Pirineos Atlánticos, donde se llegó a repartir un libro con este título:

«*PETAIN MARECHALA FRANTZIAREN AINTZINDARIA. Familia Lana Frantzia Gezurra dut hastio…Jarraik niri. Frantzia baitan atchik fidantzia osoa.Frantzia altchatzekotz, gutarik bakotchak behar du onthu lehen lehenik.*»

Por aquellas fechas Eugéne Goyeneche, colaborador de la Delegación Vasca y tesorero de la Liga de Amigos de los Vascos, negociaba con Hulrich Herbert Best y Von Rundsted una alianza entre el nacionalismo vasco y el nacionalsocialismo alemán, del tipo la que mantenían los movimientos bretón o flamenco.

Ante el curso de la guerra, el Partido Comunista Francés había creado los *Francs-Tireus et Partisans*, FTP, quienes en febrero de 1943 (casi cuatro años más tarde del comienzo de la II Guerra Mundial) organizan el maquis.

Mientras tanto, los anglo norteamericanos lanzaban grandes cantidades de armamento con el que iban equipando los grupos *maquisard*, la mayoría de ellos comunistas. Hasta mayo de 1944 habían entregado a la resistencia 80.000 subfusiles, 30.000 pistolas, 17.000 fusiles, 3.500 fusiles ametralladores, 900 lanzagranadas, 160 morteros, además de abundante munición y emisoras de radio.

Pese a ello, la actividad de las partidas fue mínima antes del desembarco de Normandía, y nada útil para los aliados después. Hay que esperar al 18 de enero de 1944 (casi cinco años más tarde de la llegada de los alemanes) para que ocurra el primer atentado con muertos en los Pirineos Atlánticos, que es la zona que nos atañe. Cuatro pilotos de la *Lutwaffe* que volvían de una cervecería en Anglet, fueron asesinados al ametrallar el vehículo donde viajaban ocho maquis emboscados.

La acción bélica más notable de esos años en la zona fronteriza con España fue el bombardeo, el 27 de marzo de 1944, por parte de cuarenta «Liberator» de la USAAF quienes lanzaron cincuenta y nueve toneladas de bombas incendiarias y setenta y ocho de fragmentación sobre Biarriz. Causaron algo más de cien muertos civiles, que es trágico, pero poco comparado con los más de cien mil franceses masacrados por bombardeos aliados en toda Francia.

El 6 de junio, día del desembarco de Normandía, los resistentes atacan el pueblo de Ferreriéres, matando a seis alemanes y haciendo presos a nueve, que más tarde asesinarán; a la zona acuden tropas de montaña alemanas que causan treinta y seis bajas a los maquis, entre muertos, heridos y desaparecidos. También atacaron los FTP un convoy alemán en Olorón, haciéndoles doce muertos, a cambio de dos maquis y varios más heridos. En los días siguientes los alemanes capturaron algún maquis, que fusilaron.

Una parte de las unidades de ocupación que cubrían el sur de Francia estaba formado por tropas que habían visto en Alemania la manera de luchar contra las tiranías coloniales que les oprimían. El despliegue incluía varios regimientos cosacos, tártaros y turquestanos, que luchaban contra Stalin, así como indios de la Legión «Friend Indien», del partido India Libre de Chandra Bosse, que querían librarse de la colonización británica. Otros eran batallones de ocupación, compuestos por veteranos, sí, pero de la guerra del 14, que eran irónicamente llamados «Bismark Jugend», por su elevada edad. También operaba allí alguna división de combate de la *Lutwaffe*, unidades de no mucha calidad. En general, tropas de segunda línea. Solamente una vez que los aliados avanzaban por Francia, y cuando estas tropas pobremente armadas se replegaban, recibieron esporádicos tiroteos con bajas, por parte de partisanos, y alguna fue copada y se entregó. Otras consiguieron unirse a su ejército en el norte o se internaron en España.

Cuando los alemanes se disponían a abandonar París intacto, pues se había pactado su abandono, grupos de miembros de los FTP comunistas, dispararon sobre personal burocrático y de ocupación de la *Wehrmatcht* en retirada, lo que provocó la reacción de estos. Eso hizo que el ejército aliado tuviera que desviar fuerzas de su ofensiva para acudir en auxilio de los imprudentes guerrilleros. Además, De Gaulle quería, con su 2ª División Blindada, asegurarse el control de París frente a los *maquisard* marxistas.

El aristocrático capitán de caballería Philippe de Hautencloque era uno de los pocos oficiales que habían huido a Inglaterra con De Gaulle. Éste ascendió en dos meses de capitán a coronel y se puso y se hizo llamar «Leclerc». Su «Fuerza L» participó en escasos combates en África y, al dirigirse a Europa, se le ordenó sustituir al menos algunos indígenas por europeos, por cuestión de imagen, y los buscó entre exiliados y legionarios extranjeros.

Con esa unidad había desembarcado en Normandía, dos meses después del día D y de sus combates en las playas, y debía avanzar hacia Alemania; pero perdería una semana preciosa en los festejos de la liberación de París, mientras las tropas del general americano Patton avanzaban combatiendo hacia la nación germana.

4-24 LOS MAQUIS CONTRA OTROS FRANCESES

Para lo que sí sirvió todo el arsenal enviado por los aliados al maquis fue para armar un pequeño ejército izquierdista que realizó varias decenas de miles de asesinatos entre seguidores del presidente de Francia, Petain, miembros de sus fuerzas de seguridad, de los partidos y organizaciones anticomunistas, o familiares de quienes combatían contra la URSS. Los aliados las llamaron eufemísticamente «ejecuciones extrajudiciales».

A ellos hay que sumar los casi veinte mil ajusticiados tras sentencia de los «tribunales de la Francia Libre». Por citar solo los más famosos, fue fusilado el escritor Robert Brasillac, el poeta Louis Ferdinand Celine huyó a Suiza, y el también intelectual Per Driu de la Rochelle prefirió suicidarse al enterarse de que lo iban a arrestar. También fueron procesados la cantante Edhit Piaff, el actor Fernandel, o el anciano Louis Renault, fundador de la famosa firma de automoción, entre muchos otros, quien fue torturado, encarcelado y expropiado.

Gran número de los asesinados eran miembros o familiares de la *Milicie Francaise*, de la Guardia Motorizada, de la Gendarmería o de la judicatura, que habían luchado contra los FTP. Resumiendo, los maquis no habían hecho gran cosa contra los alemanes, aunque sí matado muchos franceses, siendo, junto con los bombardeos aliados, la principal causa de muerte de civiles galos, llegando entre ambas a las doscientas mil víctimas. Por el contrario apenas algunas decenas de alemanes, en su mayoría tropas de segunda línea o civiles, fueron eliminados por estos guerrilleros, más interesados en su guerra civil. Por contra decenas de miles de franceses lucharon contra los anglonorteamericanos y sus aliados soviéticos. Luego la propaganda y la necesidad de congraciarse con los vencedores crearon el mito de la resistencia. Como ejemplo de estos currículos reconstruidos, véase el de Françoise Mitterrand, líder del Partido Socialista Francés, del que, ya siendo Presidente de la República Francesa, se descubrió que su pasado como resistente era falso, habiendo sido en cambio un devoto colaboracionista con los alemanes. Procedente de la organización fascista «Voluntarios Nacionales» del coronel La Rocque, colaboró con el Partido Social Francés, aliado de Alemania, y cuyo líder Jaques Doriot y muchos militantes serían luego fusilados por los comunistas o gaullistas, y perteneció a la Legión Francesa de Voluntarios por la Revolución Nacional, llegando a ser condecorado con la Orden de la Francisca por Pétain. No tuvo que dimitir, pues pasada la furia homicida de los primeros años de postguerra, ese era el caso de gran número de altos cargos y, además, la mayoría de los mandos militares habían servido lealmente al gobierno legal de Vichy y a Pétain, nombrado presidente, no lo olvidemos, por el Parlamento. Todos estos hechos los refleja fielmente la película «Uranus», de Gérard Depardieu.

Por aquellas fechas el Gobierno Vasco en el exilio tuvo que intervenir para salvar a su negociador con los nacional socialistas, Eugéne de Goyeneche, para quien la nueva fiscalía pedía la pena de muerte. Luego el PNV le apoyó económica y socialmente hasta su muerte en 1989.

5-24 Monzón, el dirigente sanguinario

Es en ese ambiente cuando el Partido Comunista decide emplear ese numeroso y moderno armamento anglo-norteamericano y esas partidas guerrilleras, no para combatir a los alemanes, sino para invadir España.

Jesús Mozón, comunista, miembro de una familia acomodada pamplonesa, había participado en el complot para el violento golpe de estado marxista de 1934. En marzo de 1936, en medio de la ola de violencia que desató el Frente Popular desde el gobierno, encabezó un asalto armado a la Diputación Foral de Navarra, enarbolando él mismo una pistola, para obligar a dimitir a los diputados elegidos por los navarros. Fracasó y fue detenido al huir. Tras la rebelión cívico militar del 18 de julio, fue escondido y pasado a Francia por el dirigente del bando nacional Francisco Lizarza, hermano de Antonio, jefe del Requeté. Sin embargo, nada más llegar Monzón al Madrid del terror rojo, reconoció a Ignacia Erro, mujer del jefe de Falange en Navarra, José Moreno, del Hotel la Perla, su hijo Eduardo Moreno, y un primo de ella, que se hallaban en la capital en visita médica. Inmediatamente los hizo arrestar y dirigió su fusilamiento en la misma puerta del Hotel Asturias donde se alojaban.

Durante la guerra, este sanguinario individuo ejerció de fiscal jefe de Euzcadi, y luego gobernador civil de Albacete, Alicante y Cuenca. También fue nombrado subsecretario de Defensa en el gobierno pro Stalin de Negrín, pero la sublevación del coronel Casado y Julián Besteiro le impidió tomar posesión del cargo. Era un hombre aficionado a los casinos, las mujeres, la bebida y la buena mesa. Marxista convencido, el dinero de su familia le permitía darse esos lujos. Tras ser el instigador de la invasión por los maquis de España, acabaría pasando a España para unirse a la «Joventut Combatent», grupo terrorista del PSUC. Cuando éstos asesinaron a Camilo Morales Cortés, falangista de Reus, fue detenido, pero a pesar de este curriculum violento, solo cumplió trece años de cárcel. A salir de ésta, fue contratado como profesor de mercadotecnia y nombrado, en 1971, primer director del Instituto Balear de Dirección de Empresas, fundado por el Opus Dei. Por ese centro pasaron Ramón Tamames, Francisco Fernández Ordóñez, Garrigues Walker, Jordi Pujol, José Luis San Pedro y otros que, años más tarde, tras la muerte de Franco, coparon los puestos dirigentes de la política y la economía de España hasta ahora. Este comunista fallecía en la Clínica Universitaria de Navarra en 1973, cuidado, paradójicamente, por Tere Moreno, cuya madre, hermano y tío había asesinado.

Monzón, al finalizar la II Guerra Mundial, propuso invadir España para provocar un alzamiento de un pueblo que suponían se les iba a sumar. Presentado el proyecto a Stalin éste ordenó que se llevase a cabo. Para ello, en mayo de 1944 se crea la Agrupación de Guerrilleros Españoles, segregándose de las FTP y se prepara el plan. El 3 de octubre 650 guerrilleros de la 54º Brigada entraron en

España por Roncesvalles y Roncal, pero los batallones de montaña y la Guardia Civil los vencieron rápido.

6.24 Invasión del Pirineo Oriental

Entre el 14 y el 20 de octubre unos cinco mil quinientos maquis, con abundante material y moderno armamento norteamericano e inglés, penetraron en el Valle de Arán; mientras, varios grupos más realizan operaciones de distracción en otras zonas del Pirineo. Con ello esperaban obtener un levantamiento contra el gobierno español y una intervención de los «Aliados» URSS, USA, Inglaterra y Francia.

El gobierno francés tiene información de todo esto, pero prefiere que se vayan a invadir España, y así librarse de unos millares de comunistas de los que practican pistolerismo en Francia. Hay que tener en cuenta que estos maquis en agosto de 1944 habían asesinado al cónsul español de Toulouse, y secuestrado al de Pau.

Los invasores ocuparon los pueblos de Les, Bossot y Las Bordas, pero no pudieron tomar Viella ante la decida defensa que la guarnición, con apoyo de los civiles, hace de la capital del valle.

La fuerza estaba compuesta por un batallón de Cazadores de Montaña, una compañía de la Policía Armada, y fuerzas del Tercio de Fronteras de la Guardia Civil, menos de mil hombres en total, que se defendieron bien hasta la llegada de refuerzos, en una gran maniobra dirigida por el laureado general José Moscardó Ituarte.

Para finales de octubre, también los maquis de Aran estaban vencidos, y los que no fueron capturados volvían a Francia. La frustrada invasión había producido treinta y nueve muertos entre el Ejército y las Fuerzas de Orden Público españolas a cambio de ciento treinta muertos, doscientos quince heridos y doscientos veinte prisioneros entre los frente populistas, quinientas sesenta y cinco bajas en total entre los maquis.

7.24 La reacción de la población

Para que una guerrilla triunfe es imprescindible que la población civil colabore. A diferencia de la lucha contra Napoleón, donde los guerrilleros eran informados de los movimientos enemigos, escondidos y alimentados por la mayoría de la gente, los maquis eran odiados. Nada más llegar a España pudieron comprobar que no sólo no recibían apoyo, si no que los españoles les eran manifiestamente hostiles, y colaboraban entusiásticamente con el Ejército y la Guardia Civil. Sobre esto abundan los testimonios:

«Tuvimos que atar a los pastores para no matarlos pues a pesar de regalarles algunas latas de paté, corrían a delatarnos» dice Francisco Guzmán, aunque a Félix Layana de Miguel, de Uztárroz, lo asesinaron los maquis cuando cuidaba sus ovejas en su borda. En el caserío Iturburu de Valcarlos liquidaron al dueño para robarle. En Satrústegui, en el Valle de Araquil, mataron a sangre fría al matrimonio de molineros, y también a un vecino de Goñi, en Tierra Estella. Al guardabosques de Sotres los guerrilleros le dieron muerte tirándolo atado a un pozo, delante de sus mujer y sus cuatro hijos pequeños que, de rodillas, suplica-

ban por su vida. Ya tiempo antes habían asesinado al alcalde de Carcastillo, Urrutia, y más tarde al de Ochandía. El paisano roncalés, Roberto Gayarre, que como muchos otros, se había ofrecido como guía contra el maquis a las Fuerzas Armadas Españolas, murió en un enfrentamiento en Huarte.

«Ellos estaban en las alturas y la fuerza venía por abajo. Los paisanos sacamos las escopetas de caza para defender el pueblo. No pasaron cerca, pero si pasan…No les quería nadie por aquí. Ellos decían que no nos matarían, que no tenían nada con nosotros. Pero a nada bueno vendrían cuando venían así, armados con lo último», manifiesta un campesino navarro al periodista Jesús Hermida en una entrevista.

El 30 de mayo de 1945 se condecora en Pamplona a dieciséis civiles por haberse distinguido en «la represión de los sucesos de la frontera de nuestra provincia». De los propietarios de casas de Aoiz ocupadas por el ejército en el trascurso de las operaciones, más de un tercio no quisieron cobrar la compensación establecida por ello. Y se conservan pliegos de descargo ante multas por contrabando, de varios habitantes de pueblos navarros, presentando certificados de haber colaborado contra el maquis.

8.24 La invasión en el Pirineo Occidental

En capítulos previos hemos hablado buena parte de la lucha contra el maquis en el Pirineo occidental, que aquí completamos.

Desgraciadamente para aquellos, su intento de invasión de España coincide con el apogeo de los batallones de montaña, potenciados por la acertada reforma del teniente general García Valiño. En las regiones militares que comparten zona de Pirineos, existen tres cuerpos de ejército, desplegando seis divisiones.

El 5 de octubre, y por las incursiones de partidas marxistas procedentes de la frontera francesa, el Batallón de Cazadores de Montaña «Estella» crea dos agrupaciones de combate. La primera, al mando del teniente coronel José Pérez ,la integran las compañías 2ª y de Armas, estando la segunda formada por las compañías 1ª y 3ª siendo mandada por el comandante Caamaño.

La primera escaramuza la tiene la compañía de Armas el día 7, capturando tras un tiroteo un fusil, bombas de mano, munición y equipo diverso. El 9 la sección de esquiadores del Estella participa en el asalto a las alturas de Guelbenzu, junto a las compañías 2ª y 3ª del Batallón «Legazpi». Estas fuerzas desalojan, haciéndoles un prisionero, a más de doscientos maquis que huyen abandonado armamento y explosivos. La segunda agrupación también sostiene otra escaramuza en Oroz Betelu, poniendo en fuga al enemigo a costa de un soldado herido.

El día 10, el Batallón «Estella» lanza un asalto sobre los maquis apostados cerca de Lecumberri, causándoles 14 muertos y 3 heridos y capturándoles armamento. El 11 se desaloja el enemigo del caserío Maite, capturando cinco prisioneros y un fusil a costa de cinco soldados heridos. El 12 la 2ª compañía, y la sección de Esquiadores expulsan a los rebeldes de Dos Hermanas, causándoles tres muertos y cogiendo cuatro prisioneros, dos fusiles, bombas de mano, munición y mapas. En días sucesivos se capturan doce maquis y diverso armamento y el 21 las compañías de Esquiadores y Armas asaltan la borda de Baráibar, capturando dieciséis prisioneros con dos fusiles ametralladores y numerosas bombas de mano. El 30 captura el batallón sus dos últimos prisioneros, regresando a Estella el 5 de noviembre. La sección de Policía Armada sostenía un tiroteo prolongado con maquis, compañías del «América» acudieron a la zona enfrentándose a los enemigos y capturándoles un muerto, cuatro bombas de mano, cargadores de ametralladora, munición, treinta y un paquetes de dinamita y una bandera de la II República. El 5 de octubre «América» sostiene tiroteos con el enemigo mientras Montejurra le hace dos prisioneros. El 8 de octubre fueron reforzados por el Batallón «Legazpi» 23. El 19 hubo un combate entre maquis y elementos de «América» y «Montejurra», resultando muertos un alférez y un soldado, y tres más heridos. Se capturaron cuatro prisioneros, ignorándose los heridos, en el bando rebelde. Se les cogió un fusil, munición y dinamita. El 11 de octubre se da el combate más fuerte de la VI Región militar, haciendo el Batallón «Estella» catorce muertos y tres heridos a las partidas, mientras «Legazpi» les hace diecisiete muertos y ocho heridos apresados. En ambas operaciones se captura numeroso material. El costo para el Ejército Español es de seis soldados y un guardia civil heridos.

El 17 de octubre una emboscada tendida por el ejército permitió la captura de ocho maquis, y entre el 25 y el 26 de octubre, una compañía reforzada por dos secciones de la Policía Armada sostuvo choques con una gran partida a la que hizo seis muertos, cogiéndole mucho material. Por parte gubernamental murieron un teniente y cuatro soldados. El 27 «América» tuvo tres soldados muertos, además de siete heridos, haciendo bajas muy superiores a los rebeldes que se dispersan.

También la 171ª División del Ejército sostuvo en Valdefuesa un combate con unos doscientos maquis a los que hicieron muertos y heridos y capturaron seis. Entre el material aprehendido una moderna radio de campaña, dos metralletas, dos ametralladoras completas, un fusil, munición y explosivos, todo ellos de origen inglés. Para el 14 de noviembre las acciones del maquis en el Pirineo ya habían terminado, quedando partidas aisladas en el interior de España, dedicadas más que otra cosa a su supervivencia y los atracos a bancos. Santiago Carrillo aprovechó el fracaso (en el que tenía mucha culpa que, como hizo siempre, echó a otros) para intrigar hasta conseguir la expulsión del PCE de Jesús Mozón y Manuel Jimeno, y el cese en puestos de responsabilidad de otros como Manuel Azcárate. De algunos incluso pidió fueran asesinados. A otros, que aún permanecían en España, los delató para provocar su detención por la Guardia Civil.

Los grupos de maquis que han conseguido llegar al interior de España malviven realizando atracos. Cuando asaltan la Caja de Ahorros de Vizcaya, el 9 de septiembre, a cambio de llevarse un botín de 13.000 pesetas, son capturados en breve por la Guardia Civil. En el asalto de Ventas de Bergara se llevaron 800.000 pesetas. En la empresa Sefanitro robaron todas las nóminas de los trabajadores. Solo en Vascongadas y Navarra fueron treinta y dos los atracos perpetrados por los maquis, además de un secuestro para cobrar rescate.

«En octubre de 1948 en reunión conjunta del Buró Político del PCE, del Comité Ejecutivo del PSUC y de un reducido número de delegados de destacamentos gue-

rrilleros y camaradas del aparato se decidió disolver las guerrillas. El argumento de peso y único que se empleó para aprobar esta decisión fue que así lo había decidido Stalin»[1], cuenta el comunista Enrique Líster en sus memorias. Dejaban atrás un millar de muertos propios y dos centenares ajenos, que no les sirvieron para nada. El historiador británico Georges Hills «*En la historia moderna no existe ninguna otra ocasión en la que millares de guerrilleros bien armados hayan sido tan fácilmente derrotados*». Y fue en un terreno óptimo para su actuación como son las montañas del Pirineo. Aunque en ese terreno fueron mucho mejores los cazadores de montaña y la Guardia Civil del Ejército Español, apoyadas por la Policía Armada y los paisanos de la zona.

---

1 El mayor genocida de la Historia, José Stalin, también había ordenado la creación de las Brigadas Internacionales, sanguinarios invasores comunistas condecorados por el Congreso de los Diputados español, que eufemísticamente los llamó «voluntarios de la libertad». Por ello, el historiador y ponente constitucional Ricardo de la Cierva, devolvió la Medalla del Congreso y abandonó el Partido Popular.

CAPITULO 25

OTRAS TROPAS DE MONTAÑA, DE LA II GUERRA MUNDIAL A LA ACTUALIDAD

1-25 ALEMANIA - AUSTRIA

En el periodo de entreguerras Alemania forma una *Gebirgsdivision* que, con la unificación con Austria, se ve reforzada por las bien instruidas y experimentadas tropas de montaña austriacas, con las que se crean dos divisiones más. Los *Gebrigsjagër* eran infantería ligera con adiestramiento para el combate en montaña, y una extraordinaria preparación física. Combatieron también, en muchas ocasiones, igual que sus camaradas cazadores paracaidistas, como infantería ordinaria.

Durante la segunda Guerra Mundial, Alemania (que incluye Austria), llegará a tener catorce divisiones de montaña. Entre las ocho de la *Wehrmatcht* está la 1ª *Ski Jagër División*, de esquiadores como su nombre indica. Además cuenta con los *Hocheberes*, batallones independientes de cazadores de alta montaña, numerados 1º, 2º, 3º y 4º. A éstas unidades se unirán seis divisiones de montaña de las *Waffen SS*. La primera será la 6ª División SS *Gebirgs Nord*, que combate en la Laponia finesa (junto con la 7ª División de montaña del ejército alemán), e integra numerosas unidades de esquiadores formadas con voluntarios finlandeses, noruegos y daneses. Después combatirá en la ofensiva de las Ardenas.

Le sigue la 7ª Div. SS *Prinz Eugen*, compuesta por voluntarios rumanos, húngaros y serbios, además de alemanes. Luchó en los Balcanes y absorbió al único regimiento que se llegó a formar con voluntarios albaneses de la que iba a ser la Div SS *Gebirgs Skandenberg*. Al terminar la guerra sus miembros supervivientes fueron todos ejecutados.

Dos divisiones más de montaña estaban formadas por musulmanes bosnios, la 13ª Div. Waffen SS *Gebirgs Handchar* (alfanje) y la 23ª Waffen SS *Gebirgs Kama* (daga turca). Los emblemas serán esas armas respectivas cruzadas con una esvástica. Estás divisiones lucirán fez rojo, mas alto y con borla negra para gala y paseo, gris verdoso, con o sin borla, para campaña.

Lucharán en los Balcanes como unidades de contrainsurgencia y en el frente ruso, como divisiones de infantería. Cuando al finalizar la guerra varios millares de supervivientes de estas unidades se rindieron a los ingleses éstos, tras desarmar a los bosnios, los entregaron a los guerrilleros de Tito quienes los fusilaron a todos en Maribor. Los mismo había ocurrido con decenas de miles de miembros del ejército Rusia Libre (ROA), del general Vlasov, también transferidos por los angloamericanos, una vez desarmados, parte a Stalin (rusos, ucranianos, turkestanos), parte a Tito (cosacos), y asesinados todos ellos incluidos sus mujeres e hijos. Era el cumplimiento de los terribles acuerdos firmados en Yalta por Roosvelt, Stalin y Churchill.

Las 1ª, 2ª y 3ª Divisiones de Montaña de la Wehrtmacht (*Gebirgsjäger*) lucharon en la invasión de Polonia, conquistando Lemberg y el paso de Dukla en los Cárpatos. La 3ª combatió en Noruega. 1ª y 2ª participaron en la campaña de Francia de 1940. En 1941 la 1ª y 4ª divisiones *Gebirgsjäger* avanzaron sobre Yugoslavia mientras la 5ª y 6ª lo hacían sobre Grecia. En 1941, la 5ª del carismático general Julius Ringel participó en el asalto a Creta, la operación «Merkur».

En julio, en la operación «Barbarroja», los *Gebirgsjäger* tomaron Murmask, en el frente norte. En el sur el *Gebirgskorps* participó en la ofensiva contra Uman, capturando los montañeros veinte mil prisioneros soviéticos.

Una patrulla de los *Gebirgsjäger* que llegaron al Caucaso ascendió hasta el monte Elbrus, coronando su cima de cinco mil seiscientos sesenta y tres metros. Al terminar la guerra la 1ª Y 9ª divisiones defendían Austria, la 4ª Eslovaquia, la 3ª Alta Silesia y la 5ª y 8ª Italia.

Las divisiones de montaña alemanas, tanto de la *Wehrmacht* como de las *Waffen* dieron muy buen resultado, siendo unas tropas muy sólidas y fiables. Dos de las unidades de voluntarios extranjeros, como la *Hanschar* (bosnia) o la *Prinz Eugen* (rumana-hungaro-serbia) tuvieron fama de acciones brutales, pero también es cierto que en los Balcanes todos los bandos empleaban los mismos métodos, ya fueran *chetniks* proingleses, procomunistas, proalemanes, o bien croatas o bosnios. Nada lo justifica, pero nadie puede tirar la primera piedra.

Los uniformes de las tropas de montaña alemanas comenzaron siendo gris piedra pasando, posteriormente, a ser verde campaña. Eran similares para las divisiones del *Heer* que de las *Waffen SS*, diferenciándose sólo en los emblemas. Todos ellos usaban la gorra alta de tipo austriaco, «*Bergmutze*» fabricada en lana gris, y que tenía solapas sujetas con botones que se podían desplegar para cubrir nuca y orejas. En su lateral llevaban la «*Edelweiss*», como elemento distintivo de las tropas de montaña. Usaban el chaquetón cortavientos «*Winsjacke*» sobre la guerrera a la que pueden acceder por dos bolsillos, cruzado con hileras de cinco botones. Reversible con colores blanco y gris verdoso. También tienen un anorak ligero con capucha. El calzado consistía en botas bajas de clavos con polainas. Sobre el emblema de las hojas de roble de los *Gebirgsjäger* los *skijagër* tenían añadido un esquí cruzado.

En la actualidad Austria mantiene la *6ª Jägerbrigade* con base en Insbruk. Está compuesta por los *Jägerbatallón* 23, 24 y 26. El ejército alemán (*Bundeswehr)*, creado en 1955, tuvo una *Gëbirgsdivision*, la nº 1, hasta 2001, en que se redujo a la 23 *Gebirgsbrigade*, con base en Badreichenhall, en Baviera.Tanto alemanes como austriacos mantiene sus típicas gorras montañeras, el corte de uniformes, así como el «*Edelweiss*» de distintivo. También siguen manteniendo su himno los cazadores de montaña de ambas naciones, la «*Kaiserjägermarche*» o «Marcha de los cazadores del Kaiser».

2-25 Francia

Los *Chasseurs Alpini* franceses constan en 1940 de cinco divisiones alpinas, numeradas de la 27 a la 31. Del 20 de abril al 30 de mayo, combaten en Noruega contra los hombres de la 1ª División de Montaña alemana del general alemán Dielt. Después los *Chasseurs* luchan, del 10 al 25 de junio de 1940, contra los

Alpini italianos que atacaban Francia. Los franceses tienen cuarenta muertos, ochenta y cuatro heridos y ciento cincuenta y cuatro capturados, a cambio de seiscientos treinta y un muertos, dos mil trescientos sesenta y un heridos, dos mil casos de congelación y seiscientos prisioneros. Nuevamente, igual que en la 1ª Guerra Mundial, la mala planificación hizo fracasar a los italianos.

Después del armisticio, los *Chasseurs Alpini* forman parte del ejército francés del mariscal Petain, sin participar en combates, salvo algunos de ellos que se alistan voluntarios en la Legión de Voluntarios Franceses y en la división *Waffen SS* francesa «Charlemagne».

En el otro bando de la guerra civil que se desarrolló en Francia durante la II Guerra Mundial, el 27 de noviembre de 1944 se crea, la 27 División de Montaña del ejército de De Gaulle con material norteamericano; luchará en los Alpes los últimos meses de la guerra contra los restos de la 5ª División de Montaña alemana del general Scharnk.

En la actualidad las unidades de montaña francesas son: 27 Brigada de *Chasseurs Alpinis*, con tres batallones, el 7 con base en Bourg-Saint Maurice, el 17, en Chambery, y el 27 en Gevrier. Además de los *Chasseurs Alpinis*, otras unidades alpinas son el 93 Regimiento de Artillería de Montaña, el 1º y 3º regimientos de la Legión Extranjera y el 4º Regimiento de Cazadores, de caballería blindada ligera.

También la Gerdarmería tiene la PGHM (*Haut montagne*) con dos misiones en las alturas, los rescates y hacer cumplir la ley.

3.25 COMBATES EN LAS NIEVES DE NORUEGA Y DINAMARCA.

El ataque ruso a Finlandia proporcionó a Chuchill la excusa para un plan que acariciaba. Fingiendo enviar tropas para ayudar a aquel país, una fuerza expedicionaria, de unos treinta mil hombres, desembarcaría en la neutral Noruega a fin de cortar las exportaciones de hierro que, a través de ese país, Suecia enviaba a Alemania. Pero diversos incidentes, el último el apresamiento del buque alemán de aprovisionamiento *Altmark* por el destructor inglés *Cossak* en un fiordo, ante la pasividad de las unidades navales noruegas a cuya jurisdicción correspondían esas aguas, decidieron a Alemania a intervenir. Fijaron el desembarco para las cinco de la mañana del 9 de abril de 1940.La operación se llamó «Weserübung» (ejercicio en el rio Weser).

Los primeros barcos ingleses destinados a invadir Noruega partieron el 4 de abril. El 8 el submarino polaco *Orzel* hundió el transporte alemán *Rio de Janeiro*, mientras Noruega protestaba a Inglaterra por los campos de minas que tendía en sus aguas. A las 4,30 horas del 9 de abril los alemanes iniciaban el desembarco de dos mil cazadores de montaña en Narvik y otros mil setecientos en Trondheim, todos ellos de la 3ª División de Montaña del general Dietl.

El 10 de abril la muy superior flota aliada hundió los diez destructores alemanes que estaban en la bahía de Narvik. En la madrugada del 13 comienza el desembarco aliado protegido por un intenso bombardeo de su flota sobre los germanos. Las fuerzas francesas, compuestas de alpinos y legionarios, con diez carros de combate, se encontraron con una fuerte resistencia. El general Dietl había sido autorizado por Hitler para replegarse a Suecia, pero decidió resistir.

Los *Gebirgsjäger* alemanes atacaron a una unidad especial de montaña británica en la isla de Hemmes, poniéndola en fuga. El día 15 la *Luftwaffe* hundió el carguero polaco *Chobry*, lleno de carros de combate, cañones y municiones para los anglofranceses. Además averió seriamente los destructores *HMS Somali*, inglés, y el *Foudroyante*, francés.

Los montañeros de Dietl se habían reforzado con los dos mil quinientos tripulantes de los buques alemanes hundidos, pero éstos carecían de todo, y la temperatura era glaciar. Por ello el capitán de corbeta Erdmenger compró, y pagó con marcos alemanes, en los almacenes de Narvik todas las existencias de ropa de invierno y material de esquí. Dietl consolidó posiciones en los alrededores de la ciudad a cargo de unidades mixtas de montañeros y marinos.

El 26 entre un temporal de nieve y con los soldados ateridos en sus posiciones, se incorporó al ataque desde el Norte un batallón noruego. El 19 de mayo Dietl recibió el refuerzo de setecientos cazadores paracaidistas, más *Gebirgsjäger* y cañones lanzados en paracaídas, pero la superioridad anglo francesa era abrumadora. Los alemanes se iban replegando palmo a palmo combatiendo duramente.

Los aliados, que conocían la situación que se daba en el frente occidental, deciden retirarse sin comunicarlo a los noruegos. El plan consiste en realizar un gran ataque y, despistando con ello a sus aliados, embarcar y marcharse. Tampoco los soldados anglo-franceses son informados de que de que la ofensiva es una finta. El 28 de mayo, entre un tremendo bombardeo naval se produce el ataque. El fuego de los alemanes consigue poner fuera de combate el crucero *HMS Cairo*, pero retroceden combatiendo, sobre todo por la acometividad de los hombres del coronel francés Béthouard, que murieron sin que su jefe les dijera que aquel ataque encubría una retirada.

Tras ese ataque Dietl tiene que abandonar Narvik estableciéndose en las afueras. Entre el 7 y 8 de junio los aliados reembarcan y, el 9, los alemanes retoman la ciudad abandonada por los aliados. Las tropas noruegas, abandonadas, se rinden en Elvegardsgmoen, mientras los alemanes desfilan triunfantes tras haber resistido cuatro mil quinientos hombres frente a treinta mil enemigos. Gran parte de las bajas de ambos bandos se produjeron por las gélidas temperaturas; los desplazamientos se hicieron habitualmente sobre esquís. El traicionado general noruego Karl Fleischer, tras viajar a Londres y Canadá, se suicidará poco después. Bastantes de sus hombres se alistarán luego en el batallón de voluntarios SS *Norge* combatiendo a la URSS aliados con los alemanes.

También el 9 de abril un millar de paracaidistas alemanes invadieron Dinamarca. Fue una operación bastante pacífica, con un solo muerto alemán por veinte daneses. Al final se llegó a un acuerdo entre ambos gobiernos por el cual el danés conservaría su autonomía de gestión, mientras las fuerzas alemanas se instalaban en el país para evitar su invasión por los ingleses.

4.25 ITALIA

En la 2ª Guerra Mundial las seis divisiones «*Alpini*», exceptuando la breve campaña contra Francia, que ya hemos narrado, combaten como infantería convencional. Esta vez lo hacen aliados de Alemania, en el frente ruso, no en montaña pero si soportando muy bajas temperaturas. Allí formaron el 8ª Ejército, incluyendo también el batallón de élite *Monte Cervini*, que será aniquilado por los soviéticos. En 1990 las cinco divisiones de *alpinis* se reducen a tres brigadas. En la actualidad forman siete regimientos, uno de ellos, el *Monte Cervini* de *Alpinis* Paracaidistas.

El ejército italiano estableció su Escuela Central de Adiestramiento Alpino en Bassano del Grappa, cerca del macizo de San Bernardo y del Mont Blanc, en el Alto Adigio. Entre los diversos extranjeros diplomados en ese centro están el teniente general español Carlos Iniesta Cano y el presidente argentino general Juan Domingo Perón.

5.25 RUMANÍA

Rumanía era la otra potencia en tropas de montaña. Contaba con cuatro divisiones donde estaba muy extendido el conocimiento del esquí, aunque no era total. Sí lo era en los dos batallones esquiadores (*Schiori*) independientes 25ª y 26ª. En 1944 estaban integrados en la 103 División de Montaña, siendo las únicas unidades rumanas en usar el traje blanco nieve.

Todas los fusileros de montaña de esta nación portaban una boina (gris ceniza en el uniforme de diario, caqui en el de campaña), y pantalones bombachos muy parecidos a los de los *Chaseurs Alpini* franceses. Su insignia, que se llevaba en la boina, se diferenciaba de los demás fusileros por llevar, sobre el fusil y la trompa de caza, común a todos ellos, un ramo de agujas de pino. Era costumbre de los oficiales en campaña llevar solamente el ramo de pino encima de las letras VM de «*Vanaturi de Munte*» (Fusileros de Montaña). En muchos casos lucían también «*Edelweiss*», a imitación de los cazadores de montaña alemanes. Estas tropas fueron empleadas en Crimea, Cáucaso y Cárpatos.

La otra fuerza de élite rumana era la Guardia de Fronteras. Ésta vestía a la austriaca, llevando la misma gorra montañera que aquellos. Llegó a contar, en el año 1943, con cinco brigadas, a dos regimientos cada una. Participaron, y sufrieron muchas bajas, en el ataque a la URSS, luchando junto a Alemania y, en agosto-septiembre de 1944 combatieron contra sus antiguos aliados al haber cambiado Rumanía de bando. Curiosamente, aunque aportaron a los aliados muchísimos más combatientes que la llamada «Francia libre», no consiguieron estatus de vencedores, y fueron entregados a la URSS, que aplicó una represión brutal con numerosos asesinatos, y que puso un gobierno títere. En la actualidad mantienen la 61 División de Tropas de Montaña.

6.25 POLONIA

Polonia había creado en 1918 tres batallones de montaña, numerados 7º,13º y 28º, llamados de Fusileros «*Podhale*». En el inicio de la II Guerra Mundial eran dos las divisiones de montaña, numeradas 21 y 22, y denominadas *Strzezcy Pod-*

halanscy, que fueron derrotadas y apresadas en la invasión germano soviética de su país. En Francia se organiza, con 4.000 emigrados polacos, una brigada de montaña, llamada *Brygadd Smszewa Strezelcow Podalanski*. Entrenada y equipada por los franceses, sólo se diferencian sus soldados de estos otros por llevar un águila blanca pintada en los cascos. Participará en la invasión de Noruega, donde sufre noventa y siete muertos y veintiocho prisioneros. Después es desembarcada en Bretaña, el 17 de junio, en una estupidez del mando inglés que la lleva a la destrucción. De allí solo escaparán unos cientos, muriendo o cayendo prisioneros el resto.

En la actualidad Polonia mantiene una brigada de montaña. Usaban y usan como emblema la «*Edelweiss*» y la Cruz «*Mouman*».

7.25 USA

En Estados Unidos no existen tropas de montaña hasta el 6 de enero de 1945. Los generales norteamericanos están impresionados por la capacidad de combate de las divisiones alpinas alemanas y, además, están preocupados por lo mucho que ha costado a sus fuerzas, inmensamente superiores, desalojar a los alemanes de las montañas italianas, como Monte Cassino. Por ello en esa fecha crean la 10ª División de Montaña. El 19 de febrero tiene su primer combate, en el asalto al monte Costello, luchando después en el monte Belvedere. El 20 de abril lo hace en Montegiorgio entrando el 25 de abril en Verona, siguiendo hasta el lago Garda el 30 de abril.

Pese a los apenas dos meses de combates de la 10ª División los alemanes le hacen novecientos noventa y dos muertos y cuatro mil ciento cincuenta y cuatro heridos, que es un 30% de bajas. Lo que demuestra que en pleno final de la guerra los germanos seguían combatiendo muy duro. La división fue disuelta en noviembre de 1945.

8.25 India

India es la nación que más tropas de montaña tiene en la actualidad. Sus grandes cordilleras con zonas fronterizas y especialmente tras la guerra contra China de 1962 le hizo crear seis divisiones de montaña. En la conflictiva frontera con Pakistán, a más de seis mil metros de altitud, en el glaciar Siachen, desde hace más de dos décadas permanece una guarnición india de unos tres mil soldados, con temperaturas que llegan a los 50° bajo cero. Hoy la India tiene ocho Divisiones de Montaña, dos de Ataque en Montaña y una Brigada de Gran Altitud. Mantiene las escuelas «*Parvat Ghatak*» de Guerra en Montaña, en Twang, y la «Escuela de Guerra de Gran Altitud», a cinco mil metros de altura en Arunachal Pradesh.

9.25 Otras tropas de montaña

Las tropas de montaña son unidades muy especializadas y de exigente adiestramiento, por lo que solo está al alcance de algunas naciones poseerlas. Aquí vamos a dar un breve repaso a las restantes que existen en el mundo.

En 1941 los ingleses invaden los territorios franceses de Siria. Llevan en vanguardia tropas de países de la Commonwealth, entre ellos de Australia. Estos australianos tienen una «*Ski Patrol*» formada en las «Montañas de la Nieve». Ésta unidad, que va agregada a la 7ª División, organiza con base en el Hotel Los Cedros, a dos mil metros de altitud, cursos de esquí. Llegarán a contar con cien instructores siendo muchos millares los soldados que aprenden la práctica del esquí durante la guerra.

En Pakistán todo el ejército recibe formación de guerra en montaña en la Escuela de Altura y Escalada, en Ratte, al norte de Cachemira, a más de cinco mil metros. Chile mantiene la III División de Montaña, con cuartel general en la elevada ciudad de Valdivia, de la que ya hemos hablado en el capítulo dedicado a las guerras araucanas. Cuenta con cinco regimientos de Infantería, nº 3 *Yungay*, nº 8 *Tucapel*, nº 9 *Arauco*, nº 16 *Talca* y nº 17 *Los Ángeles*. Además el de Artillería nº 2 *Maturana*, el de caballería blindada 3º de Husares, el de Telecomunicaciones 4º *Membrillar*, el Logístico Divisionario 3º *Victoria*, la 13ª Compañía de Comandos Escorpión y la 3ª Compañía de Inteligencia.

Perú cuenta con dos brigadas de montaña, desplegadas en su Región Militar Sur.

Argentina dispone de tres batallones de montaña, el 5º *General Belgrano* con base en Sauca, el 6º *General Conrado de Villegas*, en Neuquim, y el 8º *Brigadier General Toribio de Luzuriaga*, en Mener.

Suiza mantiene las brigadas 2ª de Infantería de Montaña, la *Brigata de Fantería de Montagna 9*, y la *Gëbirgsinfanteriebrigate 12*, además de diez brigadas de montaña movilizables con sus reservistas.

Brasil tiene el 11º Batallón de Infantería de Montaña, con base en San Joao do Rey. Ésta unidad intervino al final de la II Guerra Mundial junto con los norteamericanos en la invasión de Italia, en los montes Apeninos, en 1945. También participó en la misión MINISTAH en Haití.

Las tropas de montaña turcas están constituidas por la Brigada de Comandos de Bolu, con base en Hakhari. Se forman en la escuela de comandos de Egirair y están empleados en la lucha contra los guerrilleros kurdos del PKK. En el Reino Unido las únicas tropas con adiestramiento en montaña es la 3ª Brigada de Comandos de los Royal Marines, disponiendo de algunos especialistas en montaña dentro de los comandos del SAS. Bulgaria tiene el batallón Alpino 101 *Smolyan*, desplegado en las montañas Rodopi. Está armado con fusiles Mosin-Nagant que, afirman ellos, son superiores a todos los demás en clima frío. Además usan morteros de 60 mm.

CAPÍTULO 26

CAZADORES DE MONTAÑA ESPAÑOLES

1.26 EL APOGEO DE LAS UNIDADES DE MONTAÑA ESPAÑOLAS

En 1943, por orden de García Valiño, se crean veinticuatro batallones de cazadores de montaña, en la reestructuración más estable de estas unidades, organizados en ocho agrupaciones de infantería de montaña, y cuatro divisiones de montaña. Son los siguientes, ordenados por su numeral:

«Navarra» 1, «Albuera» 2, «Arapiles» 3, «Cataluña» 4, «Barcelona» 5, «Alba de Tormes» 6, «Valladolid» 7, «Gerona» 8, «Tarifa» 9, «Galicia» 10, «Pirineos» 11, «Antequera» 12, «Ciudad Rodrigo» 13, «Las Navas» 14, «Talavera» 15, «Barbastro» 16, «Almansa» 17, «Magallanes» 18, «América» 19, «Montejurra» 20, «Estella» 21, «Sicilia» 22, «Legazpi» 23 y «Colón» 24 .

Cada batallón cuenta con una sección de esquiadores escaladores. Se crea, también en 1943, una Inspección de Tropas de Montaña en el Estado Mayor Central.

En 1944 comienzan a darse cursos de esquí y escalada en Candanchú y Canfranc, sustituyendo a los anteriores de Guadarrama.

El uniforme en aquellas fechas constaba de guerrera (cerrada, con emblemas de infantería en latón dorado en el cuello, con dos bolsillos al pecho y ninguno en los faldones, con hombreras sencillas, bocamangas en punta y dos trabillas para el cinto) y pantalón (con botones a lo largo de la pantorrilla y que mediante una trabilla se pasaba por debajo del borceguí de becerro) y gorro modelo isabelino con madroño verde, las tres prendas en drill o sarga caqui. Además incorporaba camisa de algodón caqui, guantes (marrones para servicio y blancos para gala), cartucheras, cinto y correaje de cuero color avellana con chapa de latón con emblema del Arma o cornetilla con n° de la unidad

2.26 FUERZAS ESPECIALES

El 25 de febrero de 1945 se fijan, para las unidades de montaña, unas condiciones de ingreso más duras, exigiéndose una edad máxima de treinta y cinco años, para capitanes y brigadas, y de treinta para tenientes. Se asigna una gratificación de un 20% más de sueldo, y el doble de permiso de vacaciones, para el personal destinado en las unidades de esquiadores escaladores, en atención a sus características de Fuerzas Especiales. Esta consideración sólo lo comparten entonces con La Legión, los Grupos Nómadas y las Fuerzas Regulares Indígenas.

También ese año los batallones pasan a tener una compañía de esquiadores escaladores, en vez de una única sección como anteriormente.

El 12 de abril de 1945 se crea la Escuela Militar de Montaña, en Jaca, actual Escuela Militar de Alta Montaña y Operaciones Especiales, para sustituir a la Escuela de Guadarrama. Se llama como profesor, entre otros, a Tomás Pallás Sierra, al que hemos visto en otro capítulo incorporarse voluntario a la compañía de esquiadores nacional del Pirineo con solo quince años.

En 1946 se instituye el diploma y distintivo de mando de esquiadores escaladores, y en 1948 las barras de permanencia. La Escuela elige como emblema el «*Edelweiss*», que comenzaran a usar las tropas de montaña austriacas -alemanas. Posteriormente se adoptará también la gorra «montañera» de tipo austriaco para las unidades de montaña primero, y después para todo el Ejército.

En las instalaciones de la Escuela Militar de Montaña, en Rioseta se adiestran también los guardias civiles destinados al Pirineo, mientras se crea su propia escuela. Hasta 1957 los batallones de cazadores de montaña recibían formación guerrillera dentro de su instrucción. En esa fecha, la Escuela Militar de Montaña da el primer curso específico de formación de «guerrilleros». En 1961, con los mandos allí formados, se ordena crear las dos primeras unidades de operaciones especiales. En 1962 ya están operativas, contando cada una con cuatro oficiales, siete suboficiales, tres cabos primeros, diecinueve cabos y setenta soldados, distribuidos en tres secciones y plana mayor. Las compañías reciben los números 71 y 81, siendo destinadas respectivamente a Oviedo y Orense. En la patrona de Infantería de ese año estrenarán su boina verde. En 1965 cambiarán su nombre por el de Compañías de Operaciones Especiales (COE) y continuarán creciendo, siendo veinte en 1969.

En 1981 se creó una Unidad de Operaciones Especiales de la Legión (UOEL), y otra COE en la Escuela Militar de Montaña y Operaciones Especiales, para apoyar la instrucción y experimentar. Desde ese año, en que se alcanzó el máximo de unidades «guerrilleras», 25 COES, y como todas las unidades operativas del Ejército Español, después no ha hecho más que sufrir reducción tras reducción.

En 1960 un batallón de cazadores de montaña por división pasa a ser motorizado, creándose también una compañía de esquiadores escaladores paracaidistas para cada una de las cuatro grandes unidades de montaña, divisiones «Urgel» 42, «Teruel» 51, «Huesca» 52 y «Navarra» 62.

El Regimiento 7 está formado por los batallones «América» XIX y «Montejurra» XX, con base en Pamplona, y «Estella» XXI en la ciudad de su nombre.

En 1960, los regimientos pasan a ser Agrupaciones de Cazadores de Montaña que, desapareciendo los numerados 1, 6 y 10, creándose como batallones de cazadores motorizados los «Guipúzcoa» 28, (éste sustituyendo al «Estella»), «Albuera», «Belchite» y «Barbastro», uno por división, quedando también una compañía de esquiadores escaladores paracaidistas por gran unidad del Ejército Español. Estos batallones están formados por tres compañías de fusiles, una de armas, y otra de plana mayor y mando.

Están motorizados con cuatro Jeep Willys CJ-3B, doce camiones Dodge ligeros, treinta y seis camiones G.M.C. de dos toneladas, un camión aljibe Dodge, uno grúa y un microbús volkswagen, todos ellos recién incorporados al Ejército.

El armamento consiste en cinco centenares de mosquetones Máuser 41 de 7,92 mm, setenta subfusiles Z-45 Star de 9 mm Pb, sesenta pistolas Star 9 mm Pb, cuatro cañones sin retroceso de 106 mm M-AL, ocho lanzagranadas Instalaza de 88,90 mm, seis ametralladoras Skoda Z.B. de 7,92 mm, y dos morteros Ecia de 81 mm, machetes-bayoneta modelo 1941, bombas de mano y sables. En 1962, las Agrupaciones se incrementan con un grupo de artillería, con piezas 75/22 mm, una compañía mixta de zapadores, y una sección de transmisiones.

CAPITULO 27

LAS GRANDES UNIDADES

1.27 Las Divisiones de Montaña

En la reforma de García Valiño, por orden del 2 de agosto de 1943, se crean cuatro Divisiones de Montaña numeradas 42, 51, 52 y 62, con cuartel general respectivamente en Lérida, Zaragoza, Huesca y Pamplona. Son resultado de la fusión de las divisiones con que terminó la Guerra de 1936-39. Así, la 62, resulta de la fusión de la 61 y 62 «Navarras». En 1947 estas divisiones de Montaña toman los nombres de «Urgel» 42, «Teruel» 51, «Huesca» 52 y «Navarra» 62.

Constan cada una de seis batallones de cazadores de montaña, un grupo de artillería a lomo, un batallón de zapadores, un grupo de intendencia, un grupo de sanidad, una compañía de transmisiones y una sección de veterinaria.

Con la reorganización de 1965 quedan dos divisiones de montaña, la «Navarra» 6 y la «Urgel» 4, junto con una brigada de alta montaña con sede en Jaca. Luego la «Navarra» adoptaría el número 5, con jefatura en Pamplona, para después ser disuelta en 1996 junto con su hermana «Urgel».

La División de Montaña «Navarra», en 1965 cuenta con un núcleo de tropas divisionario (NTD) y una brigada de cazadores de montaña activada, más otra en cuadro. El NTD constaba de compañía de esquiadores escaladores, regimiento acorazado, regimiento de artillería de campaña, regimiento mixto de ingenieros y compañías de intendencia, sanidad y transportes, más sección de veterinaria y música divisionaria.

La brigada de cazadores contaba con cuartel general, dos regimientos de cazadores de montaña, un grupo de artillería a lomo, y un batallón mixto de ingenieros.

2.27 La Brigada de Alta Montaña

El 1 de febrero de 1966 se crea la Brigada de Alta Montaña, con cuartel general en la Ciudadela de Jaca, estando también en esa ciudad el Regimiento de Cazadores de Montaña «Galicia». El Regimiento de Cazadores de Montaña «Valladolid» tenía su acuartelamiento en Huesca, junto con el grupo de artillería, con cañones OTO-Melara de 105/14 mm, más un grupo mixto de ingenieros, y compañías de sanidad y automóviles. Es la zona del Pirineo más abrupta y por tanto la más propicia para base de una unidad de estas características.

Por esas fechas, los batallones de montaña contaban con ciento diez mulos para transporte, que aumentaban hasta trescientos cuarenta en el caso de los grupos de artillería.

Para su entrenamiento usaba la brigada el Centro de Instrucción de Alta Montaña de Rioseta (muy anterior a las estaciones de esquí de Candanchú y Astún, entre las que se encuentra), y el refugio cuartel de La Mina, en el valle de Subordán, al norte de la Selva de Oza y pegado a la frontera. Este último, con capacidad para una compañía, está destinado para periodos de estancia de quince días viviendo en la montaña.

Los cursos de esquí y escalada de Rioseta tenían una duración de cuarenta y cinco días, terminando con unos ejercicios de aplicación y movimientos en montaña de quince días. Estos cursos se daban para todo el personal de Infantería, Artillería e Ingenieros adscrito a las divisiones y brigada de montaña, incluidos los oficiales no diplomados por la EMMOE.

La Brigada de Alta Montaña ya participaba entonces en numerosos ejercicios internacionales como el «Galicia» junto con paracaidistas españoles y franceses, el «Isard 79» con tropas alpinas francesas, y muchos más.

En 1986 pasó a llamarse Brigada de Cazadores de Alta Montaña XLII, y a encuadrarse en la División de Montaña «Urgel» nº 4. El 1 de julio de 1996, con la disolución de las divisiones (entre otras) de Montaña «Navarra» y «Urgel», pasó a llamarse Brigada de Cazadores de Montaña «Aragón», estando agregada a las fuerzas de alta disponibilidad de la OTAN. Ha participado en misiones internacionales en Bosnia, Albania, Kosovo y Afganistán.

El general jefe de la Brigada de Cazadores de Alta Montaña, Luis Palacios Zugasti fue el primer general español en ostentar el mando de una brigada de la OTAN, en este caso la SPABRI I en Bosnia i Hezgovina.

CAPÍTULO 28

EL PENTA LAUREADO REGIMIENTO «AMÉRICA»

1-28 HISTORIA

El Regimiento «América» nació en 1764 en Alicante, como fuerza expedicionaria. Allí se organizaron dos batallones, haciéndolo el tercero en ya en el continente americano, en Veracruz. En 1769 regresó a la península, quedando de guarnición en Cádiz. En la guerra contra Inglaterra de 1779-1782 intervino en la reconquista de Menorca y el sitio de Gibraltar.

Sus compañías, en aquellas fechas estaban compuestas de un capitán, un teniente, un subteniente, un sargento primero, dos sargentos, dos tambores, cuatro cabos primeros, cuatro cabos, y sesenta y cuatro soldados.

Después de diversos destinos, con motivo de la guerra con Francia, entre 1793 y 95 se incorporó al Ejército de Navarra destacando en la toma de San Juan de Luz, Mont Mandale y la toma del fuerte de Chateu-Pignon. Nuevamente luchó contra los ingleses en 1797 en Canarias, donde sus hombres colaboraron decisivamente en la derrota del almirante Nelson, quien perdió un brazo, y en 1800 en la defensa de Cádiz, también contra los eternos enemigos británicos. En la guerra de Independencia participó en la defensa de Zaragoza, la batalla del Bruch, la defensa de Mequinenza y la toma de Barcelona, entre otras acciones.

En 1822 el vestuario del regimiento «América» casaca azul, pantalón ancho gris oscuro, capote color gris reforzado por esclavina, zapatos de piel teñida claveteados, morral blanco y cantimplora y gorro con plumero. El soldado estaba armado con fusil con bayoneta y espada.

Tras estar de guarnición en Ceuta, Valladolid y Santoña. Combatió toda la Primera Guerra Carlista en Cataluña, recibiendo por sus actuaciones, en 1837, el sobrenombre de «El benemérito de la Patria».

En 1860 su primer batallón participó en las victorias de Wad Ras y Tetuán. Después, tras varios destinos fue enviado a Cataluña para la última Guerra Carlista. En 1881 fue destinado a Pamplona, y en 1885 su primer batallón acudió a la guerra de Cuba. En 1921 en Regimiento «América» participó en la campaña de África y en 1931 se fusionó con el Regimiento «Constitución», que le aportó dos laureadas, constituyendo el Regimiento de Infantería «América» nº 1. Durante la rebelión armada socialista y separatista de 1934 acudió a luchar a Asturias.

En 1936 se unió al Alzamiento siendo nodriza de diecisiete batallones «América», consiguiendo dos laureadas más para su bandera por la defensa de Piedras de Aolo, que explicamos antes, así como ocho medallas militares colectivas. Por orden de 8 de septiembre de 1939 pasa a llamarse Regimiento de Infantería de Montaña «América». El 30 de noviembre de 1943 toma el nombre de Agrupación de Infantería de Montaña 7.

2.28 El Regimiento «América» 66

En 1966 la 1ª Agrupación de Montaña se transforma en Regimiento de Cazadores de Montaña «América» 66.

El 13 de diciembre de ese año se hace entrega del cuartel «General Moriones» al Batallón de Montaña 19 y el del «Marqués de Duero» a la Agrupación de Montaña 7 y al Batallón de Montaña 20. El 21 de diciembre de ese año toman los nombres de «América» XIX, «Montejurra» XX y «Estella» XXI, este en el cuartel de Estella. El 30 de octubre de 1968 recibe el Regimiento el cuartel de Aizoain, que es ocupado el 6 de diciembre y bautizado «General Mola».

3-28 El batallón «Montejurra».

El batallón de cazadores de montaña «Montejurra» se forma por la integración en el 5º Batallón del Regimiento «América» con el tercio de Requetés «Montejurra», durante la Guerra del 36. Éste último tomaba el nombre de la batalla de Montejurra, siendo quizá la única unidad del Ejército que lleva el nombre de una victoria carlista. Ambos batallones formaban parte de las Brigadas de Navarra, de las que ya hemos hablado. En diciembre de 1943 toma el nombre de Batallón de Cazadores de Montaña «Montejurra» XX, y recoge el historial del Regimiento «Constitución» 29, creado el 15 de abril de 1812. Éste regimiento, que ya había sido decisivo en la batalla de San Marcial, en 1813, aporta dos laureadas colectivas por el asalto a Mataró, en 1843, y por la defensa de El Caney frente al ataque norteamericano de 1898 contra las provincias españolas de Cuba, Filipinas y Puerto Rico.

En 1944 se constituye la Agrupación de Montaña 7 con los batallones «América» XIX, «Montejurra» XX y «Estella» XXI. Ese año todo ellos parten hacia la frontera para combatir al maquis. En el año 1947 realiza el rescate de montaña de tres profesores y, en 1963 es felicitado por el Capitán General de la VI Región y por el gobernador civil de Guipúzcoa por sus intervenciones en incendios. En 1969 se traslada al acuartelamiento «General Mola» de Aizoain. En 1981 participa en la operación «Alazán» de cobertura de fronteras y en 1986 pasa a llamarse «Montejurra» I/66, continuando con su intensa instrucción y participación en maniobras y misiones internacionales.

4-28 El Batallón «Estella»

Mientras tanto, el 27 de agosto de 1873 se ha creado el Batallón de Cazadores «Estella» 14, siendo su primer jefe el teniente coronel Antonio García Mora. Sustituye al batallón «Mendigorría», disuelto por haber participado en la insurrección cantonal de Cartagena.

Participa el batallón en la 3ª Guerra Carlista, destacando en la batalla de Somorrostro (25 -27 de mayo de 1874). Allí el «Estella» toma con vigorosas cargas a la bayoneta San Pedro de Abanto y Casas de Murrieta, sufriendo las bajas del 50% de los oficiales y el 40% de la tropa. Por esta actuación recibe el batallón la Cruz Laureada de San Fernando.

Continúa esa campaña participando en las batallas de la Peña de Orduña, Villarreal y Abárzuza, donde el 27 de junio es herido de muerte el general Manuel de la Concha, jefe del ejército de Isabel II. En 1875 toma Orio, Usúrbil, Oria y

Oyarzun, siendo rechazado en el asalto al monte Choritoquieta. En 1876 toma las cumbres de Garratamendi y Mehayas.

Finalizada la guerra, desde 1876 la unidad guarnece diferentes plazas en Navarra, Rioja y Vascongadas hasta el 30 de junio de 1899 en que es enviada a Cataluña. Allí permanece de guarnición en Lérida, Barcelona y Olot, hasta que el 15 de julio de 1909 acude a la Guerra del Rif. Tras desembarcar en Melilla se integra en la columna del general Pedro del Real que acude a auxiliar a las fuerzas del general Cabrera que, muerto este, se hallan en situación crítica en el Barranco del Lobo.

El primer condecorado de la Guerra del Rif es el cabo del batallón «Estella» Pedro Calvo. Este sanitario busca heridos desarmado cuando ve un moro que se dispone a rematar a un soldado español. Sin pensárselo salta sobre el rifeño a quien, tras dura pelea, mata con su propia gumía, regresando a Melilla con ésta y un fusil Remington y el herido.

El día 3 de agosto, al mando del general Primo de Rivera, el batallón libera a los soldados asediados en el blocao «Velarde». El 29 ocupa el monte Gurugú, regresando a Olot el 21 de diciembre. El 13 de septiembre de 1913 vuelve a África donde muere en combate el teniente coronel Pedro Murcia Cámara, jefe del batallón «Estella».

En 1917 regresa el batallón a Olot trasladándose a Granollers en 1919. De allí parte para Marruecos su compañía de ametralladoras, en 1921, a la que se unirá todo el batallón en octubre 1924. El «Estella» es citado en la Orden General de la Comandancia por la brillante defensa de la posición «Casa Hamido».

A partir del 6 de julio pasa a llamarse Batallón de Montaña «Estella» 4, regresando a Granollers el 22 de enero de 1926.

El 2 de septiembre de 1928 el batallón es nombrado hijo adoptivo de Mollet del Vallés y el 26 de agosto de la Roca. El 5 de octubre, con presencia del rey Alfonso XIII, se inaugura en Granollers un monumento a los caídos en África del «Estella» naturales de dicha localidad.

A pesar de, o quizá por, sus brillantes servicios el batallón «Estella» es disuelto el 3 de junio de 1931. Hacía poco que había sido proclamada la II República y Azaña se había lanzado contra el Ejército con treinta y dos decretos, como el cierre de la moderna y eficaz Academia General Militar, la eliminación de los ascensos por méritos y de los nombres de las unidades.

Antes, el 28 de abril de 1906, el pleno del ayuntamiento de Estella acuerda ceder al Ramo de la Guerra unos terrenos para construir un cuartel. La corporación ha luchado mucho para que se ubique en esta localidad, frente a las ofertas de Tudela para ser designada.

El bonito edificio de piedra de dos plantas tiene forma de pirámide truncada en torno a un gran patio de armas. La puerta, bajo el rótulo de «Cuartel del Marqués de Estella» y enmarcada por la sala de banderas y el cuerpo de guardia, está protegida por dos garitas, a izquierda y derecha, teniendo delante un jardincillo donde luce, en la cima de su mástil, la enseña de España. En la trasera del edificio se hallan las cuadras (luego cocheras), en el lateral la granja y enfrente, a cien metros y enterrado, el polvorín. El cuartel toma su nombre por Fernando Primo de Rivera, que recibió el título por tomar Estella, dando fin a la última Guerra Carlista.

Nada más terminarse el cuartel se traslada a él el Regimiento de Infantería «Bailén» n°6, que ocupaba el antiguo convento de la Merced desde el fin de la última guerra por los destrozos sufridos por el fuerte de San Francisco. Serán los siguientes ocupantes del cuartel el Regimiento de Infantería «Cantabria», el de «Órdenes Militares», y el «Ibiza» 7. Éste había sido una de las primeras unidades en ser designada como «de cazadores de montaña», desde 1924. Luego perdería su nombre en la reforma Azaña de 1931, siendo denominado desde 1935 «Arapiles», del que ya hemos hablado. Entre octubre 1939 y agosto de 1943 son unidades del Regimiento de Carros de Combate n° 4 las que ocupan el cuartel del Marqués de Estella.

Se instala entonces en Estella el Batallón de Cazadores de Montaña XXI, (perteneciente a la recién creada Agrupación de Montaña 7) que, por decreto del Generalísimo (1 de enero del 44) toma el nombre de «Estella», uno de los raros casos de conjunción entre los nombres de unidad y ubicación geográfica.

El 25 de julio de ese mismo año, el ayuntamiento de la ciudad regala al batallón «Estella» la Bandera y el Guión de Mando, que serán entregados por las madrinas doña Carmen Fernández Ruiz de Alda y Doña María Puy Albizu Eraso, en acto celebrado en la plaza de los Fueros. Preside el ministro de agricultura Miguel Primo de Rivera, hermano del asesinado José Antonio y marqués de Estella. Junto a él asisten también el Capitán General de la VI Región Militar, Juan Yague, el general de la División «Navarra» 62, Pedro Pimentel Zayas, y el obispo de la diócesis, Marcelino Olaechea.

En 1946 el capitán Ramón Corpas de Vicente, que viene de diplomarse en la primera promoción de la Escuela Militar de Montaña de Jaca, toma el mando de la que será siempre «su» Compañía de Esquiadores-Escaladores. Estas compañías, de reciente creación, están en la élite del Ejército Español, compartiendo la consideración de Fuerzas Especiales con la Legión, los Tiradores de Ifni y las Tropas Nómadas del Sahara.

La Compañía de Esquiadores-Escaladores del «Estella» recibe bajo el mando del capitán Corpas un duro entrenamiento que abarca lucha guerrillera, supervivencia en montaña, escalada y esquí, además de combate de infantería.

Este capitán dirige todos los cursos de escalada y esquí hasta el año 61, siendo felicitado reiteradas veces por el mando, además de citado en la Orden General de la División. Patrullas entrenadas por Corpas ganan en Campeonato de España de Escalada, en 1951, y el de la VI Región Militar, en el 52. La vencedora de la prueba nacional fue formada por el teniente Pérez Villacastín, el sargento Collazos, los soldados Orbegozo Amo y Beruete. Destaca también el batallón en el auxilio prestado durante las inundaciones de 1948.

Por la instrucción general de 120, el 31 de octubre de 1951 en batallón «Estella» pasa a formar parte del Regimiento de Montaña 7. El 17 de noviembre de 1953 el batallón rinde honores y desfila ante la bandera de ese regimiento, pues se ha ordenado su traslado al Museo del Ejército en Madrid.

En diciembre de 1960 se disuelven el Regimiento de Montaña 7 y el Batallón «Estella», pasando a ocupar el cuartel el Batallón de Cazadores Motorizado «Guipúzcoa» XXVIII, de nueva creación.

Lo mandarán don Julio Escola Fernández hasta mayo de 1962, Juan Vicente Izquierdo hasta el 10 diciembre de 1965 y Ramón Corpas de Vicente desde esa fecha hasta el 10 de noviembre de 1966.

Está motorizado con cuatro Jeep Willys CJ-3B, 12 camiones Dodge ligeros, 36 camiones G.M.C. de 2 toneladas, una camión aljibe Dodge, uno grúa y un microbús Volksvagen, todos ellos recién incorporados al Ejército.

Hay que señalar que el batallón recibe fusiles de asalto CETME para dotar una sección experimental. El comandante Corpas es el encargado de realizar diferentes ejercicios tácticos comparando esta sección con otra con el armamento habitual, para evaluar la conveniencia de dotar a todas las unidades con esta nueva arma. Las pruebas son exhaustivas y el informe completamente positivo.

Tras la disolución del Batallón de Cazadores Motorizado, en el cuartel «Marqués de Estella» quedó solamente la Compañía de Esquiadores-Escaladores, hasta el 30 de mayo de 1979, fecha en la que el recién recreado Batallón de Cazadores de Montaña «Estella» XXI se instala en esa localidad.

De marzo de 1981 a julio del 82 participa el Batallón «Estella» en la operación «Alazán», de impermeabilización del Pirineo para evitar el paso de comandos terroristas etarras. También presta auxilio con motivo de las inundaciones del año 80 y destacando en la del 87 el rescate de varias personas en peligro.

El 13 de abril de 1986 recibe el nombre de Batallón de Montaña «Estella» II/66 y el 29 de mayo de 1993, por la norma general 5/92, la unidad es apartada, ya para siempre, de la ciudad que le da nombre, siendo trasladada cuarenta y cinco kilómetros hasta Ainzoain, en la periferia de Pamplona. El batallón «Estella» hemos visto en un capítulo anterior que es trasladado a Pamplona el 23 de mayo de 1993.

En esa ocasión el escritor Juan Ramón Corpas Mauleón publica un artículo titulado «Adiós al Cuartel» del que extraigo:

«A lo largo de casi una centuria acoge el fragor juvenil de la milicia que adensa las calles de la pequeña ciudad; aloja a los naturales que a su rebujo, eluden el exilio de la mili lejana; pone punto marcial en las procesiones y los eventos urbanos y -por encima de todo- asiste como un ave providente en las cíclicas catástrofes (incendios, avenidas, inundaciones) que asoman su aliento hostil a la orilla del Ega. Ahora va a cerrar. Lo digo con una profunda y áspera melancolía. Va a arriar sus estandartes últimos y va a quedar vacío, como un galeón enorme y naufrago.(…) Por su patio no se escucharán ya más las voces que antaño lo ocuparon, ni lo poblará el resonar del paso de marcha de los reclutas en las mañanas de instrucción, ni el sudor de la tropa, ni las banderas, ni los cornetines. No quedará nada. Un espacio, apenas, que el poso castrense ha hurtado al crecimiento salvaje. Una isla de sosiego entre la barbarie de hormigón y mal gusto (…) Para llenar el hueco que su densa humanidad deja en Estella, harán falta décadas, quién sabe si casi un siglo».

El 1 de julio de 1995 por la reorganización que disuelve la División de Montaña «Navarra» 5, el regimiento «América» se integra en la Brigada de Montaña «Aragón», pasando el batallón a denominarse «Estella» III/6. El batallón participa en esta época en los rescates de la terrible inundación del camping de Biescas, en agosto de 1996, donde, por trágica coincidencia, también murió una familia este-llesa. Después participa en las operaciones «Sierra-Kilo» en Kosovo, desde el de septiembre del año 2000 a abril de 2001, y «Romeo-Mike», protegiendo infraestruc-turas entre Lérida y Guadalajara, durante los Juegos Olímpicos de Barcelona 2004.

Finalmente la Norma General 05/2007 termina con la brillante historia del Batallón de Cazadores de Montaña «Estella» el 26 de mayo de 2007. Será su último jefe el teniente coronel De Ramón y Casado. Con sus hombres, armamento y materiales se constituirá el Batallón de Cazadores de Montaña «Montejurra», que se hallaba desactivado.

Con motivo de la disolución del batallón «Estella» el general de división Luis Palacios Zuasti publicó un artículo en Diario de Navarra del que extraigo:

«En este periodo de tiempo pasaron por sus filas miles de soldados de reemplazo procedentes de todas las regiones españolas, en su mayoría navarros, en cumpli-miento de su Servicio Militar.

La dura preparación, entrega y sacrificio que conllevaba la especialización en montañera del Batallón, hizo que estos jóvenes vivieran esta etapa militar de sus vidas con un gran esfuerzo intensidad, sin excluir, por otra parte, la satisfacción del cumplimiento del deber y que hizo de ellos unos excelentes soldados de montaña a la vez que unos ciudadanos conscientes y responsables.

El primer jefe del Batallón durante esta etapa (se refiere a la 3ª época) el Teniente Coronel Don José Miguel Sánchez de Muniain y Gil, con su cualidad de buen infante y veterano montañero, y su dedicación y ejemplo permanentes, tuvo el acierto de perfilar un carácter y un estilo peculiar para su nueva unidad. El gesto de austeridad y eficacia que supo infundirle se mantuvo a lo largo del tiempo e hizo posible que la eficacia y el buen hacer fueran los fundamentos en que se basó el prestigio que definió siempre la imagen de este batallón.

Éste participó en infinidad de ejercicios y maniobras que tuvieron como escenario el entorno de Estella-Urbasa, Andía, Montejurra, Codés etc...sin olvidar el Pirineo y otros ámbitos geográficos del resto de España. La unidad cumplió en los años 81 y 82, la misión de impermeabilización de fronteras contra la banda armada ETA, intervino en la extinción de diversos incendios, en el apoyo a la población civil en diversas ocasiones, en la búsqueda y salvamento de varios extraviados y accidentados en la montaña y, destacadamente, en el salvamento de los afectados por la tragedia de Biescas (Huesca). (...)

Bosnia i Hezegovina, la provincia Serbia de Kosovo, Albania y Afganistán han sido los escenarios en los que las compañías y otras unidades menores de este batallón han participado en el cumplimiento de variadas y complicadas misiones, con la finalidad de implantar o mantener la paz y colaborar con el desarrollo de las naciones y pueblos afectados por las enormes calamidades que toda guerra lleva consigo. Los reconoci-mientos a esta labor , en forma de felicitaciones y recompensas nacionales y extran-jeras han sido numerosos, a los que hay que añadir, de una manera muy especial, el repetido y sincero agradecimiento de las poblaciones a las que han ayudado y con las que han convivido los hombres y las mujeres del batallón Estella».

CAPÍTULO 29

ESQUIADORES-ESCALADORES PARACAIDISTAS

Al disolverse el Batallón de Cazadores Motorizado «Guipúzcoa» XXVIII ocupará las instalaciones del cuartel «Marqués de Estella» la Compañía de Esquiadores-Escaladores Paracaidistas.

En 1962 se fundan las compañías de Esquiadores-Escaladores Paracaidistas, a razón de una por división de Montaña más otra en la Brigada de Alta Montaña. Se instalan en Viella, Jaca y Estella, recibiendo un duro entrenamiento en esquí y escalada.

La que se ubica en la ciudad navarra, heredera de la tradición de aquella compañía de Esquiadores-Escaladores del Batallón «Estella» XXI, que conocemos por el capítulo dedicado a esa unidad, tiene como primer jefe al capitán Pueyo. Esta compañía continúa siendo modélica, aunque pequeña guarnición para un cuartel como el «Marqués de Estella». También como sus predecesoras ayuda a la población en las emergencias como en el caso de la inundación del año 78.

En ese periodo, estando al mando el capitán Herrera, el cuartel sufre un cobarde ataque nocturno, por parte de separatistas vascos, con lanzamiento de un artefacto incendiario que apenas causa desperfectos. Los autores huyen inmediatamente perseguidos por la guardia.

El 30 de marzo de 1979 se incorpora al cuartel el recreado Batallón de Cazadores de Montaña «Estella» XXI, siendo los años de mayor guarnición, al sumar un batallón más la compañía de EEEEPP divisionaria.

La compañía de Esquiadores-Escaladores se traslada a Pamplona, donde continúa con su intensa instrucción hasta el 1 de julio de 1995 en que se disuelve (a la vez que la División de Montaña «Navarra» 5), siendo su último capitán don Ángel Atarés Ayuso, actualmente coronel jefe del Regimiento de Cazadores de Montaña «América» 66.

CAPÍTULO 30

EL REGIMIENTO «AMÉRICA» EN LA ACTUALIDAD

El Regimiento de Cazadores de Montaña América cumple en 2014, 250 años de heroica historia de servicio a España. Y los lleva fenomenal. Cuerpo joven con sabiduría de anciano en este Regimiento, que mantiene perfectamente adiestrado y operativo su coronel jefe Ángel Atarés Ayuso.

Consta el regimiento de plana mayor de mando, con un área de logística y otra de inteligencia y seguridad, y el Batallón de Cazadores de Montaña «Montejurra» II/66. Éste consta de tres compañías de cazadores de montaña, una de mando y apoyo, y una de servicios.

El material comprende fusiles de asalto G36E y ametralladoras ligeras HK MG4E, ambos de 5,56 mm y fabricados por Heckler & Koch; sistemas de misiles contracarro MILAN Alcotán y Rafael; morteros de 81 mm Ecia; lanzacohetes C90, y diferentes miras y sistemas de control de tiro.

Como vehículos dispone el Regimiento «América» de tractores blindados suecos de montaña, TOM Bv-206S Hagglums, armados con una ametralladora MG-42, de 7,62 mm, vehículos todoterreno «Anibal» y VAMTAC, motos Suzuki de 400 cc, camiones Uro e IVECO 7276 y M250.

El RCZM «América» tiene su base en el acuartelamiento de Aizoain, en cuya pista de obstáculos, sus alrededores, además de los campos de tiro de Estella, y en los valles de Roncal y Ansó, entrena habitualmente.

Su última misión en el extranjero fue en Afganistán, de agosto de 2011 a febrero de 2012. Allí demostraron la idoneidad de estas tropas para la misión, pues a su alto nivel de adiestramiento se suma el que los inviernos afganos son muy duros, con frío y nieve, que las unidades de cazadores de montaña están acostumbrados a combatir mucho mejor que otra tropa.

Vemos también que el tipo de guerra que hoy en día se practica, pone de total actualidad a combatientes adiestrados en el combate de pequeñas unidades y dominadores de técnicas como la escalada.

El Regimiento «América» tiene instituidos dos premios anuales:

«Suboficial Mayor Francisco Casanova»: Lleva el nombre en honor de este subteniente de la unidad, asesinado por ETA del 9 de agosto del 2000; se entrega al suboficial más distinguido del batallón

«Cabo 1º García Redondo»: Su nombre homenajea a Blas García, fallecido el 30 de enero de 1999 en acto de servicio. Reconoce el esfuerzo, capacidad y entrega en el trabajo del personal de tropa más destacado.

Además, mantiene en su acuartelamiento una Sala-Museo muy interesante con material relacionado con las tropas de montaña. También conserva en sus jardines piezas de artillería de diferentes épocas.

CAPITULO 31

JEFATURA DE TROPAS DE MONTAÑA

1.31 Organización y uniformidad

La Jefatura de Tropas de Montaña «Aragón» fue creada el 1 de enero de 2008, sustituyendo a la Brigada de Montaña «Aragón». Su escudo es el mismo, el del antiguo reino de Aragón con dos fusiles Mauser con bayoneta cruzados, y sobre ellos la trompa de caza, emblema de las tropas de montaña.

La Jefatura de Tropas de Montaña cuenta con cuartel general en Jaca, y con otros dos regimientos de cazadores de montaña, además del citado «América». Son «Arapiles» 62, con los batallones «Badajoz» III/62, en San Clemente de Sescebes, y el «Barcelona» IV/62 en la Ciudad Condal; y el Regimiento de Cazadores de Montaña «Galicia» 64, en Jaca, que cuenta con el Batallón de Cazadores de Montaña «Pirineos» I/64, y además la Compañía de Esquiadores-Escaladores 1/64. La Jefatura mantiene además un museo de las Unidades de Montaña en el Castillo de San Pedro de la Ciudadela de Jaca.

Tienen estos batallones estructura, uniformidad y armamento similar al explicado para el Regimiento de Cazadores de Montaña «América» 66. Ésta consiste en el ITM Invierno, más abrigado y con prendas blancas, el ITM verano, de color verde, el «Árido», con mimetizado en tonos arena herencia de la misión en Afganistán. Este último en breve será sustituido por un mimetizado en verdes y ocres, que parece mucho más apropiado para los paisajes donde naturalmente se desenvolverán.

2.31 Regimiento de Cazadores de Montaña «Galicia» 64

Como de los otros dos regimientos de cazadores de montaña existentes en la actualidad, «Arapiles» y «América», ya hemos hablado, solo nos queda citar al RCZN «Galicia» 64.

El Regimiento «Galicia» procede del Tercio Ordinario de Milán, creado en 1566. Con ese nombre combatió en Flandes, Italia y Francia. En 1700 recibió el nombre de «Tercio de los Países Bajos» y después «Marqués de Sierra». En 1715, al absorber los tercios de Orense, Lugo y la Coruña tomó el nombre de Regimiento «Galicia». Con ese nombre luchó en Italia y Río de la Plata. En 1792 se le llamó «de la Reina», recuperando el nombre de «Galicia» en 1811. Su participación en la Guerra de Independencia fue destacada luchando en las batallas de Bailén, Talavera, Albuera, Chiclana, Bornos y San Marcial. En 1825 se reorganizó como batallón y se envió a Cuba. Se disolvió en 1874. Mientras tanto en España se había creado el Regimiento Gemelo «Galicia» 19, en 1842. Esta unidad combatió en África, en la última guerra carlista y en Cuba. En 1931, unido al batallón de montaña «La Palma» formó el Regimiento de Infantería 19, que en 1935 recuperó el nombre de «Galicia».

El 18 de julio de 1936 se unió al Alzamiento, participando en la defensa de Huesca y en las ofensivas de Aragón y Cataluña. En esa campaña ganaron la Medalla Militar colectiva su plana mayor, y los batallones 2º y 3º. En 1939 se reestructuró como Regimiento de Infantería de Montaña 19, aunque en 1949 pasó a ser de línea. El 21 de diciembre de 1943 se creó el Batallón de Montaña Galicia 10 que en 1951 pasó a formar parte del Regimiento de Montaña 4,convertido en 1960 en 2ª Agrupación de Cazadores de la División de Montaña Teruel 51. En 1965 se integró en el Batallón de Cazadores de Alta Montaña Pirineos XI, que junto con el de igual clase Gravelinas XXV constituyeron el Regimiento de Cazadores de Alta Montaña Galicia 64, de guarnición en Jaca. En la actualidad mantiene su ubicación.

CAPÍTULO 32

MISIONES INTERNACIONALES

1.32 Bosnia

Los cazadores de montaña españoles han tenido una destacada participación en misiones internacionales. Las más destacadas han sido las de Bosnia y Afganistán. Hemos comentado en capítulos anteriores la participación del batallón «Estella» en la operación «Sierra-Kilo» o como el general Luis Palacios Zugasti, entonces jefe de la Brigada de Alta Montaña XLII, fue el primer general español en mandar una fuerza multinacional, en este caso la I-FOR, ambas en Bosnia-Herzegovina. Yo he comprobado personalmente en Mostar el buen recuerdo y agradecimiento que se tiene allí para el Batallón «Estella» y sus cazadores.

Los primeros soldados españoles llegaron a aquella zona a bordo del transporte de ataque *Castilla* por el puerto de Split, el 25 de agosto de 1992. Formando parte de la UNPROFOR de la ONU, constituyeron la Agrupación Táctica «Málaga» en agosto de ese año, con cuartel general en Medjugore, destacamentos en Jablanika, Kiseijak y Kresevo, todos ellos en Bosnia, y apoyo logístico en Divije, en Croacia.

Estos legionarios al mando del comandante Francisco Javier Zorzo se dedicaron a llevar comida a los asediados habitantes de la capital croata, Sarajevo. A través de la dura ruta del río Neretva, aquellos cascos azules españoles se esforzaron en alimentar a aquella población continuamente bombardeada por los serbios.

El abril siguiente, tras estallar la guerra entre los antes aliados croatas y bosnios, las tropas españolas acudieron a Mostar para interponerse entre el *HVO* croata y la *Armija* bosnia. Aquella ciudad sufrió los más violentos combates de la guerra, siendo disputada palmo a palmo. Y allí tuvo España su primer caído de aquella guerra. El 13 de mayo de 1993 murió por una granada en teniente de Infantería Antonio Muñoz Castellanos, quien se dirigía a buscar sangre por los heridos. En junio de 1993 una sección mecanizada española que llevaba alimentos a los asediados –cincuenta y cinco mil habitantes del barrio musulmán,– fueron retenidos seis días por aquellos, que se acumularon alrededor de los blindados, pues querían se quedasen en la ciudad. Ese mismo año 1993, recibían las tropas españolas en Bosnia el premio Príncipe de Asturias a la Cooperación Internacional.

En 1994, nuestro contingente en Bosnia constaba ya de mil cuatrocientos militares, cien blindados BMR, dieciséis vehículos de exploración de caballería VEC, y trece vehículos de combate de Zapadores VCZ.

El 20 de noviembre de 1995 se crea la SPABRI I «Aragón»; está integrada en la División Multinacional Sureste de la I-FOR, fuerza de interposición, de la OTAN. La constituyen la Brigada de Cazadores de Alta Montaña XLII, un grupo táctico de la Brigada de Caballería «Castillejos», y una batería del Grupo de Artillería de Campaña XII, sumando mil setecientos cincuenta hombres. Esta gran unidad está brillantemente mandada por el general Luis Palacios Zugasti, y tiene su cuartel general en el aeropuerto de Mostar y destacamentos en Trebinje y Nesesinje. Fue una misión con muchísimas complicaciones y situaciones delicadas, donde los soldados españoles brillaron a gran altura, siendo hoy muy queridos y recordados por la población bosnia. Aún después del armisticio de 1996 fue tiroteado el administrador de la EUAM, teniendo los militares españoles que proceder a evacuar en blindados a los miembros de las ONGs al oeste de la ciudad.

Con el armisticio la I-FOR se transformó en K-FOR, fuerza de estabilización, y fue reduciéndose poco a poco su número. Así en 1999 volvió ser una Agrupación Táctica con setecientos hombres y 2002 eran cuatrocientos cincuenta sus efectivos. El 11 de junio de ese mismo años fuerzas españoles intervienen en Kosovo incluidas en la K-FOR.

El 4 de mayo de 2007 se arriaba la bandera española en Bosnia en un acto en Mostar, en la bautizada por las agradecidas autoridades locales como Plaza de España. La recogió el coronel Ulpiano Yráyzoz, al frente de la SPFOR XXX y último de los treinta jefes que desempeñaron el mando del contingente en Bosnia. Allí queda un monolito con los nombres de los veinte militares españoles y un traductor, muertos en acto de servicio. También en los quince años y treinta y siete relevos que pasaron por allí, los cazadores de montaña fueron la parte fundamental.

2.32 Afganistán

Los primeros soldados españoles llegaron a Kabul el 24 de enero de 2004, en el marco de la operación «Althea» de la OTAN. Formaban parte de la agrupación «Pirineos» formada por mil trescientos cazadores de montaña. Se desplegaron en la provincia de Badghis, la más pobre de aquel paupérrimo país, con bases en Herat y Qala i Naw. Su primera misión fue controlar la vital carretera que une esta última ciudad con el norte, la ruta «Litium».

Todos los BCZM fueron rotando por aquella guerra hasta 2013, en que se retiraron las últimas fuerzas españolas. En diferentes relevos más de dos mil cazadores de montaña han cumplido con brillantez misiones allí. Además de combatir, estos soldados han construido escuelas, dispensarios, canalizaciones, mejorando la calidad de vida de la población. Más de cien muertos fue el sacrificio que hizo el Ejército Español para contribuir a la paz en aquellas tierras. El sargento Juan Antonio Abril Sánchez fue el último caído perteneciente al Regimiento de Cazadores de Montaña «América» nº 66.

CAPITULO 33

LOS NAVARROS CON EL REGIMIENTO AMÉRICA Y ESPAÑA

Con motivo del cuarto de siglo del Regimiento «América» publiqué numerosos artículos, más extensos y técnicos en revistas de historia militar, más divulgativos en diarios tanto regionales como nacionales. Como este libro nació por la efemérides del «Benemérito de la Patria», quiero explicar los actos de su conmemoración con uno de ellos.

«El domingo 15 de junio se culminaban en Pamplona las actividades del doscientos cincuenta aniversario del Regimiento «América» con la conmemoración del ciento catorce de las unidades de montaña. En la capital navarra miles de personas vitorearon al Ejército, a España y al «Benemérito de la Patria». Además, casi quinientos civiles juramos bandera, en una jornada soleada que arrancaba hermosos reflejos de armas y estandartes. Tomó la firme promesa el coronel jefe del «América» 66, Ángel Atarés Ayuso, acompañando a la enseña de este regimiento las de sus hermanos cazadores de montaña «Arapiles» 62 y «Galicia» 64.

La parada militar se desarrollo con gran brillantez bajo presidencia del teniente general José Ignacio Medina Cebrián, Jefe de la Fuerza Terrestre, y el general Jefe de la Inspección de Tropas de Montaña, Manuel José Rodríguez Gil, a quienes acompañaban otros seis generales y numerosos otros mandos tanto del Ejército, como de la Guardia Civil y la Policía Foral; todos demostraban con su asistencia la importancia de la celebración y su cariño a esta laureada unidad navarra.

El gobierno foral estaba representado en el doscientos cincuenta aniversario por su vicepresidente, al haber acudido a la misma hora la presidenta al anual «Día del navarro ausente» que se celebraba en Isaba.

La fuerza desfiló marcial, a los sones de las bandas de la Academia General Militar y de la Jefatura de Tropas de Montaña, por el centro de Pamplona.

Dirigió unas palabras –vibrantes y certeras– el coronel jefe del regimiento, en las que destacó los servicios prestados por la unidad, y el recuerdo a los muertos en combate, accidente, acto de servicio, o atentado terrorista, que ha tenido en toda su larga historia. En la misma línea, habló igualmente muy bien el general jefe de la Inspección de Tropas de Montaña, Manuel José Rodríguez Gil, quién después entregó el diploma de «Cazador de honor» al gran pintor Augusto Ferrer-Dalmau, veterano de la unidad. Se impusieron, además, varias condecoraciones.

Terminado el acto, el Regimiento obsequió a los jurantes con una bonita bandera nacional de mochila y un pliego con su historia, más una fotografía del solemne momento.

En el vecino auditorio Baluarte se había dado el sábado anterior un muy buen concierto de música militar y, durante toda la semana, en los pabellones de esa La Ciudadela se mostró una magnífica exposición mostrando ese cuarto de milenio de historia del «América» a través de armas, banderas, documentos, mapas, uniformes de gran interés; Presidía un sentido homenaje al subteniente Francisco Casanova, último miembro de esa unidad asesinado por la banda de pistoleros de izquierda independentista ETA. La muestra estuvo muy concurrida desde el día de su apertura, en que contó con la presencia de la delegada del gobierno Carmen Alba, del diputado Carlos Salvador y del senador José Ignacio Palacios, así como varios parlamentarios y concejales. Llamaba la atención la presencia del ex parlamentario de Esker Batua-IU-Batzarre Joseba Eceolaza, quién había destacado en sus intentos de prohibir la muestra porque «*soy enemigo de lo militar en general*» (sic) como manifestaba a Diario de Navarra el 8 de mayo pasado.

Curiosa fue la esquizofrenia de los socialistas; mientras sus tres concejales en el ayuntamiento de Pamplona, se sumaron a Bildu, Geroa Bai y Batzarre-IU para intentar impedir la muestra del Ejército Español, su grupo parlamentario se adhería la moción de Eloy Villanueva por la que el Parlamento Foral, con los votos a favor de UPN, PSN y PPN, reconocía la labor del Regimiento «América» y se sumaba a la felicitación por su conmemoración del doscientos cincuenta aniversario.

Hay que decir que los ataques a la muestra lograron el efecto contrario. Numerosas cartas y artículos en los medios de comunicación mostraron el apoyo y la felicitación al Regimiento de los navarros, que recogieron más de tres mil firmas a favor de la exposición. La asistencia a la misma fue, como era lógico, muy numerosa. Solo puedo poderle un «pero», que no tuviera mayor duración.

EPÍLOGO

El 31 de enero de 2013 el General Jefe de la Inspección de Tropas de Montaña junto con el General Director, inauguraban en la Academia de Infantería de Toledo un monumento a las tropas de montaña.

Consiste en un bronce de un cazador realizado por el escultor burgalés Luis Martín de Vinales. El soldado está representado con piolet en la mano derecha, fusil de asalto terciado sobre el pecho, esquís y mochila en la espalda y llevando gafas de nieve. Un metro más adelante una piedra muestra el emblema de los esquiadores escaladores.

El 4 de junio de este mismo año, el ayuntamiento de Jaca, en acto presidido por el General Jefe de las Fuerzas Ligeras, Francisco Varela y también con presencia del General Jefe de la Inspección de Tropas de Montaña, Manuel José Rodríguez Gil, inauguraba una copia de ese monumento en un jardín al que también en ese acto se bautizó como «Jardín de las Tropas de Montaña». Es un homenaje merecido al que quiero sumarme con este libro.

Esta obra ha pretendido dar información sobre las tropas de montaña y aspectos relacionados con ellas. Sin duda faltarán cosas, pues el campo es vastísimo, pero espero que este trabajo sea de utilidad. Sí que he trascrito los hechos con total fidelidad a la documentación existente, guste o no.

También quieren estas líneas felicitar al Regimiento de Cazadores de Montaña «América» 66 en su doscientos cincuenta cumpleaños, y recordar a los hombres del Ejército Español de todos los tiempos, voluntarios, profesionales y de Servicio Militar, que con su esfuerzo y sacrificio tanto hicieron por España. A todos ellos, gracias.

FIN

ARCHIVOS CONSULTADOS

Ana Barrajón
Ángel Atarés Ayuso
Archivo General de Navarra
Archivo General Militar de Ávila,
Archivo General Militar de Segovia
Gonzalo Rodríguez Colubi-Balmaseda
Javier Rodríguez Barrera
Jesús Javier Corpas Mauleón
José Ignacio Palacios Zugasti
María del Canto Mérida
Mayte Huete García
Rosa Blanco
Vicente Talón

BIBLIOGRAFÍA

1.000 días de fuego. J. M. Gárate Córdoba. A.F. editores.

Adiós al Cuartel. Juan Ramón Corpas Mauleón. Editorial Zunzarren.

Alféreces Provisionales. J. M. Gárate Córdoba. Ed. San Martín.

Arrabales de Leningrado. Fernando Vadillo. Ediciones Marte

Balada Final de la División Azul. Fernando Vadillo. Ediciones Marte.

Brigadas Internacionales, la verdadera historia. Ricardo de la Cierva.

Crónica de la Guerra Española no apta para irreconciliables. Varios. Ed.Codex de Buenos Aires.

Diccionario para un macuto. Rafael García Serrano. Eds Planeta y Homolegens.

El cuerpo de oficiales en la Guerra de España. Carlos Engel Masoliver. A.F. Editores.

Entre la vocació y le devre a l'artillería del Ll'exert popular. Pere Carbonell.

España en sus Héroes. Varios coordinados por J. M. Gárate Córdoba. Ornigraf s.l.

Españoles en Rusia. Varios. Publicaciones de Defensa Edefa SA. Madrid

Guerra y Revolución en Navarra. Francisco Miranda Rubio.

Guerreros, historias de mil años. Jesús Javier Corpas Mauleón

Historia de la Cruzada Española. Arrarás. Datafilm.

Historia de las divisiones del Ejército Nacional. Carlos Engel. Ed. Almena.

Historia de las Fuerzas Armadas. Varios coordinados por A.Sus. Ed. Palafóx.

Historiales de todas las unidades citadas en la obra

Historiales Regimiento 7, Batallón Estella 14, Batallón de Cazadores Estella XXI Batallón de Cazadores Motorizado Guipúzcoa XXVIII.

Historias de la Ciudad de Estella. J. Satrústegui. Editorial Verbo Divino.

La «novena» y la liberación de París, Carlos Caballero Jurado. Revista Española de Historia Militar nº 53

La Brunete, 60 años de Historia. J. M. Manrique, L. Molina y O. Bruña. Quirón Ediciones.

La Guardia Territorial de Guinea Española. Especial SERGA nº 3. José Núñez Calvo.

Los Mitos de la Represión en la Guerra Civil. Angel David Martín Rubio.

Los que fuimos a Madrid. General Galán, jefe de la 26 División del Ejército Popular.

Masacre. Rafael Casas de la Vega. A.F. Editores

Orillas del Voljov. Fernando Vadillo. Ediciones Marte

Real Academia de la Historia-1898-tomo IV.

Tercios de Cristo Rey y Oriamendi. Alvarez Límia Web.

Waffen SS, los centuriones del III Reich. Carlos Caballero Jurado. Extra Defensa nº 21. EDEFA

Waffen SS, mitos o realidad. Carlos Caballero Jurado. Revista Defensa nº88/89.EDEFA.

Wenn alle Brüder scheweigen. NE Verlag Gmbh Coburg, Alemania.